CB120937

PRINCÍPIOS PROCESSUAIS CONSTITUCIONAIS

Eduardo dos Santos

PRINCÍPIOS PROCESSUAIS CONSTITUCIONAIS

3ª edição

revista, atualizada e ampliada

2021

EDITORA JusPODIVM

www.editorajuspodivm.com.br

EDITORA *Jus*PODIVM
www.editorajuspodivm.com.br

Rua Território Rio Branco, 87 – Pituba – CEP: 41830-530 – Salvador – Bahia
Tel: (71) 3045.9051
• Contato: https://www.editorajuspodivm.com.br/sac

Capa: Ana Caquetti

D722p SANTOS, Eduardo.
Princípios Processuais Constitucionais / Eduardo Rodrigues dos Santos. 3. ed. rev., atual. e ampl. – Salvador: JusPODIVM, 2021.
256 p.

Bibliografia.
ISBN: 978-65-5680-110-0.

1. Direito constitucional. 2. Direito Processual I. Eduardo Rodrigues dos Santos. II. Título.

CDD 341.2

"A democracia é o governo do povo, pelo povo, para o povo."

Abraham Lincoln

A Deus, acima de tudo, pelo amor infinito e incondicional, pela graça divinal da vida e pela misericórdia que tem comigo desde o ventre de minha mãe.

Aos meus pais, Vlamir e Monica, pelo esforço e dedicação de todos os anos. Por acreditarem que eu poderia sempre subir um degrau a mais na escada da vida.

À minha irmã, Priscylla, pelo apoio incondicional nos momentos mais difíceis. Por ser um farol em meio à escuridão da ignorância desse mundo.

À minha avó Teresa, pelo carinho e amor. Por sempre me proteger e por ter se dedicado tanto a realizar os desejos de seu neto, tornando a minha infância tão doce.

À minha avó Áurea, pelos conselhos e orações. Por sempre estar presente nas horas difíceis, trazendo palavras de sabedoria e alento.

In memoriam

Ao meu avô Alaor, fonte eterna de inspiração, força, perseverança, fé e amor, que me deixou inenarrável saudade por absolutamente tudo.

AGRADECIMENTOS

Ao meu grande amigo, professor, orientador e eterno mestre, Luiz Carlos Figueira de Melo, por sempre ter acreditado em mim, às vezes mais do que eu mesmo.

Aos amigos e professores Alexandre Walmott Borges e Bernardo Gonçalves Fernandes, os maiores constitucionalistas que conheço e cujos ensinamentos foram indispensáveis à minha formação.

À Escola Mineira de Direito Processual, vanguardista do processo democrático, especialmente aos amigos e professores Dierle José Coelho Nunes, Alexandre Melo Franco Bahia e Flávio Quinaud Pedron, os melhores processualistas que já conheci.

Ao meu amigo, irmão e eterno professor, Moacir Henrique Júnior, que nos momentos mais difíceis da minha carreira docente me estendeu a mão e me orientou. A você, porque os amigos se conhece nos momentos ruins.

Aos amigos da charmosa e tradicional Livraria Jurídica Universal de Uberlândia, em especial aos queridos Waldir e Bruno, na esperança de dias melhores para todos que trabalham com educação, dias em que os livros serão nossas maiores e melhores armas.

Aos professores do curso de mestrado em Direito Público da Universidade Federal de Uberlândia.

Aos queridos amigos e colegas professores, que travam a árdua batalha de ensinar em um país em que a educação nunca foi levada a sério.

Aos meus alunos, pois, sem vocês nada faria sentido.

APRESENTAÇÃO DA OBRA

Retomando a linha de minhas primeiras pesquisas, que datam do ano de 2009, ainda na graduação em direito sob orientação do Professor Luiz Carlos Figueira de Melo, esta obra tem por base a relação entre *Processo e Constituição*, tema, inclusive, de meu primeiro livro, lançado no término do ano de 2013. Assim, registro que o plano de fundo da abordagem dos ***Princípios Processuais Constitucionais*** reside no modelo constitucional de processo brasileiro, a partir de uma ótica democrática de processo.

Para ser mais claro, filio-me à Escola de Direito Processual Democrático, especialmente defendida pela vanguardista Escola Mineira de Direito Processual, cujas bases sustentam-se na compreensão do processo à luz da Constituição, vez que em nossa ordem normativa superior é possível identificar um modelo único de processo que deve ser seguido por todos dos ramos do direito processual, bem como na compreensão de que o processo é um instrumento jurisdicional que no âmbito dos atuais Estados Democráticos de Direito deve ser entendido como um procedimento em contraditório, incompatível com arbítrios e protagonismos (seja dos juízes, seja das partes) e que exige dos sujeitos processuais comparticipação, policentrismo, corresponsabilidade e cooperação.

Ora, se o direito processual possui suas bases normativas na Constituição, então não há como se pensar em um estudo do direito processual fora do direito constitucional, isto é, não há como estudar ou trabalhar com o processo sem conhecer antes o sistema constitucional, notadamente, o subsistema constitucional processual.

Nesse sentido, destaca-se como *marco processual legal constitucionalizado* o ***Código de Processo Civil de 2015***, que já em seu primeiro artigo confessa ser um documento processual construído à luz da Constituição e de seu modelo único de processo. Ademais, conforme redação expressa do mencionado dispositivo do novel documento processual civil brasileiro, não se trata apenas de uma questão legislativa (dever de legislar conforme à Constituição), mas também hermenêutica (dever de interpretar e aplicar conforme à Constituição). Ademais, para além de inaugurar o código afirmando que o processo civil deve ser legislado e interpretado à luz da Constituição, o atual Código de Processo Civil, ao longo de seu texto, preocupou-se efetivamente em incorporar, de modo otimizado, o modelo constitucional de processo (em que pese algumas divergências doutrinárias acerca de um ou outro procedimento, ou mesmo acerca de determinado dispositivo normativo), seja positivando na lei processual civil as garantias jusfundamentais processuais, seja regulamentando-as, seja ampliando-as.

Assim, tendo como base normativa a *Constituição da República Federativa do Brasil de 1988* e os diplomas processuais infraconstitucionais (com destaque especial para o *Código de Processo Civil de 2015*), para a consecução dos objetivos desta obra, especialmente no que diz respeito a uma abordagem democrática e constitucional dos princípios processuais constitucionais, nós a dividimos em quatro capítulos.

No ***primeiro capítulo***, enfrentamos a problemática do que é processo democrático partindo de uma investigação dos modelos processuais que o precederam. No ***segundo capítulo***, nos dedicamos a demonstrar o que é modelo constitucional de processo, abordando, ainda, o modelo constitucional de processo brasileiro, bem como suas relações com o *atual Código de Processo Civil*. Já no ***terceiro capítulo***, investigamos o que são princípios e quais são as espécies de princípios constitucionais, para que com esses esclarecimentos pudéssemos abordar de modo mais seguro os princípios processuais constitucionais. Assim, no ***quarto capítulo*** investigamos à luz do modelo constitucional de processo brasileiro e da ótica do processo democrático, os princípios processuais constitucionais do devido processo legal, do contraditório, da ampla defesa, do acesso à justiça, do duplo grau de jurisdição, da publicidade, da motivação, do juiz natural, da inadmissibilidade das provas ilícitas, da duração razoável do processo e da eficiência.

Por fim, desde já, nos colocamos abertos às críticas, às sugestões e ao debate, para que possamos aperfeiçoar, refletir e amadurecer nossas compreensões sobre o modelo constitucional de processo brasileiro, sobre a compreensão do processo democrático e sobre os princípios processuais constitucionais.

Outono de 2016, Uberlândia.

Eduardo Rodrigues dos Santos

SUMÁRIO

Capítulo

I

O PROCESSO DEMOCRÁTICO ou de como deve ser o processo em um Estado Democrático de Direito

Neste capítulo inicial, nos dedicamos a análise do modelo democrático de processo, contudo, por questões didáticas, iniciamos a abordagem analisando os modelos processuais que precederam o modelo processual dos Estados Democráticos (Constitucionais) de Direito, passando por um exame um pouco mais detido do problema do protagonismo judicial, para depois discorrermos propriamente sobre o processo democrático e, por fim, realizarmos uma breve análise entre processo, democracia e cidadania.

1. OS MODELOS PROCESSUAIS DA MODERNIDADE

Segundo a doutrina processualista, antes do advento do processo democrático, outros modelos já foram adotados, podendo-se dividir o processo em quatro fases: *i) pré-liberalismo processual; ii) liberalismo processual; iii) socialismo processual;* e *iv) neoliberalismo processual.*

O *pré-liberalismo processual* era composto pelos sistemas processuais do *Ancien Régime* (Antigo Regime), marcados pela pluralidade de jurisdições (jurisdições feudais, eclesiásticas, corporativas etc.), pela arbitrariedade dos juízos (autoritarismo) e pela complexidade e confusão das formas processuais. Apesar de suas variações, o pré-liberalismo processual caracterizava-se pelo excesso de formalismo e tecnicismo; pala gama exorbitante de fontes processuais; pela ausência dos juízes nos atos processuais, que se apresentavam somente no momento da decisão; pela arbitrariedade e corrupção dos juízes, que favoreciam os mais ricos e poderosos, pois nessa época os magistrados eram remunerados pelas partes em razão do serviço prestado, o que eles chamavam de *sportule*; e o que, consequentemente, levava os magistrados a prolongar o *iter* processual, constituindo um processo longo e demorado.[1]

A partir da segunda metade do séc. XVIII, sob grande influência dos ideais iluministas, nota-se uma tendência de unificação das codificações jurídicas a fim de se simplificar a compreensão do direito, inclusive, do direito processual. Nessa linha, em 1770 e nos anos seguintes, ocorrem mudanças fundamentais no âmbito do sistema processual, como a introdução de um novo método de recrutamento dos juízes, abolindo o sistema de *sportule* e implementando "a figura do juiz pago pelo Estado com valores das taxas judiciárias, além da introdução de um sistema de pré-constituição dos julgadores - juiz natural".[2]

Nada obstante, nesse momento histórico, em que pese se identifique uma tendência de reestruturação do sistema processual, há de se dizer que se tratou de uma reformulação muito tímida, que não foi capaz de alterar as bases universais do modelo vigente, não se tratando de uma reestruturação geral, mas configurando-se apenas mediante pequenas alterações que não foram suficientes para provocar um rompimento com

1. DOS SANTOS, Eduardo R. **Processo e Constituição.** Leme: J. H. Mizuno, 2014.

2. NUNES, Dierle José Coelho. **Processo Jurisdicional Democrático:** uma análise crítica das reformas processuais. Curitiba: Juruá, 2008, p. 64.

os fundamentos do processo comum, ou seja, pouco mudou e o processo permaneceu extremamente formal, complicado e pouco acessível.[3]

Já a partir da última década do séc. XVIII, especialmente com o advento da Revolução Francesa e os acontecimentos políticos que lhe sucederam, o sistema processual passa por uma reforma determinante, que viria a resultar no *liberalismo processual.* Nesse sentido, conforme bem sintetiza Dierle Nunes, "em 04.08.1790, na França, a Assembleia Constituinte vota, juntamente com o abandono dos privilégios, a abolição das jurisdições particulares e a gratuidade da justiça, estabelecendo uma ruptura formal com o Antigo Regime. A partir daí, estrutura-se uma série de reformas, decorrentes da já existente desconfiança iluminística em relação às profissões legais e ao mundo dos juristas, aliadas a uma hostilidade em face das complicadas formalidades dos procedimentos. Tais reformas empreendidas no campo processual podem ser sintetizadas da seguinte forma: a) a lei de organização judiciária, de 16-24 de agosto, introduz a eleição de juízes com mandato temporário, remunerados pelo Estado; b) na base do ordenamento judiciário, são colocados juízes de paz, que, conjuntamente com dois assessores, formam o *bureaux de paix et de conciliation,* aos quais todos os litigantes devem obrigatoriamente dirigir-se, na tentativa de conciliar as controvérsias antes de buscar as vias judiciais; c) no contencioso, o juiz de paz é competente para ações de menor valor econômico, enquanto as demais causas são atribuídas aos tribunais de distrito; d) a Lei 2-11, de setembro de 1790, suprime a Ordem dos Advogados, permitindo a autodefesa em juízo pelas próprias partes; e) ao invés de se estruturar um corpo de advogados para os pobres (cuja proposta surgiu nos debates legislativos), atribuiu-se ao *bureaux* a tarefa de desenvolver a função consultiva e preventiva para os pobres em suas defesas judiciais; f) as normas

3. DOS SANTOS, Eduardo R. **Processo e Constituição.** Leme: J.H. Mizuno, 2014.

de processo civil são mantidas inicialmente, mas são abolidas pelo decreto de 24.10.1793, que desformaliza o sistema, de modo a se circunscrever a ditar algumas formas essenciais do juízo".[4]

Nos anos iniciais do século XIX, com o advento das legislações napoleônicas, *v.g.* Código Civil (1804), Código de Processo Civil (1806), Lei de Organização Judiciária (1810), dentre outras, tem-se o estabelecimento dos moldes que faltavam ao liberalismo processual. Tais legislações deram origem a um sistema processual caracterizado por princípios técnicos e liberais, que objetivavam a manutenção da imparcialidade e do comportamento passivo do juiz. Dentre tais princípios, destacam-se, a igualdade formal dos cidadãos, a escritura e, sobretudo, o princípio dispositivo.[5]

Essa concepção deu origem a um processo afastado da realidade social (especialmente econômica), de caráter eminentemente técnico, formalista, de cunho privatista, isto é, o processo passou a ser, ou melhor, não deixou de ser, um mero instrumento de resolução de conflitos, gerenciado em favor daqueles que eram economicamente mais poderosos. Contudo, agora, com uma singela diferença: antes (no processo do *Ancien Régime*) os detentores do poder compravam os juízes para vencerem as ações, enquanto na égide do liberalismo processual eles sequer precisavam fazer isto, já que os pobres, por não terem condições de se defender (em face de seu despreparo, falta de lido com as leis e dinheiro para pagar alguém que pudesse fazê-lo), ficaram desprotegidos pela lógica liberal do Estado, sendo considerados iguais perante a lei, devendo, portanto, eles mesmos se defenderem (ou pagarem um advogado, o que eles não tinham condições de fazer). Nas palavras de Dierle Nunes, "tal concepção gerava, no processo, uma impossibilidade de compensações de desigualdades (sociais e econômicas)

---

4. NUNES, Dierle José Coelho. **Processo Jurisdicional Democrático:** uma análise crítica das reformas processuais. Curitiba: Juruá, 2008, p. 71-72.
5. DOS SANTOS, Eduardo R. **Processo e Constituição.** Leme: J.H. Mizuno, 2014.

– estratégias corretivas – pela atividade judicial ou pela assistência de advogados subsidiados pelo Estado"[6], o que, na prática, afastava a justiça das pessoas economicamente desfavorecidas.

Nesse cenário, o juiz era visto como um mero decisor, não podendo intervir no processo, nem mesmo dele participar, a não ser formulando sua decisão (que deveria se ater ao que fora alegado e trazido pelas partes), isto é, o magistrado, no âmbito do modelo liberal de processo, encontrava-se como um estranho em face do objeto de litígio, exercendo uma função eminentemente passiva e imparcial em relação ao debate jurídico, que deveria ser produzido pelas partes, sem a possibilidade de qualquer intromissão interpretativa do judiciário que pudesse conduzir a um exame mais justo, igualitário ou sistemático das causas e das relações dos litigantes, sobretudo se essas relações fossem de ordem econômica e contratual.[7] Aqui, vale lembrar que, durante o século XIX, na França, predominou no campo hermenêutico a Escola da Exegese, conhecida, dentre outras coisas, por ser uma Escola não-interpretativista.[8]

Nessa perspectiva, o modelo processual liberal ficou marcado por estruturar o processo sob a ótica da autonomia privada e pelo predomínio da igualdade formal, da imparcialidade e inércia do magistrado, pela preponderância do princípio dispositivo e por um protagonismo processual das partes (sendo o juiz um observador passivo do processo), razões pelas quais o processo fora reduzido a um instrumento técnico-formal de manutenção das relações de poder e das desigualdades sociais, sem a menor perspectiva de transformação das relações jurídicas e completamente afastado de um acesso à justiça real.[9]

6. NUNES, Dierle José Coelho. **Processo Jurisdicional Democrático:** uma análise crítica das reformas processuais. Curitiba: Juruá, 2008, p. 75.

7. Ibidem, p. 75.

8. BOBBIO, Norberto. **O positivismo jurídico:** lições de filosofia do direito. São Paulo: Ícone, 2006.

9. DOS SANTOS, Eduardo R. **Processo e Constituição.** Leme: J.H. Mizuno, 2014.

Com o desencadear do tempo, tudo isso desaguou num movimento reformista que visava superar o modelo processual liberal, tendo como inspiradores no âmbito legislativo Anton Menger e Franz Klein, dando origem ao *socialismo processual*. "Menger, tomando, em parte, por base as soluções técnicas do *Prozess-Ordnung* da Prússia (1781), propõe alterações profundas no sistema de administração da justiça civil mediante um reforço do papel judicial. Caberia ao juiz a assunção de um duplo papel: a) de educador: extraprocessualmente, este deveria instruir todo cidadão acerca do direito vigente, de modo a auxiliá-lo na defesa de seus direitos; b) de representante dos pobres: endoprocessualmente, o juiz deveria, em contraste com a imparcialidade e com o princípio dispositivo, assumir a representação da classe mais pobre".[10]

Por sua vez, Franz Klein vislumbrava o processo como uma instituição estatal de bem-estar social que deveria buscar a pacificação dos conflitos sociais. Em seu pensamento, o processo possuiria uma grande significância política, econômica e social e reclamaria um agir estatal mais efetivo em todas as fases. Assim, para Klein, o juiz deveria abandonar a postura inerte e passiva que outrora marcou sua atividade, para assumir um papel de protagonismo, colocando-se a serviço do direito, do bem comum e da paz social. Para além disso, o juiz, conforme defendido por Klein, assumiria uma discricionariedade forte, com um poder de escolha privilegiado no momento de interpretar e aplicar a legislação.[11]

Aqui uma crítica precisa ser lançada: se os juízes fossem grandiosos como gigantes, poderosos como Zeus, heroicos como Hércules, destemidos como Aquiles, justiceiros como Robin Hood, sábios como Buda, inteligentes e perspicazes como Ulisses, humildes como Sócrates e virtuosos como Gandhi, talvez, as ideias de Menger e Klein tivessem sido bem sucedidas. Mas, infelizmente,

10. NUNES, Dierle José Coelho. **Processo Jurisdicional Democrático:** uma análise crítica das reformas processuais. Curitiba: Juruá, 2008, p. 80.

11. Ibidem, p. 81-87.

os juízes eram, e ainda são, seres humanos, dotados de todos os defeitos, vaidades e falibilidades humanas, são observadores finitos do universo, não possuindo nada de especial que lhes pudesse conduzir ao privilégio de dizer o certo/errado, o jurídico/não-jurídico através de seu saber privilegiado, dispensando ou desprivilegiando a concepção dos maiores interessados: as partes.

Atribuindo-lhes esse poder incalculável e desmedido, Menger e Klein endeusaram homens vivos e a consequência não poderia ser outra a não ser a arbitrariedade e o abuso, como se viu com o passar dos anos, sob a égide do modelo socialista de processo (uma espécie de coronelismo judiciário). Esqueceram-se que estavam ali para servir ao povo, para servir aos mais pobres, aos oprimidos e passaram a servir ao poder, em todas as formas possíveis e imagináveis, do poder do capital ao poder do nazi-fascismo. Nesse sentido, Dierle Nunes demonstra que o juiz do *Reich* alemão passou a ser o protetor dos valores nazistas, dos "valores do povo alemão", que se materializavam através da figura do Führer. Conduziam o processo de maneira autoritária, abrupta, "aniquilando os falsos valores de um povo doente".[12] Nesse sentido, não respeitavam as opiniões das partes, pouco lhes davam ouvidos. E nesse cenário, autorizaram, ou melhor, determinaram a esterilização em massa de judeus, sem falar nas várias execuções e outras formas de propagação do ódio, do horror, da tortura e do tratamento cruel e degradante.

De um modo geral, o modelo socialista de processo e a consequente atribuição de poder e protagonismo ao magistrado fora adotada pelos governos fascistas e ditatórias da primeira metade do séc. XX, a exemplo do governo fascista da Itália que reconhece ao juiz a possibilidade de aplicação do princípio autoritário, atribuindo-lhe maiores poderes discricionários, tal qual fez o *Codice* italiano de 1940, tornando o juiz o senhor do processo e reduzindo as partes a meros colaboradores, tratando o magistrado como o representante do Estado no processo.

12. Ibidem, p. 90.

No Brasil, as coisas seguiram o mesmo rumo, de modo que, durante o governo de inspiração fascista de Getúlio Vargas, o Estado Novo, fora promulgado o Código de Processo Civil de 1939, tendo como base as doutrinas socialistas do processo. O referido código promoveu o protagonismo judicial e submeteu as partes a um papel quase figurativo.[13-14]

Com o fim dos regimes nacional-socialistas, o protagonismo judicial não cede, mas pelo contrário, avança. O Direito e a Política se fundem e o Judiciário passa a servir aos interesses do Estado. As perspectivas de Menger e Klein são postas de lado, os magistrados, enquanto protagonistas do processo, em regra, não se tornam guardiões dos interesses do povo, dos pobres, dos injustiçados, mas na verdade tornam-se os grandes defensores dos poderosos (são corrompidos pelo poder que lhes foi dado, passando a servi-lo, num ciclo vicioso).

Nesta perspectiva, ao mesmo tempo em que se tem essa exacerbada acentuação do protagonismo judicial, há também uma redução da importância das partes e de seus procuradores, de modo que as partes tornam-se meras expectadoras das causas que decidem suas próprias vidas (e seus próprios interesses). Esse processo de esvaziamento das funções das partes gerou muitas consequências negativas, dentre elas, uma postura passiva das partes e de seus procuradores, o que passou a impossibilitar o trabalho dos juízes e os fez perceber que não podiam chegar a um resultado satisfatório sem o auxílio dos interessados na causa, vez que, em regra, eram elas que possuíam os instrumentos, provas, dados etc. que poderiam levar à resolução da causa.[15]

---

13. DOS SANTOS, Eduardo R. **Processo e Constituição.** Leme: J.H. Mizuno, 2014.

14. Para uma melhor compreensão do desenvolvimento do processo no Brasil, por todos, ver: PAULA, Jônatas Luiz Moreira de. **História do Direito Processual Brasileiro:** das origens lusas à Escola Crítica do Processo. Barueri: Manole, 2002.

15. DOS SANTOS, Eduardo R. **Processo e Constituição.** Leme: J.H. Mizuno, 2014.

Neste cenário, com a crise do Estado Social (*Welfare State*) e a consequente implementação do Estado Neoliberal nos países ricos, sobretudo nos Estados Unidos e na Inglaterra, e subsequentes políticas neoliberalizantes nos países pobres, emergiu, também, uma política neoliberalizante do processo, dando origem ao *neoliberalismo processual*. Este novo modelo de processo surge fundando-se nas bases da instrumentalidade processual, tendo o magistrado como o viabilizador da ordem concreta e hegemônica da Constituição, como o grande guardião, uno, poderoso, sábio, o mais preparado para efetivar a ordem constitucional, desprezando-se o legislador ordinário e a argumentação das partes no processo, em suma, reforçando o protagonismo judiciário.[16]

Ocorre que, como é sabido, os magistrados são homens, são falíveis, são corrompíveis e são observadores tão limitados como qualquer outro. Como homens, estão sujeitos e propensos a privilegiarem seus próprios valores individuais, suas próprias consciências morais, o que pode conduzir, especialmente quando protagonistas uníssonos do processo, a decisões que se distanciam dos argumentos das partes e do direito positivo (inclusive, do direito constitucional) e que culminam em sentenças arbitrárias, formadas em concepções pessoais dos juízes e não na ordem jurídica vigente. Decidem conforme sua consciência e não conforme as convenções legislativas democraticamente estabelecidas. Nesse sentido, o Ativismo surge no Estado Neoliberal não como a solução dos problemas, mas, talvez, como a fonte deles.[17]

Seguindo a lógica neoliberal, o processo busca a "eficiência", entendida aqui como a resolução rápida do maior número de casos possíveis com os menores custos possíveis, independentemente da qualidade da decisão proferida, solapando as garantias constitucionais do processo, ignorando os direitos fundamentais

16. NUNES, Dierle José Coelho. **Processo Jurisdicional Democrático:** uma análise crítica das reformas processuais. Curitiba: Juruá, 2008.

17. DOS SANTOS, Eduardo R. **Processo e Constituição.** Leme: J.H. Mizuno, 2014.

das partes, tudo em nome de uma cega celeridade (super velocidade). Daí decorrem os julgamentos em massa sem quaisquer distinções ou cuidado, e, em nome da produtividade, ignoram-se as particularidades dos casos concretos, lançando no mesmo bolo processos distintos, mas que são tratados como se iguais fossem.[18]

Nesse sentido, conforme Dierle Nunes, o processo neoliberal assume um trato privatístico e gera uma privatização da cidadania, o que leva a uma intervenção ilegítima do mercado que, consequentemente, "conduz o cidadão a um papel clientelístico (apático) e periférico".[19] Uma das consequências da adoção do modelo processual neoliberal pode ser constatada pela pesquisa empírica realizada por Brisa Lopes de Mello Ferrão e Ivan César Ribeiro,[20] que tendo como base decisões jurisdicionais proferidas pela magistratura brasileira, constataram o óbvio: "o favorecimento judicial beneficia prevalentemente a parte mais forte".[21]

Para finalizar, vale dizer que grande parte desses delineamentos processuais neoliberais foram desenvolvidos tendo como base as recomendações do Banco Mundial, através do relatório intitulado "Documento Técnico n.319: O setor judiciário na América Latina e no Caribe, elementos para reforma", que tem como finalidade dar celeridade ao processo, bem como transformá-lo em um instrumento de defesa da propriedade privada e do mercado.

Por fim, em breve arremate, pode-se afirmar que, com a presente incursão histórica dos modelos processuais da modernidade, percebe-se que qualquer protagonismo, seja das partes seja

18. Ibidem, idem.

19. NUNES, Dierle José Coelho. **Processo Jurisdicional Democrático:** uma análise crítica das reformas processuais. Curitiba: Juruá, 2008, p. 159.

20. FERRÃO, Brisa Lopez de Mello; RIBEIRO, Ivan César. Os juízes brasileiros favorecem a parte mais fraca? **Berkeley program in law & economics:** Latin American and Caribbean law and economics association. California: Berkeley Press, 2006.

21. NUNES, Dierle José Coelho. **Processo Jurisdicional Democrático:** uma análise crítica das reformas processuais. Curitiba: Juruá, 2008, p. 160.

do magistrado, não traz garantia, eficiência, segurança ou justiça alguma para o processo, mas pelo contrário, o transforma em um instrumento meramente técnico que beneficia, sobretudo, as classes dominantes e ignora a realidade social, reduz o processo, reduz a democracia, reduz a própria Constituição. Protagonismo não combina com democracia, nem com constitucionalismo e muito menos com justiça!

2. BREVES INCURSÕES SOBRE O PROTAGONISMO JUDICIAL

O protagonismo judicial, estruturado, sobretudo, pelas ideias de Klein, no âmbito legislativo, e de Bülow, no âmbito doutrinário, ganha especial reforço e sedimentação na primeira metade do séc. XX, a partir de uma concepção estritamente publicística do processo, que atribui ao magistrado um poder e uma importância desmedidos e superiores àqueles atribuídos às partes, cujas causas foram levadas ao Poder Judiciário.[22]

Nesse sentido, constata-se que o protagonismo dos juízes funda-se num arquétipo de processo compreendido enquanto relação jurídica, isto é, compreendido como um conjunto de vínculos de subordinação/submissão ao magistrado (aqui visto como um observador privilegiado do universo, sabedor de todas as coisas, alguém acima do bem e do mal, do certo e do errado, alguém em quem se possa confiar as vidas e o destino de todos, porque superior aos demais). Assim, o processo seria uma instituição de bem-estar social que se operacionalizaria por meio da atividade criativa dos juízes (escola livre do direito), que imporiam sua vontade "superior" aos demais (como os deuses impunham sua vontade aos homens na mitologia grega), o que conduz a uma redução do processo a um mero instrumento de jurisdição (esta, por sua vez, vista como atividade exclusiva dos juízes).[23]

---

22. DOS SANTOS, Eduardo R. **Processo e Constituição.** Leme: J.H. Mizuno, 2014.

23. NUNES, Dierle José Coelho. **Processo Jurisdicional Democrático:** uma análise crítica das reformas processuais. Curitiba: Juruá, 2008, p. 177.

Ademais, o protagonismo judicial conduz a um esvaziamento dos Poderes Legislativo e Executivo e, até mesmo, a uma descrença nesses poderes mediante uma supervalorização do Poder Judiciário, o que pode gerar afrontas severas à separação dos poderes, especialmente através da judicialização da política.[24] Nesse sentido, os poderes legitimamente constituídos e democraticamente representados caem em descrédito em face do protagonismo do judiciário, que começa a atropelar as causas políticas e sobre elas tomar decisões, impondo, inclusive, obrigações aos demais poderes. Isso, perigosamente, pode fundar, na prática, uma República dos Magistrados (inspirando-nos aqui na República dos Filósofos de Platão), uma verdadeira aristocracia dos juízes.

No seio do protagonismo judicial, as partes são desconsideradas, reduzidas, têm sua importância diminuída ou mesmo desprezada pelo magistrado, de modo que sua participação no processo é minguada e a figura do advogado passa a ser vista como um entrave a ser eliminado, afinal um juiz protagonista, é sábio o suficiente para não precisar da colaboração de advogados, promotores e, até mesmo, das partes. Nesse cenário, a justiça afasta-se de suas perspectivas democráticas e passa a ser fruto da atividade solitária do juiz, como se ele fosse autossuficiente e tivesse sabedoria tamanha a tomar sempre a decisão correta sem a participação ativa das partes e de seus advogados. Assim, o juiz, isoladamente, diz o direito, sem a menor necessidade de se ater ao que as partes produzem ao longo do processo, ou mesmo ao que a legislação estabelece (decide conforme sua consciência e não conforme a ordem jurídica vigente e ao que fora produzido

---

24. Conforme explica Dierle Nunes, a expressão *judicialização da política* "ganhou delineamento a partir do trabalho coordenado por C. Neal Tate e Tobjörn Vallinder, intitulado *The global expansion of judicial power*, no qual foi denominada de judicialização a tendência de transferir poder decisório do Poder Executivo e do Poder Legislativo para o Poder Judiciário". Ibidem, p. 179.

no processo!). Nessa ótica, a justiça é um critério individual e arbitrário do magistrado.[25]

Nesse sentido, Dierle Nunes afirma que "a visão de um protagonismo judicial somente se adapta a uma concepção teórico-programática, que entrega ao juiz a capacidade sobrenatural de proferir a decisão que ele repute mais justa de acordo com sua convicção e preferência (solipsismo metódico) segundo uma ordem concreta de valores, desprezando, mesmo em determinadas situações (*hard cases*), possíveis contribuições das partes, advogados, da doutrina, da jurisprudência e, mesmo, da história institucional do direito a ser aplicado".[26]

No Brasil, o protagonismo nos últimos anos tem sido tão severo em alguns casos que se encontram sentenças de juízes e votos de Desembargadores e Ministros afirmando descadaramente que decidem conforme sua consciência e não conforme a ordem jurídica vigente, ou seja, pouco lhes importa a atividade do Poder Legislativo, porque não irão seguir as leis democraticamente promulgadas. Ademais, afirmam em muitas dessas decisões que não se importam com o que pensa a doutrina, com o que pensam as partes, os advogados, os juristas de um modo geral, pois todos devem se amoldar a eles, pois são eles os portadores da verdade e da razão. Mais: dizem, ainda, que são sim seres especiais, de conhecimento superior etc. Em *terrae brasilis*, alguns magistrados não só pensam que são deuses, mas fazem questão de afirmar isso em suas decisões.

Dentre essas decisões, destacamos inicialmente um precedente do Superior Tribunal de Justiça, em que o Ministro Humberto Gomes de Barros assim afirmou:

---

25. DOS SANTOS, Eduardo R. **Processo e Constituição.** Leme: J.H. Mizuno, 2014.

26. NUNES, Dierle José Coelho. **Processo Jurisdicional Democrático:** uma análise crítica das reformas processuais. Curitiba: Juruá, 2008, p. 191-192.

> *Não me importa o que pensam os doutrinadores.* Enquanto for Ministro do Superior Tribunal de Justiça, assumo a autoridade de minha jurisdição. O pensamento daqueles que não são ministros deste Tribunal importa como orientação. A eles, porém, não me submeto. Interessa conhecer a doutrina de BARBOSA MOREIRA e ATHOS CARNEIRO. Decido, porém, conforme minha consciência. Precisamos estabelecer nossa autonomia intelectual, para que este Tribunal seja respeitado. É preciso consolidar o entendimento que os Srs. FRANCISCO PEÇANHA MARTINS e HUMBERTO GOMES DE BARROS decidem assim, porque pensam assim. E o STJ decide assim, porque a maioria de seus integrantes pensa como esses ministros. Esse é o pensamento do Superior Tribunal de Justiça, e a doutrina que se amolde a ele. É fundamental expressarmos o que somos. Ninguém nos dá lições. Não somos aprendizes de ninguém. Quando viemos para este Tribunal, corajosamente assumimos a declaração de que temos notável saber jurídico – uma imposição da Constituição Federal. Pode não ser verdade. Em relação a mim, certamente, não é, mas para efeitos constitucionais, minha investidura obriga-me a pensar que assim seja. (*destaque nosso*) (BRASIL, STJ ERESP 319.997-SC, Rel. Peçanha Martins, 2003).

Aqui, em primeiro lugar, parece-nos que Humberto Gomes de Barros, quando aluno do curso de direito, jamais tenha lido um livro, uma doutrina, sempre estudou as decisões dos juízes e dos tribunais, afinal não lhe importa o que pensam os doutrinadores, pois quem diz o que é o direito são os tribunais, devendo a doutrina se amoldar ao que eles dizem, ou seja, a doutrina deve lhes ser subserviente. Ora, um dos trabalhos mais essenciais da doutrina, para além de ensinar e formar juristas, é justamente constranger epistemologicamente a jurisprudência, e, as vezes, parece que alguns juízes sentem-se ameaçados ou mesmo amedrontados pela doutrina.[27]

27. "Por certo, a doutrina deve doutrinar. Tenho insistido nisso. E todos sabem quanto! Deve estar pronta para exercer a sua função de constranger epistemologicamente a produção da jurisprudência". STRECK, Lenio Luiz.

Ao comentar a decisão de Humberto Gomes de Barros, Lenio Luiz Streck emblematicamente afirma que "para aqueles que pensam que o Direito é aquilo que os tribunais dizem que é, o voto de Sua Excelência é um prato cheio. Só que não é bem assim, ou, melhor dizendo, não pode ser assim (ou, melhor, ainda bem que não pode ser assim!). Com efeito, o Direito é algo bem mais complexo do que o produto da consciência-de-si-do-pensamento-pensante, que caracteriza a (ultrapassada) filosofia da consciência, como se o sujeito assujeitasse o objeto. Na verdade, o ato interpretativo não é produto nem da objetividade plenipotenciária do texto e tampouco de uma atitude solipsista do intérprete: o paradigma do Estado Democrático de Direito está assentado na intersubjetividade. [...] Repetindo: o Direito não é aquilo que o intérprete quer que ele seja. Portanto, o Direito não é aquilo que o Ministro Humberto Barros diz que é (lembremos, aqui, a assertiva de Herbert Hart, em seu *Concept of Law*, acerca das regras do jogo de *criquet*, para usar, aqui, um autor positivista contra o próprio decisionismo positivista propagandeado pelo Ministro no voto em questão). A doutrina deve doutrinar, sim. Esse é o seu papel. Aliás, não fosse assim, o que faríamos com as quase mil faculdades de Direito, os milhares de professores e os milhares de livros produzidos anualmente? E mais: não fosse assim, o que faríamos com o parlamento, que aprova as leis? Se os juízes (do STJ) podem — como sustenta o Ministro Barros — 'dizer o que querem' sobre o sentido das leis, para que necessitamos de leis? Para que a intermediação da lei? [...] Numa palavra: o processo hermenêutico não autoriza atribuições arbitrárias ou segundo a vontade e o conhecimento do intérprete. Aliás, este é um ponto fundamental da luta pela superação do positivismo-normativista: o constitucionalismo – compreendido paradigmaticamente – coloca freios à discricionariedade própria

Compreender Direito: desvelando as obviedades do discurso jurídico. São Paulo: RT, 2013, p. 191.

do positivismo-normativista. Mais do que isto, trata-se de uma questão de democracia".[28]

Mas a decisão de Humberto Gomes de Barros não é a única a colocar a figura do magistrado como sendo um ser especialmente sábio e portador da verdade. Há decisões piores, sim, piores (democraticamente deficitárias e embebecidas de um endeusamento vaidoso que os próprios juízes se atribuem)! Veja esse trecho da fundamentação de uma sentença da juíza do trabalho, do TRT da 13ª Região (Paraíba), Adriana Sette da Rocha Raposo:

> No vigente diploma processual civil, temos normas que atribui ao juiz amplo papel na condução e decisão, dispondo poder o julgador dirigir *"o processo com liberdade para determinar as provas a serem produzidas"*, *"dar especial valor às regras de experiência comum ou técnica"* (art. 852-D) e adotar *"em cada caso a decisão que reputar mais justa e equânime, atendendo aos fins sociais da lei e as exigências do bem comum"* (art. 852-I, § 1º). Talvez o ponto mais delicado do tema esteja na avaliação da prova, o que envolve os princípios da unidade e persuasão racional e sua relação com o princípio protetivo. O princípio da unidade diz que, embora produzida através de diversos meios, a prova deve ser analisada como um todo e o princípio da persuasão racional relaciona-se com a liberdade de convicção do Juiz, mas obriga-o a fundamentar a sua decisão. *A liberdade de decisão e a consciência interior situam o juiz dentro do mundo, em um lugar especial que o converte em um ser absoluto e incomparavelmente superior a qualquer outro ser material. A autonomia de que goza, quanto à formação de seu pensamento e de suas decisões, lhe confere, ademais, uma dignidade especialíssima. Ele é alguém em frente aos demais e em frente à natureza; é, portanto, um sujeito capaz, por si mesmo, de perceber, julgar e resolver acerca de si em relação com tudo o que o rodeia.* Pode chegar à autoformação de sua própria vida e, de modo apreciável, pode influir, por sua conduta, nos acontecimentos que lhe são exteriores. Nenhuma coerção de fora

28. STRECK, Lenio Luiz. **Crise de Paradigmas:** devemos nos importar, sim, com o que a doutrina diz. 2006.

> pode alcançar sua interioridade com bastante força para violar esse reduto íntimo e inviolável que reside dentro dele. Destarte, com a liberdade e a proporcional responsabilidade que é conferida ao Magistrado pelo Direito posto, passa esse Juízo a fundamentar o seu julgado. (*destaque nosso*). (PARAÍBA, TRT 13ª Região, Processo n. 01718.2007.027.13.00-6, 2007.).

A decisão dada por Adriana Raposo, desde o primeiro momento, deixa claro que, para ela, o juiz tem a liberdade de decidir as causas como ele bem entender, conforme sua consciência, quando na verdade o que o juiz tem é o dever de julgar as causas conforme o sistema jurídico vigente e o contraditório das partes. Porém, como bem salienta a juíza trabalhista em sua decisão, para ela, o juiz situa-se "*dentro do mundo, em um lugar especial que o converte em um ser absoluto e incomparavelmente superior a qualquer outro ser material. A autonomia de que goza, quanto* à formação de seu pensamento e de suas decisões, lhe confere, ademais, *uma dignidade especialíssima. Ele é alguém em frente aos demais e em frente à natureza; é, portanto, um sujeito capaz, por si mesmo, de perceber, julgar e resolver acerca de si em relação com tudo o que o rodeia*". Assim, esse ser tão especial, tão sábio, atinge um nível supra-humano, tornando-se uma verdadeira divindade, que, por óbvio não se submeteria às leis humanas (leis criadas por seres que lhe são inferiores). Nesse contexto, para aqueles que acreditam que os magistrados são seres melhores que os demais, o protagonismo judicial faz sucumbir a democracia, a soberania popular, a separação dos poderes e os direitos e garantias fundamentais do cidadão, sendo o direito e a política exatamente aquilo que esse ser especialíssimo diz que são.

Sobre a decisão de Adriana Sette da Rocha Raposo, Dierle Nunes afirma que tal concepção "traduz claramente o viés nefasto do protagonismo judicial, no qual o processo é visto como instrumento técnico da jurisdição (e do juiz) que poderia formar uma decisão com qualquer conteúdo dentro da visão privilegiada do magistrado, e que poderia ser deformalizado e entregue aos critérios judiciais de seu dimensionamento a permitir uma decisão rápida (como se tal rapidez bastasse a uma tutela constitucionalmente adequada), fruto da sabedoria diferenciada do julgador. Tal magistrado poderia resolver tais situações com imensa facilidade, uma vez que inúmeros argumentos justificariam um posicionamento judicial".[29]

Nesse sentido, ao analisar o protagonismo judicial especialmente na perspectiva da jurisdição constitucional, afirma Luís Roberto Barroso que "os membros do Judiciário não devem presumir demais de si próprios - como ninguém deve, aliás, nessa vida -, supondo-se *experts* em todas as matérias. Por fim, o fato de a última palavra acerca da interpretação da Constituição ser do Judiciário não o transforma no único - nem no principal - foro de debate e de reconhecimento da vontade constitucional a cada tempo. A jurisdição constitucional não deve suprimir nem oprimir a voz das ruas, o movimento social, os canais de expressão da sociedade. Nunca é demais lembrar que o poder emana do *povo*, não dos juízes".[30]

O protagonismo judicial, bem como seus reflexos, por si só já constitui verdadeira aberração jurídica, especialmente porque parte do pressuposto de que o juiz é um ser com, no mínimo, um conhecimento privilegiado, superior ao conhecimento das partes e dos representantes das funções essenciais à justiça, bem como de qualquer cidadão. Contudo, num Estado Democrático (Constitucional) de Direito, partindo das concepções habermasianas de democracia,[31] o protagonismo não é apenas inadmissível ou arbitrário, ele é uma manifestação atentatória à própria Constituição, à cidadania, à soberania popular, à democracia e aos direitos fundamentais reconhecidos às pessoas (especialmente àqueles direitos e garantias assegurados às partes no processo).

29. NUNES, Dierle José Coelho. **Processo Jurisdicional Democrático:** uma análise crítica das reformas processuais. Curitiba: Juruá, 2008, p. 194-195.

30. BARROSO, Luís Roberto. **Constituição, democracia e supremacia judicial:** direito e política no Brasil contemporâneo. 2010.

31. Habermas, Jërgen. **Direito e democracia:** entre facticidade e validade. 2.ed. Rio de Janeiro: Tempo Brasileiro, 2012. v.1.

Ademais, numa perspectiva democrática, as pessoas só podem ser submetidas às leis que elas mesmas (diretamente ou via representantes) se propuseram a seguir, isto é, às leis das quais elas participaram do devido processo legislativo. Isso significa dizer que os juízes só podem decidir com base no sistema jurídico vigente, pois esse sistema foi legitimamente estruturado pelas pessoas de uma determinada comunidade e são essas as normas que eles se propuseram livremente a seguir. Ou seja: os cidadãos de uma determinada comunidade democrática constitucionalmente estabelecida não se propuseram a serem servos da vontade ou da consciência de nenhum ser especial, mas somente se propuseram a seguir livremente as leis das quais eles próprios foram legisladores (diretamente ou via representantes).

Assim, o processo no paradigma do Estado Democrático de Direito deverá ser um processo, em primeiro lugar, estruturado sob as bases constitucionais e democráticas, legalmente estabelecido, com possibilidade de participação ampla e profunda das partes e com uma divisão de responsabilidades e importância entre o magistrado, as partes e seus advogados. Trata-se, portanto, de um processo policêntrico, comparticipativo e que se funda numa corresponsabilidade de todos os sujeitos processuais. Nesse sentido, nas palavras de Dierle Nunes, "não se pode acreditar mais em uma justiça social predefinida antes do debate processual, uma vez que só as peculiaridades do caso concreto conseguem permitir, mediante o estabelecimento de um fluxo discursivo entre os interessados e o órgão decisor, a formação de um provimento adequado [...] Uma verdadeira democracia processual será obtida mediante a assunção do debate da corresponsabilidade social e política de todos os envolvidos (juízes, partes, advogados, órgãos de execução do Ministério Público e serventuários da Justiça) segundo balizamentos técnicos e constitucionais adequados, de modo a se estruturar um procedimento que atenda às exigências tanto de legitimidade quanto de eficiência técnica."[32]

32. NUNES, Dierle José Coelho. **Processo Jurisdicional Democrático:** uma análise crítica das reformas processuais. Curitiba: Juruá, 2008, p. 198.

Por fim, cumpre dizer que a posição aqui levantada não tem por objetivo defender um distanciamento do magistrado em relação aos problemas sociais e muito menos a intenção de torná-lo um sujeito alijado do processo, um "mero autômato neutro na aplicação do direito, ilhado na sociedade",[33] até porque, como já dissemos, todo e qualquer protagonismo fere a democracia, que presume igualdade de importância entre todos os sujeitos processuais, ou seja, não se combate o protagonismo do juiz defendendo-se o protagonismo das partes, mas sim com uma redistribuição isonômica da importância e da responsabilidade processual.

Assim, a crítica aqui aventada direciona-se a combater a ideia de que o magistrado poderia aproximar-se da sociedade e realizar uma justiça social (ou qualquer outra forma de justiça) mediante uma postura ativista, invasiva e desrespeitosa do direito das partes, como se os juízes fossem seres moralmente privilegiados que possuíssem uma cognição superior do sistema jurídico e da vida em sociedade, até mesmo porque, os juízes, ao contrário do que alguns deles pensam, não são deuses e os tribunais não são o Monte Olimpo, de onde eles podem determinar o que é e o que não é, conforme suas vaidades, consciência e/ou paixões. Lembrando, ainda, que o juiz cumpre função fundamental e indispensável ao processo, ao direito e à democracia, vez que é um garantidor constitucionalmente instituído dos direitos e garantias fundamentais dos cidadãos, inclusive e sobretudo, daqueles direitos e garantias assegurados aos sujeitos processuais de participarem do processo e da formação da decisão que será tomada sobre a vida das partes envolvidas.

3. O MODELO DEMOCRÁTICO DE PROCESSO

A compreensão daquilo que a doutrina processualista vem chamando de modelo democrático de processo ou simplesmente de processo democrático passa, antes de qualquer análise

33. Ibidem, p. 199.

jurídico-processual, pelo estudo do que seja o próprio Estado Democrático de Direito, paradigma em que se desenvolve o modelo processual aqui ventilado, verdadeira *conditio sine qua non*, e que merece análise em separado, ainda que breve.

3.1. O Estado Democrático de Direito

O paradigma do Estado Democrático de Direito, cujo referencial histórico reside no movimento jurídico-político reacionário vivenciado após o fim da Segunda Guerra Mundial, especialmente no campo do direito constitucional, visa superar os paradigmas antecedentes - o Estado Liberal e o Estado Social[34] - englobando seus principais avanços, mas superando-os através de um envolvimento mais efetivo da pessoa humana, do cidadão e da sociedade nas decisões políticas do Estado.

O ***Estado liberal***, resumidamente, pode ser descrito como o Estado estruturado sob as bases do liberalismo econômico que emerge a partir das revoluções burguesas do séc. XVIII, pautado nos princípios de liberdade e igualdade perante a lei (igualdade formal). Trata-se de um Estado de Direito, isto é, de um Estado que encontra limites políticos, legalmente instituídos, ao exercício de seus poderes. Ademais, juridicamente, é marcado pelo reconhecimento de direitos e garantias individuais aos cidadãos, sobretudo direitos civis e políticos, como liberdade, inviolabilidade do domicílio, legalidade, propriedade privada, *habeas Corpus*, devido processo legal, direito de voto etc. Nesse paradigma há uma excessiva abstenção do Estado.

Por sua vez, o ***Estado social***, resumidamente, é aquele identificado ainda na primeira metade do séc. XX, a partir das revoluções sociais e das revoltas trabalhistas, que parte da compreensão de que o mero reconhecimento de direitos pelo Estado é insuficiente, fazendo-se necessária a intervenção estatal no implemento

34. Para uma análise ampla e profunda: BONAVIDES, Paulo. **Do Estado Liberal ao Estado Social.** 10.ed. São Paulo: Malheiros, 2011.

desses direitos. Assim, trata-se de um Estado (de Direito) estruturado sob o princípio da igualdade material, impondo-lhe deveres prestacionais para com seus cidadãos. No campo da práxis política, pode ser dividido no mínimo em duas vertentes: o Estado de bem-estar social e o Estado socialista. Ademais, juridicamente, é marcado pelo reconhecimento de direitos sociais (sociais, econômicos e culturais), como saúde, educação, cultura, previdência e assistência social, transporte, moradia, alimentação, salário mínimo, férias remuneradas etc. Nesse paradigma há uma excessiva intervenção do Estado.

Já o ***Estado democrático de direito***, como bem demonstra Bernardo Gonçalves Fernandes, trata-se de um novo paradigma sustentado sob as bases do Estado (Constitucional) de Direito e da democracia, que se unem para formar um conceito novo, aproveitando o que há de bom dos paradigmas anteriores (Estado Liberal e Estado Social).[35] Nessa perspectiva, antes de analisarmos esse "conceito novo", faremos uma breve investida sobre a compreensão de Estado de Direito e de democracia, de modo separado.

Façamos, inicialmente, uma análise do ***Estado de direito***.

O surgimento do Estado de Direito ("*Rechsstaat*"), historicamente, está atrelado ao surgimento do Estado Liberal, cujas bases exigiam que o governo e os governantes se submetessem às leis que eles mesmo criaram. Trata-se, portanto, de um "Estado legal" estruturado sob o império da lei, que submete a todos, inclusive os governantes e o próprio Estado, às leis do país, numa evidente negação do Estado Absolutista (no qual o monarca estava acima da lei). É expressão consagradora de uma pretensa impessoalidade do Estado, que consagra eminentemente a igualdade formal (perante a lei) entre as pessoas, bem como direitos de liberdade.[36]

35. FERNANDES, Bernardo Gonçalves. **Curso de Direito Constitucional.** 7.ed. Salvador: Juspodivm, 2015.

36. Ibidem, p. 290.

Ademais, como consagrado pela tradição estadunidense, a *rule of law*, em que pese muitas semelhanças com o inicial Estado de direito, firma-lhe, ainda, alguns outros postulados, como: existência de uma dimensão processual (exigência de que o Estado se submeta a procedimentos legais preestabelecidos); submissão do poder executivo ao parlamento; proeminência de um movimento constitucionalista de defesa dos direitos e liberdades fundamentais; dever de publicidade das razões públicas das decisões institucionais do Estado etc. Já na tradição francesa, o État *legal* firma-se sobre as ideias de vontade geral e soberania popular, estruturando-se na representatividade legislativa, ficando sua legalidade por ela condicionada e nela fundamentada.[37]

Passando-se, agora, a uma breve análise da ***democracia***, pode-se dizer, de forma simples, que *democracia é o governo de todos*. Isto é, não é o governo de maiorias, nem de minorias, mas sim um governo de todos. Ou, como já consagrado pela célebre expressão de Abraham Lincoln, *"a democracia é o governo do povo, pelo povo, para o povo"*.

Ora, dizer que democracia é o governo de todos significa dizer que não se pode excluir da participação política nem minorias nem maiorias, em razão de fatores que os diferenciam e os tornam um grupo. Significa dizer que esse grupo não pode ser simplesmente objeto da vontade de outros grupos, excluindo, ignorando e ferindo suas particularidades de vida. A democracia veda a exclusão, impede que minorias sejam suprimidas pela vontade das maiorias e exige que os direitos de todos sejam respeitados, inclusive os direitos das minorias.[38]

Democracia significa reconhecer os mesmos direitos a todas as pessoas, independentemente de qualquer fator discriminador (raça, sexo, cor, sexualidade, origem, religião, convicção política, filosófica, econômica etc.). Assim, por exemplo, se se reconhece o

37. Ibidem, idem.

38. NOVAIS, Jorge Reis. **Direitos Fundamentais:** trunfos contra a maioria. Coimbra: Coimbra, 2006.

casamento, reconhece-se a todas as pessoas, independentemente de sua sexualidade, não podendo o Estado permitir que se casem apenas os heterossexuais, pois isso seria uma afronta à igualdade e à democracia. Mais do que isso, significa facilitar e promover o acesso de todas as pessoas a esses direitos reconhecidos, em face das limitações fáticas que a vida lhes impõe. Assim, se uma pessoa com deficiência tem limitações físicas que dificultam seu acesso ao direito ao transporte, o Estado deve criar mecanismos que facilitem isso na tentativa de igualar suas condições às das demais pessoas (igualdade material), obrigando que os ônibus possuam elevadores ou rampas que possibilitem esse acesso, por exemplo.

Por óbvio que a regra procedimental de decisão política nas democracias se baseia na prevalência da vontade política da maioria, afinal, faz-se necessário uma regra que possa decidir as questões políticas do Estado, sob pena de jamais se chegar a qualquer decisão. Nessa linha, pode-se dizer que a democracia comporta um duplo sentido, uma dupla dimensão, podendo ser compreendida em sentido formal e em sentido material ou substancial. *Democracia formal* seria aquela identificada pela vontade da maioria, já a *democracia substancial* seria aquela que exige respeito aos direitos e garantias fundamentais de todos, inclusive das minorias.[39]

Nesse sentido, a vontade da maioria não pode ferir os direitos fundamentais (constitucionalmente consagrados) das minorias, nem mesmo criar privilégios ou discriminações negativas contra as minorias, pois isso feriria a própria essência da democracia, que se traduz como sendo o governo de todos e não apenas de um grupo (seja majoritário, seja minoritário). Inclusive, pode-se dizer que as ditaduras, antíteses da democracia, podem ser tanto de maiorias como de minorias, isto é, ditaduras identificam-se justamente pela supressão dos direitos de certo(s) grupo(s) em face da proeminência de outro. Deste modo, as ditaduras podem

39. FERRAJOLI, Luigi. **Los fundamentos de los derechos fundamentales.** 4.ed. Madrid: Trotta, 2009.

ser de uma minoria sobre uma maioria, assim como de uma maioria sobre uma minoria.

Para além disso, a democracia desenvolvida na Idade Moderna fundou-se sobre as bases da representatividade, sendo predominantes as *democracias representativas* (nas quais o povo elege seus representantes para que eles legislem em seu nome) e não as *democracias diretas* (nas quais o povo legisla diretamente, isto é, participa de forma direta da formação das leis às quais irá se submeter). Atualmente, muito se encontra, também, *democracias semidiretas* (nas quais o povo elege seus representantes para que eles legislem em seu nome, mas em alguns casos o próprio povo legisla diretamente).

Nada obstante, no constitucionalismo contemporâneo, a participação popular (e a devida consideração dos argumentos apresentados pelas pessoas) tem ganhado maior notoriedade, seja no campo teórico, seja no campo prático, o que motivou a releitura da democracia para além da mera representatividade. Nesse sentido, hoje, muito se fala em uma democracia deliberativa.

A ***democracia deliberativa***, como define Cláudio Pereira de Souza Neto, "surge, nas duas últimas décadas do séc. XX, como alternativa às teorias da democracia então predominantes, as quais reduziam a um processo de agregação de interesses particulares, cujo objetivo seria a escolha de elites governantes. Em oposição a essas teorias agregativas e elitistas a democracia deliberativa repousa na compreensão de que o processo democrático não pode restringir à prerrogativa popular de eleger representantes. A experiência histórica demonstra que, assim concebida, pode ser amesquinhada e manipulada. A democracia deve envolver, além da escolha de representantes, também a possibilidade de se deliberar publicamente sobre as questões a serem decididas. A troca de argumentos e contra-argumentos racionaliza e legitima a gestão das *res* pública. Se determinada proposta política lograr superar a crítica formulada pelos demais participantes da deliberação, pode ser considerada, pelo menos *prima facie*, legítima e racional. Mas para que essa função se realize, a deliberação deve se dar em um contexto aberto, livre e igualitário. Todos devem ter, de fato, iguais possibilidades para influenciar e persuadir. Esses pressupostos de uma deliberação justa e eficiente são institucionalizados através do estado de direito, que é entendido, portanto, como condição, requisito ou pressuposto da democracia. De fato, não há verdadeira democracia sem respeito aos direitos fundamentais".[40]

Assim, em face das considerações precedentes em relação ao *Estado de direito* e à *democracia*, resumidamente, pode-se dizer que o paradigma do ***Estado democrático de direito*** consagra-se como um Estado constitucional e constitucionalizado, estruturado legalmente pela democracia e submetido às leis que edita.[41] Assim, trata-se de um Estado que encontra seu poder limitado e legitimado pelo poder do povo e pelo reconhecimento e garantia dos direitos fundamentais de todos. Trata-se de um Estado que existe para proteger e promover as pessoas que o compõem, todas elas, sem discriminações de qualquer natureza, um Estado que garanta e proteja o direito de todas as pessoas. Evidentemente consiste num Estado que é meio e não fim, isto é, um Estado que existe para a consecução dos fins humanos, que é mecanismo para a promoção e a proteção da pessoa humana.[42] Ademais, é

40. SOUZA NETO, Cláudio Pereira de. **Constitucionalismo democrático e governo das razões.** Rio de Janeiro: Lumen Juris, 2010, p. 3-4.

41. REALE, Miguel. **O Estado democrático de direito e o conflito das ideologias.** 3.ed. São Paulo: Saraiva, 2005.

42. Nesse sentido, J. C. Ataliba Nogueira há muito já afirmava: "Organismo moral, o estado reduz à unidade grupos sociais ainda que heterogêneos na sua formação, submetidos à sua soberania, com o fim de atingir o bem coletivo, que não póde diminuir ou reduzir o bem particular dos aludidos grupos mas, pelo contrario, fortalece-lo [...] Pode até a nação existir sem o estado, desde que se mantenha fiel ao seu fim imediato, que consiste na conservação, transmissão e desenvolvimento dos elementos de cultura proprios, em beneficio da pessôa humana [...] O fim do estado consiste na prosperidade publica, na *sufficientia vitae* necessária a cada um para atingir a perfeição física, intelectual e moral, correspondendo às necessidades e as deficiências naturais mais profundas, que não pódem ser satisfeitas nem pelo individuo só, nem pela família isolada, nem por

um Estado que tem suas decisões políticas fundamentais tomadas com base num discurso racional público, no qual se assegura o igual direito de participação a todos os cidadãos que o compõe, para que participem do processo de formação das leis às quais estarão se submetendo.

3.2. O processo democrático

O modelo processual democrático, como defende há décadas a escola mineira de direito processual, visa a superação dos modelos antecessores (liberalismo processual, socialismo processual e neoliberalismo processual), bem como das distorções e desequilíbrios por eles produzidos, pois tais modelos não são capazes de atender às necessidades de uma sociedade plural, democrática e participativa, pautada no princípio de cidadania e estruturada sob à égide do Estado Democrático de Direito, conforme consagrado pelas Constituições contemporâneas do mundo ocidental.

---

outros grupos sociais solitários [...] Voltando ao estado, vimos que o seu fim é a segurança dos direitos individuais, da liberdade e a conservação e aperfeiçoamento da vida social [...] mesmo visando ao bem da coletividade, o que tem em mira o estado é a tutela e o desenvolvimento da pessôa humana. Assim o exigem a dignidade e o destino eterno do homem, ao qual tudo neste mundo está subordinado como a seu fim, de modo que tudo ha de ser meio para conseguir a pessôa humana o seu fim ultimo [...] Por destino natural é o estado meio para o pleno desenvolvimento das faculdades individuais e sociais, meio de que o homem deve valer-se, ora dando, ora recebendo alguma coisa para o seu bem e para o bem dos outros [...] É o estado meio natural, de que pode e deve servir-se o homem, para consecução de seu fim, sendo o estado para o homem e não o homem para o estado [...] É por isto que afirmamos que o individuo não foi feito para o estado, mas sim o estado para i individuo, para o seu bem estar moral e material, para a sua felicidade [...] O direito não nasce com o estado, mas com o homem. Escrito ou consuetudinário, não deixou nunca de acompanhar o homem. Existe para servir o homem, como tambem para servir o homem existe o estado [...] O estado não é fim do homem, sua missão é ajudar o homem a conseguir o seu fim. É meio, visa à ordem externa para a prosperidade comum dos homens". NOGUEIRA, J. C. Ataliba. **O Estado é meio e não fim.** 2. ed. São Paulo: Saraiva, 1945, p.147-155.

Desta forma, nesse modelo processual queda-se rechaçado todo e qualquer protagonismo, seja das partes, seja do juiz, vez que ***a democracia exige uma estrutura dialética do procedimento processual, uma estrutura policêntrica, pautada na comparticipação dos sujeitos processuais, em nível de igualdade.*** Isto é, à luz do Estado Democrático de Direito, o processo deve ser um instrumento que trata os sujeitos processuais de forma isonômica, equilibrada, sem protagonismos (como se um dos sujeitos pudesse ser melhor, mais importante ou mais sábio que os demais), que divide a responsabilidade da resolução do litígio, da demanda judicial, entre todos eles (corresponsabilidade).[43]

Nesse sentido, com perfeição, assinala Dierle Nunes que "numa visão constitucional democrática, pode-se afirmar que *não existe entre os sujeitos processuais (técnicos processuais) submissão, mas, sim, interdependência*",[44] pois para uma decisão correta, faz-se necessária a participação responsável de todos os sujeitos processuais, sendo que a colaboração de cada um auxilia e influencia no resultado final (sem a participação de um, a decisão perde em democracia, perde em justiça, perde em aproximação da verdade, perde em certeza e correição).

Assim, o modelo democrático de processo tem o processo como instrumento comparticipativo, no qual partes e juiz devem contribuir, de maneira isonômica, no debate processual, refutando-se as visões extremadas de jurisdição nas quais ou o juiz não é nada além de um decisor gélido, que não deve efetivamente participar do processo, mas apenas decidir ao final (protagonismo das partes), ou, de modo oposto, é um deus olímpico, cuja sabedoria privilegiada deve ditar todos os rumos do processo afastando-se as partes do processo (protagonismo do magistrado).[45]

---

43. DOS SANTOS, Eduardo R. **Processo e Constituição.** Leme: J.H. Mizuno, 2014.

44. NUNES, Dierle José Coelho. **Processo Jurisdicional Democrático:** uma análise crítica das reformas processuais. Curitiba: Juruá, 2008, p. 204.

45. DOS SANTOS, Eduardo R. **Processo e Constituição.** Leme: J.H. Mizuno, 2014.

Ademais, o modelo democrático de processo objetiva a superação da visão de que o processo seria mero instrumento de jurisdição, isto é, mero instrumento técnico, por uma visão do processo enquanto mecanismo garantístico dos direitos fundamentais das pessoas envolvidas na demanda judicial, bem como de preservação da ordem jurídica constitucionalmente estabelecida, afastando os desvios e abusos do poder estatal, bem como do poder econômico privado. Nesse sentido, Dierle Nunes afirma que o processo consiste em "uma verdadeira garantia contra o exercício ilegítimo de poderes públicos e privados em todos os campos", tendo como finalidade "controlar os provimentos dos agentes políticos e garantir a legitimidade discursiva e democrática das decisões", de modo que, "o processo corporifica um instituto legitimante e estruturador da participação cidadã e da própria democracia".[46]

Numa perspectiva democrática discursiva, comparticipativa e policêntrica, o processo deve ser visto como instrumento garantístico dos direitos fundamentais das pessoas, vez que possibilita um espaço público de comunicação entre os sujeitos envolvidos na demanda, de modo que o cidadão afetado pelo provimento judicial participa efetivamente da formação desse provimento. Assim, no processo democrático, deve-se fortalecer o debate endoprocessual das partes, especialmente garantindo-se a observância dos princípios processuais constitucionais, com destaque para o princípio do contraditório, privilegiando-se, assim, a cidadania, a democracia e a soberania popular, bem como assegurando a supremacia da Constituição, e, consequentemente, conferindo legitimidade aos provimentos jurisdicionais.[47]

---

46. NUNES, Dierle José Coelho. **Processo Jurisdicional Democrático:** uma análise crítica das reformas processuais. Curitiba: Juruá, 2008, p. 209.

47. Em sentido próximo, afirma Dierle Nunes que: "Ao se fazer uma releitura da teoria do processo a partir da teoria habermasiana, vislumbra-se que o processo estruturado em perspectiva comparticipativa e policêntrica, ancorado nos princípios processuais constitucionais, impõe um espaço público no qual se apresentam as condições comunicativas para aqueles que todos os envolvidos, assumindo a responsabilidade de seu papel, participem na formação de provimentos legítimos que permitirá a clari-

De tal modo, o processo do Estado (Constitucional) Democrático de Direito inadmite privilégios cognitivos e/ou participativos (seja do juiz, seja das partes), justamente porque a participação de todos os sujeitos processuais em pé de igualdade (princípio da igualdade, princípio do contraditório), consta do rol dos direitos e garantias fundamentais que devem ser observados em todo e qualquer processo estatal e é requisito inafastável para uma real soberania popular, afinal se o povo ou qualquer um dos seus (cidadão) não participa do processo cujo resultado pode afetar sua própria vida, não há como se falar em soberania popular.[48]

Num ambiente democrático regido por uma Constituição que consagra a cidadania e os direitos fundamentais da pessoa humana, não se admite a existência de um sujeito majestoso o suficiente para dizer o que é justo ou injusto por si só, partindo de suas concepções unas e pessoais, como se elas fossem as melhores concepções que se pode ter de uma vida boa e justa (ou as únicas aceitáveis).[49]

Não há este ser especial porque o ser humano não é um ser perfeito, magnífico, de sabedoria plena, o homem definitivamente não é uma divindade (e ainda que fosse, há de se lembrar que

---

ficação discursiva das questões fáticas e jurídicas [...] Garante-se, desse modo, a cada afetado a exposição de razões relevantes para a determinação do tema a ser debatido e julgado endoprocessualmente, dentro de uma linha temporal, de uma fixação adequada do objeto de discussão e *de uma distribuição dos papéis a serem desenvolvidos*, em um espaço público processual moldado pelos princípios do modelo constitucional do processo". Ibidem, p. p. 211.

48. DOS SANTOS, Eduardo R. **Processo e Constituição.** Leme: J.H. Mizuno, 2014.

49. Nas palavras de Dierle Nunes, num processo democrático "devem-se afastar por completo buscas solitárias na aplicação do justo e creditar-se às procedimentalidades discursivas a aplicação normativa dos princípios constitucionais em visão forte, sem pobreza conteudística e sem prefixar as condições de vida boa". NUNES, Dierle José Coelho. **Processo Jurisdicional Democrático:** uma análise crítica das reformas processuais. Curitiba: Juruá, 2008, p. 222.

muitas delas são descritas como extremamente vaidosas e egoístas[50]), em que pese alguns magistrados assim se sintam (como se verdadeiros deuses fossem), mas na verdade é um ser falível, vaidoso, arrogante muitas vezes, passível de se influenciar por todas as paixões existentes, inflado de pré-compreensões da vida.

"Humano, demasiado humano", como já dissera Nietzsche.[51] Essa é a razão de não se poder, em hipótese alguma, deixar o controle nas mãos de uma só pessoa (ou de um colegiado de pessoas pseudo-privilegiadas), é a razão pela qual o Estado Democrático de Direito não combina com protagonismos, mas sim com comparticipação, policentrismo, pluralidade e corresponsabilidade, exigindo-se a constante participação do cidadão para ter por legítima a atuação estatal.[52]

Numa perspectiva comparticipativa e policêntrica, de corresponsabilidade e interdependência entre os sujeitos processuais, privilegia-se os aspectos positivos dos modelos liberais e sociais de processo, fundando-se um modelo processual antenado às exigências da cidadania, pautado na soberania popular e na legitimidade democrática dos provimentos jurisdicionais, cujas bases estão assentadas na própria Constituição dos Estados Democráticos de Direito, através daquilo que a doutrina habituou-se a chamar de modelo constitucional de processo. Este modelo, ao qual nos dedicaremos com mais afinco ainda, estrutura-se especialmente nos princípios processuais constitucionais, agora relidos à luz do constitucionalismo contemporâneo.[53]

---

50. Apenas como referência, as incontáveis passagens descritas de diversos deuses por: BULFINCH, Thomas. **O livro da mitologia.** São Paulo: Martin Claret, 2013.

51. NIETZSCHE, Friedrich. **Ecce Homo.** São Paulo: Martin Claret, 2007, p. 85.

52. DOS SANTOS, Eduardo R. **Processo e Constituição.** Leme: J.H. Mizuno, 2014.

53. Ibidem, idem.

Estes dois modelos processuais (modelo democrático de processo e modelo constitucional de processo) estão intimamente ligados, sendo que o processo democrático tem suas balizadas normativas firmadas pelo modelo de processo constitucionalmente instituído, especialmente pelos princípios processuais constitucionais, notadamente pelo princípio do contraditório (vetor jurídico que regula e fundamenta o discurso processual democrático dos sujeitos processuais).[54]

Nada obstante, em que pese a previsão constitucional através do estabelecimento de princípios processuais constitucionais de viés democrático, faz-se necessário e indispensável que a lei infraconstitucional processual institua procedimentos que assegurem não só a participação isonômica de todos os sujeitos processuais, mas que garantam a efetiva influência e consideração dos argumentos de todos eles na formação dos provimentos jurisdicionais, isto é, que garanta que o contraditório das partes seja contemplado na decisão do magistrado, seja refutando-os fundamentadamente, seja deferindo-lhes fundamentadamente, pois os argumentos das partes interessadas, bem como a percepção do juiz, devem compor simétrica e conjuntamente a decisão.[55] Assim, aquilo que as partes produzem durante o processo (procedimento em contraditório, como bem conceitua Fazzalari[56]) deve ser objeto de enfrentamento pelo magistrado em sua decisão, até porque esse provimento jurisdicional será direcionado às partes litigantes.

Bem, aqui fica a pergunta: ***a lei processual brasileira estabelece procedimentos democráticos que asseguram a participação isonômica de todos os sujeitos processuais de forma a garantir efetivamente a influência e consideração dos argumentos de todos eles na formação dos provimentos jurisdicionais?*** A resposta

54. NUNES, Dierle José Coelho. **Processo Jurisdicional Democrático:** uma análise crítica das reformas processuais. Curitiba: Juruá, 2008.

55. Ibidem, p. 242.

56. FAZZALARI, Elio. **Instituições de Direito Processual.** Campinas: Bookseller, 2006.

é sim! Como bem analisara Dierle Nunes,[57] ainda no ano 2008 (7 anos antes da publicação do Código de Processo Civil de 2015), a lei processual brasileira, de um modo geral (é óbvio que havia e ainda há algumas exceções legislativas), contempla sim o processo democrático, especialmente, através da consagração do contraditório e da fundamentação dos provimentos jurisdicionais nos procedimentos legalmente instituídos.

O grande problema processual não era (e continua não sendo!) de ordem legal, mas sim de índole interpretativa. Ainda que não se alterasse a legislação processual (e ela acaba de ser alterada de maneira profunda com a substituição do CPC/1973 pelo CPC/2015), seria possível o implemento de um modelo democrático de processo na prática, visto que a lei processual, de um modo geral (seja no processo civil, seja em outros ramos processuais, como no processo penal e no processo administrativo), assegura a observância do contraditório das partes e exige que os magistrados decidam de forma fundamentada as demandas jurisdicionais que lhe são levadas.[58]

Ademais, a doutrina processual e, inclusive, a própria jurisprudência superior, há anos já vem interpretando as normas processuais à luz de uma hermenêutica constitucional democrática, faltando apenas que isso seja implementado na práxis jurídica dos fóruns e tribunais brasileiros, nos quais ainda (muitas vezes) nos deparamos com juízes deuses que pensam estar num olimpo judiciário, em que são sujeitos especialíssimos e que decidem as demandas conforme sua própria consciência (moral, religiosa, econômica, cultural, jurídica, política etc.) e não conforme a ordem jurídica vigente.[59]

---

57. NUNES, Dierle José Coelho. **Processo Jurisdicional Democrático:** uma análise crítica das reformas processuais. Curitiba: Juruá, 2008.

58. NUNES, Dierle José Coelho. **Processo Jurisdicional Democrático:** uma análise crítica das reformas processuais. Curitiba: Juruá, 2008, p. 246.

59. DOS SANTOS, Eduardo R. **Processo e Constituição.** Leme: J.H. Mizuno, 2014.

Nessa linha de raciocínio, Dierle afirma que "se um contraditório dinâmico como garantia de influência fosse assegurado, com base em uma lógica policêntrica e comparticipativa; se os sujeitos processuais soubessem manejar as técnicas processuais de modo responsável e interdependente; se se acabasse com a busca tão-somente do protagonismo judicial, da alta produtividade decisória e da rapidez procedimental a qualquer preço; se se parasse de enxergar o processo como um instrumento técnico a serviço do juiz e que se constitui em entrave formal para o cidadão-cliente de serviços, a democratização se imporia nos discursos de aplicação normativa".[60]

O processo democrático, conforme assegurado pelo modelo constitucional consagrado nos Estados Democráticos de Direito, institui os fundamentos normativos e os mecanismos procedimentais de aplicação e controle do próprio direito, estruturando-se nos princípios processuais constitucionais e numa hermenêutica constitucional democrática, afastando-se do estereótipo de processo como mero instrumento técnico-formal que deve ser super veloz e dirigido por um ser privilegiado de saber (uma espécie de computador supersônico operado por uma placa-mãe de conhecimento infinito – o juiz).[61]

Nesse sentido, bem observa Dierle que "resgatar a importância do espaço público processual, no qual todos os interessados possam participar do aprimoramento do sistema jurídico, pode representar a tentativa de redescoberta da importância dessa estrutura normativa contra a indiferença e a apatia (coletiva) política na qual os cidadãos (clientes não participantes) estão imersos, e que são geradas pelo argumento dos 'manipuladores olímpicos do poder' e pelos seus discursos tecnológicos de máxima eficácia prática e de diminuta repercussão social (cidadã)

60. NUNES, Dierle José Coelho. **Processo Jurisdicional Democrático:** uma análise crítica das reformas processuais. Curitiba: Juruá, 2008, p. 247.

61. DOS SANTOS, Eduardo R. **Processo e Constituição.** Leme: J.H. Mizuno, 2014.

[...] A necessidade da procedimentalidade fiscalizadora e comparticipativa poderá, finalmente, impedir que, sob o argumento ideológico de aplicação de valores compartilhados, imponha-se a vontade privatista dos manipuladores que, mascarados pelo papel de agente político, impõem seus próprios interesses."[62] Ou seja, processo, em Estado Democrático de Direito, não combina com protagonismos, mas sim como isonomia comparticipativa e policêntrica dos sujeitos processuais.

Bem, se já sob a égide do Código de Processo Civil de 1973 este modelo democrático podia ser legalmente identificado, mais ainda, agora, com o ***Código de Processo Civil de 2015 (CPC/2015)***, cujas bases normativas fundamentais residem na Constituição Cidadã de 1988, de índole democrática e humanista, o que aliás é reconhecido já no artigo 1º, do novel diploma processual, que assim dispõe: "O processo civil será ordenado, disciplinado e interpretado conforme os valores e as normas fundamentais estabelecidos na Constituição da República Federativa do Brasil, observando-se as disposições deste Código."

Para além disso, em diversas passagens, o CPC/2015 assume-se legislativamente como sendo um código processual democrático. Faz isso quando reconhece e regulamenta os princípios processuais (que serão objeto de análise específica), bem como em diversas passagens procedimentais.

Destaque-se que o novel diplome processual civil, no capítulo das normas fundamentais do processo civil, consagra a comparticipação, a corresponsabilidade e a isonomia entre os sujeitos processuais em seus art. 6º e 7º, cujas redações afirmam, respectivamente que "todos os sujeitos do processo devem cooperar entre si para que se obtenha, em tempo razoável, decisão de mérito justa e efetiva" e que "é assegurada às partes paridade de tratamento em relação ao exercício de direitos e faculdades processuais, aos

62. NUNES, Dierle José Coelho. **Processo Jurisdicional Democrático:** uma análise crítica das reformas processuais. Curitiba: Juruá, 2008, p. 251.

meios de defesa, aos ônus, aos deveres e à aplicação de sanções processuais, competindo ao juiz zelar pelo efetivo contraditório."

Adotando expressamente um ***modelo processual comparticipativo e cooperativo***,[63] o CPC/2015 impõe certos deveres cooperativos, inerentes ao processo democrático, conforme consagrado na doutrina processualista democrática: a) dever de esclarecimento; b) dever de prevenção; c) dever de assistência ou auxílio.[64]

O ***dever de esclarecimento***, como observa José Carlos Barbosa Moreira, faz parte do dever de cooperação do magistrado com os litigantes que, "no propósito de contribuir com a mitigação das desigualdades substanciais entre as partes, tem-se cogitado conferir ao juiz a faculdade (ou mesmo o dever) de prestar-lhes informações sobre o ônus que lhes incumbem, convidando-as, por exemplo, a esclarecer e complementar suas declarações acerca dos fatos, ou chamando-lhes a atenção para a necessidade de comprovar alegações".[65] Ademais, como demonstra Fredie Didier, o dever de esclarecimento "consiste no dever de o tribunal se esclarecer junto das partes quanto à dúvidas que tenha sobre as suas alegações, pedidos ou posições em juízo, para evitar decisões tomadas em percepções equivocadas/apressadas [...] Assim, por exemplo, se o magistrado estiver em dúvida sobre o preenchimento de um requisito processual de validade, deverá providenciar esclarecimento da parte envolvida, e não determinar imediatamente a consequência prevista em lei para esse ilícito processual (extinção do processo, por exemplo). Do mesmo modo, não deve o magistrado indeferir a petição inicial, tendo em vista a obscuridade do pedido ou da causa de pedir, sem antes pedir esclarecimentos ao demandante. Parece que o dever de esclarecimento não se restringe ao

---

63. Sobre a cooperação: MITIDIERO, Daniel. **Colaboração no Processo Civil: pressupostos sociais, lógicos e éticos.** 2.ed. São Paulo: RT, 2011.

64. THEODORO JÚNIOR, Humberto et al. **Novo CPC:** fundamentos e sistematização. 2.ed. Rio de Janeiro: Forense, 2015, p. 82 e ss.

65. BARBOSA MOREIRA, José Carlos. **Temas de Direito Processual.** 3. série. São Paulo: Saraiva, 1984, p. 52.

dever de o órgão jurisdicional esclarecer-se junto as partes, mas também o dever de esclarecer os seus próprios pronunciamentos para as partes. É certo que esse dever decorre do dever de motivar, que é uma das garantias processuais já consolidadas ao longo da história. O dever de motivar contém, obviamente, o dever de deixar claras as razões da decisão".[66] Por fim, conste-se que o dever de esclarecimento, encontra-se expressamente consagrado no art. 139, VIII, do CPC/2015.

Já o ***dever de prevenção*** impõe ao magistrado um dever geral de prevenção, que resumidamente pode ser descrito como o dever de apontar os defeitos processuais das postulações das partes, para que possam ser corrigidos. Na práxis, segundo a doutrina processualista portuguesa, quatro seriam as possibilidades de aplicação do dever de prevenção: a) saneamento de pedidos obscuros; b) possibilidade de se encontrar exposições lacunares sobre fatos relevantes; c) indispensabilidade de adequação dos pedidos formulados à situação de fato e de direito descrita; d) sugestão de determinadas atuações pelas partes. Nesse sentido, como explica Miguel Teixeira de Sousa, "por exemplo, o tribunal tem o dever de sugerir a especificação de um pedido determinado, de solicitar a individualização das parcelas de um montante que só é globalmente indicado, de referir as lacunas na descrição de um facto, de se esclarecer sobre se a parte desistiu do depoimento de uma testemunha indicada ou apenas se esqueceu dela e de convidar a parte a provocar a intervenção de um terceiro".[67] No âmbito do CPC/2015, pode-se exemplificar o dever de prevenção com o disposto no art. 321 do novel dispositivo processual civil, que assim assevera: "O juiz, ao verificar que a petição inicial não preenche os requisitos dos arts. 319 e 320 ou que apresenta defeitos e irregularidades capazes de dificultar o julgamento de

66. DIDIER, Fredie. **Fundamentos do princípio da cooperação no direito processual civil português.** Coimbra: Coimbra, 2010.

67. SOUSA, Miguel Teixeira de. **Estudos sobre o novo processo civil.** 2.ed. Lisboa: Lex, 1997, p. 66.

mérito, determinará que o autor, no prazo de 15 (quinze) dias, a emende ou a complete, indicando com precisão o que deve ser corrigido ou completado."

Por sua vez, o ***dever de assistência ou auxílio***, segundo o qual, nas palavras de Didier, "o tribunal tem o dever de auxiliar as partes na superação das eventuais dificuldades que impeçam o exercício de direitos ou faculdades ou o cumprimento de ônus ou deveres processuais. Cabe ao juiz providenciar, sempre que possível, a remoção de obstáculo".[68] Esse dever, ao que nos parece, está no núcleo fundamental daquilo que dispõe o art. 6º do CPC/2015.

Destaque-se ainda, na linhagem processual democrática (policêntrica, comparticipativa, de corresponsabilidade e isonomia entre os sujeitos processuais), que nos arts. 9º, 10 e 11, o CPC/2015 busca assegurar que as partes litigantes não sejam objeto da vontade una do magistrado, afastando a legalidade das decisões, quando não se oportunize às partes a possibilidade de se manifestarem, quando se decida com base em fundamentos sob os quais as partes não tiveram oportunidade de se manifestar, ou ainda impondo o dever de fundamentação e publicidade às decisões judiciais.[69]

Por fim, o CPC/2015 consiste, evidentemente, num diploma normativo legal e procedimentalmente muito mais democrático que o antigo código processual (o que é um avanço e não deixa de ser importante). Contudo, como já observado, o problema (o déficit democrático e constitucional) do processo brasileiro, não é um problema de ordem legal, mas sim de índole interpretativa. A questão é hermenêutica! Não basta legislar e positivar procedimentos mais democráticos. É preciso que magistrados, advogados, promotores e demais juristas interpretem as normas processuais democraticamente à luz da Constituição, assegurando-se

68. DIDIER, Fredie. **Fundamentos do princípio da cooperação no direito processual civil português.** Coimbra: Coimbra, 2010.

69. Fundamentação e publicidade das decisões judiciais serão objeto de análise separada.

efetivamente o policentrismo, a comparticipação e a isonomia entre os sujeitos processuais ao longo do processo.

3.3. Processo, democracia e cidadania

A cidadania, consagrada como fundamento basilar do Estado Democrático de Direito e positivada no inciso II do art. 1° da Constituição da República Federativa do Brasil, exige do Estado, em todas as suas acepções e instâncias, bem como em todos os delineamentos de seus Poderes (Executivo, Legislativo e Judiciário), que seja garantido ao cidadão o direito efetivo de participação[70].

Nessa perspectiva, Thomas H. Marshall (talvez o mais importante teórico da cidadania nas últimas décadas), citado por Enzo Bello, identificou a cidadania, sob a ótica ideológica da social democracia, como sendo a corporificação da ideia de seguridade social enquanto "rede de proteção que obriga o estado a assumir a responsabilidade pelos rumos da sociedade e, consequentemente, a compensar as desigualdades geradas pelo mercado na alocação de recursos e distribuição de riquezas".[71]

70. Ao analisar o referido dispositivo constitucional (art. 1°, II, CF/1988), José Afonso da Silva afirma que "a cidadania está aqui num sentido mais amplo do que o de titular de direitos políticos. Qualifica os participantes da vida do Estado, o reconhecimento do indivíduo como pessoa integrada na sociedade estatal (art. 5°, LXXVII). Significa aí, também, que o funcionamento do Estado estará submetido à vontade popular. E aí o termo conexiona-se com o conceito de *soberania popular* (parágrafo único do art. 1°), com os direitos políticos (art. 14) e com o conceito de *dignidade da pessoa humana* (art. 1°, III), com os objetivos da educação (art. 205), como base e meta essencial do regime democrático". SILVA, José Afonso da. **Curso de Direito Constitucional Positivo.** 33.ed. São Paulo: Malheiros, 2010, p. 104-105.

71. BELLO, Enzo. Cidadania e Direitos Sociais no Brasil: um enfoque político e social. In: SOUZA NETO, Cláudio Pereira de; SARMENTO, Daniel (coord.). **Direitos Sociais:** fundamentos, judicialização e direitos sociais em espécies. Rio de Janeiro: Lumen Juris, 2010, p. 180-181.

A leitura de Marshall possibilitou a ampliação do conceito de cidadania, sobretudo, através do significativo alargamento do seu rol de direitos e da expansão do rol de sujeitos detentores do *status* de cidadão. Nesse sentido, Marshall refutou o modelo liberal restrito de cidadania, identificando uma amplificação, cronologicamente perceptível, dos direitos inerentes a ela, de modo a reconhecer todos eles, isto é, os direitos civis (séc. XVIII), os direitos políticos (séc. XIX) e os direitos sociais (séc. XX). Ainda segundo Marshall, é responsabilidade dos tribunais, dos corpos representativos, dos serviços sociais e das escolas efetivar os direitos de cidadania.[72]

No que se refere aos órgãos ou entidades responsáveis pela efetivação dos direitos de cidadania apontados por Marshall e citados acima, percebe-se a necessidade da ampliação do rol por ele elaborado (a nosso ver exemplificativo) em face do paradigma do Estado Democrático de Direito, em especial o brasileiro (estruturado pela Carta Cidadã de 1988). Nessa linha, o dever de efetivação dos direitos de cidadania deve ser de todos os órgãos e entidades do Estado, em todas as suas instâncias e poderes, assim como dos órgãos representativos não governamentais, dos serviços sociais, das escolas e da sociedade civil organizada.

Nessa linha de raciocínio, José Afonso da Silva explica que a cidadania "qualifica os participantes da vida do Estado, é atributo das pessoas integradas na sociedade estatal, atributo político decorrente do direito de participar no governo e direito de ser ouvido pela representação política".[73] Por sua vez, J.M. Barbalet afirma que a "cidadania pode ser descrita como participação numa comunidade ou como qualidade de membro dela".[74] Já Eduardo Cambi demonstra que, atualmente, o *status* de cidadão envolve

72. Ibidem, idem.

73. SILVA. José Afonso da. **Curso de Direito Constitucional Positivo.** 33.ed. São Paulo: Malheiros, 2010, p. 345-346.

74. BARBALET, J.M. **A cidadania.** Lisboa: Estampa, 1989, p. 12.

as mais variadas formas de participação cidadã no âmbito estatal, exigindo que o Estado garanta esta participação a todos, pois "os cidadãos são *atores políticos autônomos* de uma comunidade de pessoas livres e iguais", garantindo-se a própria existência do Estado pela proteção "de um *processo inclusivo de formação de opinião e vontade*".[75]

O cidadão, no Estado Democrático de Direito, consiste na figura central, trata-se de sujeito ativo da atividade estatal, não podendo ser excluído do processo de tomada de decisões, pois é ele o maior interessado na gerência do Estado. Ademais, é justamente a participação cidadã que legitima a ação estatal, pois todo poder emana do povo (soberania popular). Isso aplica-se a todos os campos estatais, inclusive o judiciário, o que impede que cidadão seja excluído e/ou ignorado das relações processuais das quais seja parte ou das quais possa vir a sofrer os efeitos, devendo sempre ter seus direitos e garantias fundamentais preservados na dialética processual, especialmente o de participar do processo de formação do provimento judicial.[76]

A imbricação entre processo e democracia está diretamente ligada à manutenção da ordem constitucional democrática e ao respeito aos direitos e garantias fundamentais do cidadão, pois o processo consiste num instrumento de legitimação democrática das deliberações estatais, a partir do momento em que o cidadão pode verdadeiramente influenciar a formação dessas deliberações, pois sob qualquer ângulo que se analise, é indispensável à democracia a compreensão do processo como legítimo instrumento de participação cidadã. Como afirma Egon Bockmann, "é pacífico que o cidadão tem o direito democrático de participar ativamente da formação das decisões administrativas do Estado,

75. CAMBI, Eduardo. **Neoconstitucionalismo e Neoprocessualismo:** direitos fundamentais, políticas públicas e protagonismo judiciário. 2.ed. São Paulo: Revista dos Tribunais, 2011, p.367.

76. DOS SANTOS, Eduardo R. **Processo e Constituição.** Leme: J.H. Mizuno, 2014.

especialmente aquelas que incidirão sobre seus interesses (diretos ou indiretos)."[77]

No paradigma do Estado Democrático de Direito, a legitimidade das ações estatais está diretamente ligada a ampla participação dos cidadãos no processo de formação das decisões políticas fundamentais das quais resultam essas ações. Neste sentido, o processo (em razão de sua estrutura dialética) atua como mecanismo legítimo a assegurar a participação dos cidadãos nas decisões do Estado (em todos os poderes), vez que na democracia do Estado de Direito, os cidadãos têm o direito de participar do processo de formação, interpretação e aplicação das leis às quais se submetem, conforme consagrado não só pelos princípios fundamentais do Estado Democrático de Direito e da Cidadania, mas também pelos direitos e garantias fundamentais de ordem processual democrática, especialmente pelos princípios do devido processo legal (garantia de previsão legal de um modelo processual que assegure a participação nos moldes constitucionais do processo), do contraditório (garantia de participação no processo e consideração dos argumentos e provas trazidos pelas partes pelo juiz) e do acesso à justiça (garantia de acesso real ao provimento jurisdicional, dentro de um prazo razoável, e com mecanismos que assegurem igualdade entre as partes e facilitem o acesso dos vulneráveis e dos economicamente desfavorecidos).[78]

Como nos lembra Luiz Guilherme Marinoni, "o processo não pode ser visto apenas como relação jurídica, mas sim como algo que tem fins de grande relevância para a democracia", o processo deve ser legítimo, em sentido amplo, o que compreende, simultaneamente, aos seguintes desdobramentos: a) o processo deve ser legítimo, em sentido estrito, isto é, adequado à tutela dos direitos, sobretudo, dos direitos fundamentais; b) o processo deve legitimar através da ampla participação; e c) o processo deve produzir uma

---

77. MOREIRA, Egon Bockmann. **Processo Administrativo:** princípios constitucionais e a Lei 9.784/1999. 4.ed. São Paulo: Malheiros, 2010, p. 85.

78. Ibidem, idem.

decisão legítima (pautada no contraditório das partes).[79] Nesse sentido, "por ser um instrumento através do qual o Estado exerce o poder-dever de dar proteção jurisdicional aos direitos, não há como esquecer a sua dimensão de legitimidade democrática", pois este poder estatal de proteger os direitos, necessariamente, tem de ser desempenhado democrática e legitimamente, o que se dá através da abertura à participação, especialmente do cidadão jurisdicionado que é parte no processo ou que pode vir a sofrer os efeitos de seu provimento final.[80] Mais ainda, no processo democrático, o poder Estado-juiz deve prestar conta aos litigantes, o cidadão jurisdicionado tem o direito de ver seus argumentos contemplados de maneira fundamentada na decisão do juiz, seja para negá-los, seja para provê-los, assim inegável se faz, segundo Marinoni, reconhecer uma proeminência democrática do princípio do contraditório, como mecanismo técnico jurídico hábil a possibilitar a ampla participação do cidadão no processo jurisdicional, complementada pelos princípios da publicidade dos atos jurisdicionais e da fundamentação das decisões.[81]

Ademais, explica Eduardo Cambi que a ampla participação dos cidadãos na discussão das temáticas públicas, possibilitada pelo processo, consiste em relevante instrumento republicano de promoção da democracia, pois "o exercício da cidadania está, diretamente, ligado ao controle do poder público, por intermédio de mecanismos seguros, independentes e efetivos, vale dizer, de 'não dominação', de participação".[82] Nesse sentido, no âmbito jurisdicional, destaque-se três figuras consagradoras da participação cidadã que, após a promulgação da Constituição de 1988, têm

79. MARINONI, Luiz Guilherme. **Curso de Processo Civil:** Teoria Geral do Processo. São Paulo: Revista dos Tribunais, 2006. v.1, p. 401.

80. Ibidem, p. 405.

81. Ibidem, p. 407.

82. CAMBI, Eduardo. **Neoconstitucionalismo e Neoprocessualismo:** direitos fundamentais, políticas públicas e protagonismo judiciário. 2.ed. São Paulo: Revista dos Tribunais, 2011, p.373.

se tornado, cada vez mais, instrumentos de grande relevância na promoção da cidadania e da democracia: as ações coletivas;[83] a figura do *amicus curiae*[84] e as audiências públicas[85], figuras que

83. Chamadas por Cambi de *instrumentos privilegiados da participação política e do exercício permanente da cidadania, voltados à transformação social emancipatória*, as ações coletivas emergem como valorosos mecanismos democráticos, pois segundo ele, "por intermédio da via ou do conduto das ações coletivas, a jurisdição se torna um local que *acolhe a participação* (v.g., pela ação popular permite-se que o povo participe do poder, apontando os desvios na gestão pública), o que viabiliza a realização de uma prestação estatal imprescindível aos direitos fundamentais. As ações coletivas conferem um *plus* à função jurisdicional, porque permitem não somente que o judiciário tutele direitos coletivos, mas também que a jurisdição tome o seu lugar de *efetivação da democracia*, que necessita de técnicas e participação 'direta' para poder construir uma sociedade mais justa". Ibidem, p. 374. Atualmente, as ações coletivas, cada vez mais, são objetos de estudos dos grandes pesquisadores do Direito, tamanha sua importância. Dentre eles, o professor Camilo Zufelato, recentemente publicou obra específica, na qual, em razão do sucesso e relevância das ações coletivas, já afirma que "ao fenômeno jurídico denominado tutela jurisdicional coletiva não se pode mais atribuir o qualificativo *novo*. Apesar dos poucos anos de vigência dos instrumentos processuais em defesa de direitos transindividuais, a tutela coletiva não é mais novidade. Sua recepção na ciência jurídica pátria foi tão intensa e profícua que se arraigou de forma indelével, consolidada e fortalecida na teoria e na prática, constituindo talvez a experiência jurídica mais bem-sucedida e promissora do processo civil brasileiro recente". ZUFELATO, Camilo. **Coisa Julgada Coletiva.** São Paulo: Saraiva, 2011, p. 48.

84. Como ensina Cambi, "a figura do *amicus curiae* é corolário do escopo político da jurisdição. Decorre do pluralismo jurídico e é desdobramento do Estado Democrático de Direito. É manifestação de *cidadania processual*, porque permite a participação de seguimentos diferentes da sociedade na formação da decisão judicial". CAMBI, Eduardo. **Neoconstitucionalismo e Neoprocessualismo:** direitos fundamentais, políticas públicas e protagonismo judiciário. 2.ed. São Paulo: Revista dos Tribunais, 2011, p. 376.

85. De acordo com as lições de Eduardo Cambi, as audiências públicas consistem num meio efetivo e democrático de participação e influência diretas nas decisões jurisdicionais. Segundo ele, as audiências públicas têm alcance bastante amplo, "podendo servir para a discussão de critérios para que o judiciário decida questões científicas complexas e socialmente

possibilitam uma participação mais ampla por parte da sociedade nas discussões mais relevantes levadas à apreciação do poder judiciário. Em arremate, nas palavras de Cambi, ***"a democracia exige deliberações comuns e, por isto, pressupõe a existência de espaços públicos abertos que permitam que pessoas e grupos possam discutir questões jurídicas socialmente relevantes. Promover o diálogo não é acirrar disputas, mas incentivar a obtenção de argumentos racionais que possam conduzir aos consensos necessários à efetivação das resoluções que melhor atendam os interesses comunitários e individuais de cada cidadão".***[86]

A cidadania é fundamento basilar da democracia e, ao mesmo tempo, exigência de participação do cidadão nas decisões estatais, que se materializa mediante o *direito garantia* ao processo (instrumento constitucionalmente instituído para assegurar, fiscalizar e reivindicar os direitos postos na própria Constituição).[87] Ou, nas palavras de Dierle Nunes, "o processo corporifica um instituto legitimante e estruturador da participação cidadã e da própria democracia".[88]

Tal relação, como já exposto, do ponto de vista processual, passa por uma releitura democrático-cidadã do princípio do contraditório. Nessa perspectiva, como explica Elio Fazzalari, o contraditório deriva do princípio jurídico da audição do cidadão interessado, de fonte austríaca, originalmente chamado de *Parteienghör*. Hodiernamente, o princípio do contraditório liga-se diretamente a ideia de processo, vez que este seria um procedimento em contraditório, o que significa dizer que o processo consiste em um procedimento (atos legalmente pré-estabelecidos,

relevantes", assim como para os entes legitimados à propositura das ações coletivas embasarem e promoverem tais ações etc. Ibidem, p.378.

86. Ibidem, p. 380.

87. DIAS, Ronaldo Brêtas de Carvalho. **Processo Constitucional e Estado Democrático de Direito.** Belo Horizonte: Del Rey, 2010.

88. NUNES, Dierle José Coelho. **Processo Jurisdicional Democrático:** uma análise crítica das reformas processuais. Curitiba: Juruá, 2008, p. 209.

devido processo legal, que estejam de acordo com o modelo constitucional de processo – devido processo constitucional) em contraditório, isto é, que possibilite uma participação ampla e efetiva de todos os interessados na causa (participação do cidadão interessado). Mais ainda, o magistrado, no processo jurisdicional (ou o decisor em qualquer processo) está vinculado àquilo que fora produzido pelo contraditório das partes, devendo sua decisão enfrentar todo o produto resultante do contraditório, de modo que o juiz "pode desatender, mas não ignorar".[89]

Em arremate, pode-se dizer que o processo democrático estrutura-se através da comparticipação e do policentrismo, o que implica dizer que o processo democrático, pautado no modelo único de processo estruturado pela Constituição, sobretudo, através de princípios jurídico-processuais (garantias fundamentais destinadas à proteção dos direitos fundamentais individuais e coletivos do cidadão, bem como da preservação da ordem jurídica e da paz social), submete-se a participação isonômica (igualdade material e não simplesmente igualdade formal) de todos os cidadãos interessados no provimento jurisdicional, através dos institutos e procedimentos legalmente pré-estabelecidos (devido processo legal) para tanto, no qual não há hierarquia entre os sujeitos processuais, isto é, entre o decisor e as partes, mas sim uma harmônica simetria (paridade) na busca do provimento final, que deve ser legítimo e justo (conforme o direito). Tudo isso se harmoniza perfeitamente com o princípio da Cidadania (art. 1º, II, da CF/88) e do Estado Democrático de Direito (art. 1º, *caput*, da CF/88), cuja base fundamental é a soberania do povo (art. 1º, parágrafo único, da CF/88) e dos direitos e garantias fundamentais dos cidadãos (Título II da CF/88 mais disposições esparsas).[90]

---

89. FAZZALARI, Elio. **Instituições de Direito Processual.** Campinas: Bookseller, 2006, p. 120.

90. NUNES, Dierle José Coelho. **Processo Jurisdicional Democrático:** uma análise crítica das reformas processuais. Curitiba: Juruá, 2008.

Por fim, o processo do Estado Democrático de Direito revela-se como autêntico instrumento de participação do cidadão, em duplo sentido: *participação no processo* (através do contraditório das partes envolvidas, que levam ao processo sua opinião, suas provas, suas posições sobre os fatos e o direito etc., devendo elas serem contempladas fundamentadamente pela decisão do julgador, seja para afasta-las, seja para contemplá-las) e *participação pelo processo* (através do processo vislumbra-se uma participação político-jurídica à luz do princípio democrático, fazendo-se ouvir as vozes dos cidadãos, especialmente nas demandas, individuais e/ou coletivas, que estejam envolvidos ou que sejam interessados, sobretudo em tempos de judicialização da política).[91]

91. DOS SANTOS, Eduardo R. **Processo e Constituição.** Leme: J.H. Mizuno, 2014.

Capítulo

II

O MODELO CONSTITUCIONAL DE PROCESSO

Conforme identificado pela melhor doutrina processualista pátria e estrangeira, existe um modelo processual estabelecido na Constituição que serve como base para todos os ramos do direito processual, não podendo ser ignorado e, muito menos, afrontado, em face do princípio da supremacia da Constituição. Este ***modelo único de processo estabelecido pela Constituição*** é conhecido como Modelo Constitucional de Processo.

Deste modo, todo e qualquer estudo que se refira à matéria processual deve partir deste "modelo", que se encontra sedimentado, sobretudo, nas garantias fundamentais processuais (quase sempre positivadas em forma de princípios jurídicos). Assim, antes de analisarmos os princípios processuais constitucionais em espécie, nos dedicaremos a compreender as bases normativas que os sustentam.

1. A CONSTITUCIONALIZAÇÃO DOS DIREITOS

O Direito, como um todo, passa atualmente por um processo de constitucionalização, isto é, por um processo de adequação à Constituição. Um processo que não é exclusividade do sistema jurídico brasileiro, mas que se desenvolve, de um modo geral, nos Estados Democráticos de Direito do mundo ocidental contemporâneo.

Fruto do ***Neoconstitucionalismo***[1], esse movimento inspira-se, sobretudo, na supremacia da Constituição e na consequente necessidade de amoldamento do restante do ordenamento jurídico à ordem jurídica estabelecida pela Carta Maior, superando assim a pretérita visão de que a Constituição seria um mero documento político procedimental que estabeleceria apenas metas

1. Como explica Daniel Sarmento, o termo Neoconstitucionalismo ainda não está rigidamente definido, possuindo algumas variações, entretanto pode-se conceituá-lo como "um novo paradigma tanto na teoria jurídica quanto na prática dos tribunais" que, de modo geral, envolve "vários fenômenos diferentes, mas reciprocamente implicados, que podem ser assim sintetizados: (a) reconhecimento da força normativa dos princípios jurídicos e valorização da sua importância no processo de aplicação do Direito; (b) rejeição ao formalismo e recurso mais frequente a métodos ou 'estilos' mais abertos de raciocínio jurídico: ponderação, tópica, teorias da argumentação etc.; (c) constitucionalização do Direito, com irradiação das noras e valores constitucionais, sobretudo os relacionados aos direitos fundamentais, para todos os ramos do ordenamento; (d) reaproximação entre o Direito e a Moral, com a penetração cada vez maior da Filosofia nos debates jurídicos; e (e) judicialização da política e das relações sociais, com um significativo deslocamento de poder da esfera do Legislativo e do Executivo para o Poder Judiciário SARMENTO, Daniel. O Neoconstitucionalismo no Brasil: Riscos e possibilidades. In: SARMENTO, Daniel (coord.). **Filosofia e Teoria Constitucional Contemporânea.** Rio de Janeiro: Lumen Juris, 2009, p. 113-114. Por sua vez, Max Möller afirma que o Neoconstitucionalismo possui sete características comuns a maior parte das definições traçadas pela doutrina, sendo elas: a) rigidez constitucional; b) garantia jurisdicional da Constituição; c) força vinculante da Constituição; d) sobreinterpretação da Constituição (implica dizer que toda matéria não regrada, isto é, toda lacuna, encontra na Constituição um mínimo de regulação em face da sistemática constitucional); e) aplicação direta das normas constitucionais; f) interpretação conforme a lei (compreendendo a interpretação conforme a Constituição e a interpretação conforme o ordenamento legal, isto é, infraconstitucional que são complementares); g) influência da Constituição sobre as relações políticas. MÖLLER, Max. **Teoria Geral do Neoconstitucionalismo:** bases teóricas do constitucionalismo contemporâneo. Porto Alegre: Livraria do Advogado, 2011.

para o Estado de Direito, como acreditavam, por exemplo, Carl Schmitt[2] e Ferdinand Lassalle[3].

Na seara deste pensamento, Luís Roberto Barroso ensina que o Neoconstitucionalismo e o consequente processo de constitucionalização dos direitos possuem três marcos fundamentais, que se dividem em *i) histórico; ii) filosófico;* e *iii) teórico.*[4]

O marco *histórico* consiste no constitucionalismo do pós-guerra, isto é, no desenvolvimento das Constituições garantistas da última metade do século passado, no Brasil representado pela Constituição de 1988. O marco *filosófico* consiste na superação do modelo positivista do direito pelo pós-positivismo jurídico,[5] sobretudo no que concerne ao reconhecimento da normatividade dos princípios.[6] O marco *teórico* divide-se em três grandes transformações que, em conjunto, possibilitaram a adequação do conhecimento convencional ao Direito Constitucional: *a)* o reconhecimento da força normativa da Constituição, ideia

2. Nesse sentido, afirma Carl Schmitt que "a Constituição escrita do Estado legiferante parlamentar deve restringir-se fundamentalmente a regulamentos organizacionais e jurídicos processuais". SCHMITT, Carl. **Legalidade e Legitimidade.** Belo Horizonte: Del Rey, 2007, p. 26.

3. LASSALLE, Ferdinand. **A essência da Constituição.** 6.ed. Rio de Janeiro: Lumen Juris, 2001.

4. BARROSO, Luís Roberto. Neo Constitucionalismo e constitucionalização do Direito: o triunfo tardio do direito constitucional no Brasil. **Revista Forense.** Rio de Janeiro, v. 384, p. 71-104, mar/abr, 2006.

5. DOS SANTOS, Eduardo Rodrigues. **O pós-positivismo jurídico e a normatividade dos princípios.** Belo Horizonte: D'plácido, 2014.

6. Nesse sentido, Dalmo de Abreu Dallari afirma que "uma das mais importantes inovações introduzidas pelo neoconstitucionalismo foi o reconhecimento da natureza jurídica dos princípios referidos expressamente ou implícitos no texto constitucional, igualando-os, em termos de eficácia e imediata exigibilidade, às normas constitucionais", de modo que os princípios jurídicos constitucionais deixaram de ser tratados como "recomendações ou sugestões" e passaram a ser "obrigatórios e exigíveis por meios jurídicos". DALLARI, Dalmo de Abreu. **A Constituição na vida dos povos:** da Idade Média ao século XXI. São Paulo: Saraiva, 2010, p. 320-321.

difundida por diversos autores do pós-guerra, dentre eles Konrad Hesse;[7] *b)* a expansão (ampliação) da jurisdição constitucional;[8] e *c)* o desenvolvimento de uma nova dogmática de interpretação constitucional pautada, sobretudo, em princípios instrumentais trazidos pela própria Constituição.[9]

Por sua vez, Luis Prieto Sanchís ensina que o processo de constitucionalização dos direitos se desenvolve, sobretudo, nas Constituições que conjugam duas características fundamentais: a materialidade e o garantismo. De modo que ele as chama de *Constituciones materiales y garantizadas.*[10]

Para Prieto, *material* é a Constituição que *"presenta un denso contenido sustantivo formado por normas de diferente denominación (valores, principios, derechos o directrices) pero de un idéntico sentido, que es decirle al poder no sólo cómo ha de organizarse y adoptar sus decisiones, sino también qué es lo que puede e incluso, a veces, qué es lo que debe decidir".*[11-12] Já Constituição *garantizada* significa que *"como ocurre con cualquier otra norma primaria, su protección o efectividad se encomienda a los jueces; o si se prefiere, que en el sistema existen normas secundarias, de organización y*

---

7. HESSE, Konrad. **A força normativa da Constituição.** Porto Alegre; Sergio Antonio Fabris Editor, 1991.
8. BARROSO, Luís Roberto. **O controle de constitucionalidade no direito brasileiro.** São Paulo: Saraiva, 2012.
9. BARROSO, Luís Roberto. **Interpretação e aplicação da Constituição.** 7. ed. São Paulo: Saraiva, 2009.
10. Constituições materiais e garantidas (tradução livre).
11. Apresenta um denso conteúdo material composto de normas de diferentes denominações (valores, princípios, direitos ou diretrizes), entretanto de idêntico sentido, que é dizer ao poder não só como se organizar e tomar as suas decisões, mas também o que é que pode e inclusive, às vezes, o que é que deve decidir (tradução livre).
12. SANCHÍS, Luís Prieto. El Constitucionalismo de los Derechos. **Revista de Direito do Estado.** Rio de Janeiro, n. 15, jul/set, 2009, p. 4.

procedimiento, destinadas a depurar o sancionar la infracción de las normas sustantivas o relativas a derechos".[13-14]

As *Constituciones materiales y garantizadas* de Prieto são, majoritariamente, como o próprio autor observa, as Constituições dos Estado Democráticos de Direito que se desenvolveram a partir da segunda metade do século passado e que possibilitaram a compreensão da Constituição, simultaneamente, como garantia e como norma diretiva fundamental.[15]

A ***constitucionalização do direito***, assim, está ligada diretamente a expansão normativa constitucional cujo conteúdo material e valorativo se irradia por todo o ordenamento. Por sua vez, os valores, os fins públicos e os comportamentos contemplados pelas normas constitucionais passam a condicionar a validade das normas de todo o ordenamento infraconstitucional. Como consequência, a constitucionalização reflete sobre a atuação dos três poderes e das relações privadas, influenciando diretamente em suas decisões, que jamais poderão contrariar ou, até mesmo, deixar de cumprir com as determinações constantes da Constituição.[16]

Nada obstante, advirta-se que existe uma linha muito tênue entre a constitucionalização do direito e a ***banalização do direito constitucional***, especialmente no que diz respeito à temática dos direitos e garantias fundamentais. E aqui vale lembrar que quando tudo se torna uma mesma coisa, então nada é está coisa,

---

13. Como ocorre com qualquer outra norma primária, sua proteção ou a eficácia está confiada aos juízes, ou se se preferir, que no sistema existem normas secundárias, de organização e procedimento, destinadas a depurar ou sancionar a violação das normas substantivas ou relativas a direitos (tradução livre).
14. SANCHÍS, Luís Prieto. El Constitucionalismo de los Derechos. **Revista de Direito do Estado.** Rio de Janeiro, n. 15, jul/set, 2009, p. 4.
15. Ibidem, idem.
16. BARROSO, Luís Roberto. Neo Constitucionalismo e constitucionalização do Direito: o triunfo tardio do direito constitucional no Brasil. **Revista Forense.** Rio de Janeiro, v. 384, p. 71-104, mar/abr, 2006.

ou melhor, quando tudo é direito fundamental, então nada é direito fundamental, pois a fundamentalidade (essa qualidade especial atribuída a um direito reconhecendo-o como essencial a vida digna da pessoa humana em uma dada sociedade) perde sua razão de ser.[17]

Ademais, como observa Leonardo Martins, "a força normativa da Constituição reside em sua capacidade de ser uma plataforma normativo-reflexiva. Para tanto, a autonomia do direito privado (e, consequentemente, a do próprio legislador, que está atrás do direito privado) é essencial. 'Constitucionalizar' todo o ordenamento é, portanto, juridicizar a política, comprometendo toda sua autonomia sistêmica, vale dizer, o cumprimento de sua função prevista justamente na Constituição. Comprometer essa diferença significa, paradoxalmente, comprometer a própria razão de ser do direito constitucional".[18]

Nesse sentido, como explica Luís Roberto Barroso, "não deve passar despercebido o fato de que a constitucionalização exacerbada pode trazer consequências negativas", tais como o esvaziamento do poder das maiorias e o decisionismo judicial, de modo que, "não se deve alargar além do limite razoável a constitucionalização por via interpretativa,[19] sob pena de se embaraçar,

17. BORGES, Alexandre Walmott; DOS SANTOS, Eduardo Rodrigues; MARINHO, Sergio Augusto. O Estatuto do Idoso: análise dos direitos fundamentais da lei em relação aos direitos fundamentais constitucionais. In: CORDEIRO, Carlos José; GOMES, Josiane Araújo (coord.). **Temas Contemporâneos de Direito das Famílias.** São Paulo: Pilares, 2013, p. 271.

18. MARTINS, Leonardo. **Direito Processual Constitucional Alemão.** São Paulo: Atlas, 2011, p. 78.

19. Nessa perspectiva, Luís Roberto Barroso adverte que "o uso abusivo da *discricionariedade judicial* na solução de casos difíceis pode ser extremamente problemático para a tutela de valores como segurança e justiça, além de poder comprometer a legitimidade democrática da função judicial. Princípios como dignidade da pessoa humana, razoabilidade e solidariedade não são cheques em branco para o exercício de escolhas pessoais e idiossincráticas. Os parâmetros da atuação judicial, mesmo

pelo excesso de rigidez, o governo da maioria, componente importante do Estado democrático", até mesmo porque "a Constituição não pode pretender ocupar todo o espaço jurídico em um Estado democrático de direito".[20]

Em arremate, pode-se afirmar que a constitucionalização dos direitos se irradia por todos os ramos jurídicos, devendo eles se adequarem à Constituição, vez que ela consiste no fundamento de validade de todas as normas jurídicas vigentes no Estado Democrático de Direito. Contudo, não se pode olvidar da temerária banalização do direito constitucional, sobretudo, dos direitos fundamentais em face do seu uso indiscriminado e desprovido de parâmetros pertinentes, isto é, não se pode deixar levar pelo clímax do momento de constitucionalização e passar a se afirmar que tudo é direito constitucional, ou pior, que tudo é direito fundamental, como fazem alguns mais "entusiasmados". Enfim, a Constituição traça as normas fundamentais, mas não dita todas as normas, pois se assim fosse não precisaríamos de Códigos, Leis, Decretos etc. A valorização da Constituição, não diminui a relevância da legislação infraconstitucional, inclusive, para sua própria regulamentação, aplicação e efetivação.

2. BREVE DELINEAMENTO DA INCURSÃO HISTÓRICA DO MODELO CONSTITUCIONAL DO PROCESSO

O direito processual não é diferente dos demais ramos do direito, devendo, por isso, se amoldar à ordem constitucional para que seja considerado válido (compatibilidade vertical de normas),

---

quando colhidos fora do sistema estritamente normativo, devem corresponder ao sentimento social e estar sujeitos a um controle intersubjetivo de racionalidade e legitimidade". BARROSO, Luís Roberto. **Curso de Direito Constitucional Contemporâneo:** os conceitos fundamentais e a construção do novo modelo. 2.ed. São Paulo: Saraiva, 2010, p. 393.

20. BARROSO, Luís Roberto. **Curso de Direito Constitucional Contemporâneo:** os conceitos fundamentais e a construção do novo modelo. 2.ed. São Paulo: Saraiva, 2010, p. 392-393.

ou seja, ele também, inevitavelmente, passa pelo processo de constitucionalização.

Em razão disso, emerge na ciência processual contemporânea aquilo que a doutrina vem chamando de modelo constitucional de processo, desenvolvido sob a égide das Cartas Constitucionais Modernas, sobretudo, daquelas promulgadas na última metade do século passado.

Entretanto, apesar do modelo constitucional de processo ter se desenvolvido, predominantemente, após a promulgação das Constituições democráticas de que falamos, suas raízes datam de momentos históricos mais antigos, sobretudo da emancipação do direito processual.[21]

Como explica Willis Santiago Guerra Filho, essa emancipação da ciência processual ocorreu no último quartel do séc. XIX, quando "autores da fase tardia do pandectismo alemão" proclamaram a "autonomia da ciência processual e de sua categoria fundamental, o processo".[22] Entretanto, entre o primeiro passo (emancipação do Direito processual) e o desenvolvimento de um modelo geral de processo com base na Constituição existe uma diferença de mais de um século que, apesar de passar por alguns movimentos processuais (liberalismo processual, socialismo processual etc.), substancialmente pouco alterou, enxergando o processo como "mero instrumento da jurisdição".[23]

Ao final desse período, porém, a humanidade vivenciou um de seus momentos mais catastróficos: a Segunda Guerra Mundial. Este momento histórico foi um campo fértil, no qual floresceram os piores atentados contra a humanidade, o nazismo foi o pior deles, entretanto não se poderia olvidar dos atentados

---

21. DOS SANTOS, Eduardo R. **Processo e Constituição.** Leme: J.H. Mizuno, 2014.
22. GUERRA FILHO. Willis Santiago. **Teoria Processual da Constituição.** 3.ed. São Paulo: RCS, 2007, p. 13.
23. NUNES, Dierle José Coelho. **Processo Jurisdicional Democrático:** uma análise crítica das reformas processuais. Curitiba: Juruá, 2008.

estadunidenses contra o povo japonês, lançando, ao final da guerra (no ano de 1945), sobre Hiroshima (06 de agosto) e Nagasaki (09 de agosto), duas bombas atômicas, condenando à morte milhares de pessoas, em sua maioria civis inocentes, e deixando um rastro de destruição e morte, sem falar nas horríveis sequelas deixadas pela radiação.

Com o fim da guerra, muitos paradigmas foram questionados, inclusive no campo do direito, o que corroborou para o desenvolvimento de uma teoria constitucional humanista com fulcro na supremacia da constituição e dos direitos e garantias fundamentais da pessoa, identificada no direito processual pelo modelo constitucional de processo que assegura a todos o direito a um processo democrático, justo e efetivo,[24] fundamentado nas novas Constituições dos Estados ocidentais, de cunho garantista e humanista, pautadas na efetivação dos direitos do homem, agora positivados nas constituições sob a forma de Direitos Fundamentais. Direitos Fundamentais não apenas materiais, mas também processuais, afinal, como já fora dito, o processo também fora constitucionalizado.[25]

---

24. Nesse sentido, afirma Humberto Theodoro Júnior que: "A segunda metade do século XX, depois da apavorante tragédia de duas grandes guerras mundiais, viria exigir da revisão constitucional dos povos democráticos um empenho, nunca dantes experimentado, de aprofundar a intimidade das relações entre o direito constitucional e o processo, já que os direitos fundamentais deixaram de ser objeto de simples declarações e passaram a constituir objeto de efetiva implementação por parte do Estado Democrático de Direito". THEODORO JÚNIOR, Humberto. Constituição e Processo: desafios constitucionais da reforma do processo civil no Brasil. In: MACHADO, Felipe Daniel Amorim; OLIVEIRA, Marcelo Andrade Cattoni de (coord.). **Constituição e Processo:** A contribuição do processo ao constitucionalismo democrático brasileiro. Belo Horizonte: Del Rey, 2009, p. 234.

25. Nesse sentido, José Alfredo de Oliveira Baracho explica que "o processo, como garantia constitucional consolida-se nas constituições do século XX, através da consagração de princípios de Direito processual, com o reconhecimento e a enumeração de direitos da pessoa humana, sendo que esses consolidam-se pelas garantias que os torna efetivos e exequíveis".

Nesse contexto, o processo (democrático e constitucionalizado) perpassa sua característica pretérita de mero instrumento de jurisdição, de mero instrumento técnico, para tornar-se um instrumento garantístico do Estado (Constitucional) Democrático de Direito,[26] identificando-se, segundo ensina Marcelo Cattoni, como "procedimento discursivo, participativo, que garante a geração de decisão participada".[27]

Nada obstante, por óbvio que a referida mudança paradigmática de compreensão do processo não abdica do formalismo, ou mesmo da técnica, mas apenas busca evitar que a forma sobreponha-se a essência, vindo a impossibilitar que o provimento material fático seja alcançado de maneira efetiva. Ou seja, o que se nega é o puro formalismo, o formal por formal, sem sentido, sem objetividade material, que ao invés de garantir direitos, os restringe.[28]

Nesse sentido, como explica Rosemiro Pereira Leal, "claro que não se decreta, por impróprio, o abandono do formalismo jurídico, porque a ciência do direito se afira pelo esclarecimento dos sistemas jurídicos que se expressam nas formas do direito. O que se pretende afastar, no campo do conhecimento científico-jurídico, é o arquétipo (princípio magicista) da forma pura, irredutível a qualquer conteúdo socioeconômico decorrente do modo de produção econômico-liberal do direito, nas diversas realidades dinâmicas de sua manifestação e vigência".[29] Ademais, como ensina Aroldo Plínio Gonçalves, "a instrumentalidade

---

BARACHO, José Alfredo de Oliveira. Teoria Geral do Processo Constitucional. **Revista Forense.** Rio de Janeiro, v. 383, jan/fev, 2006, p. 132.

26. ARRUDA ALVIM. Processo e Constituição. **Revista Forense.** Rio de Janeiro, v. 408, p. 23-87, mar/abr, 2010.

27. CATTONI DE OLIVEIRA, Marcelo Andrade. **Direito Processual Constitucional.** Belo Horizonte: Mandamentos, 2001, p. 198.

28. DOS SANTOS, Eduardo R. **Processo e Constituição.** Leme: J.H. Mizuno, 2014.

29. LEAL, Rosemiro Pereira. **Teoria Geral do Processo:** primeiros estudos. 7.ed. Rio de Janeiro: Forense, 2008, p. 14.

técnica do processo está em que ele se constitua na melhor, mais ágil e mais democrática estrutura para que a sentença que dele resulta se forme, seja gerada, com a garantia de participação igual, paritária, simétrica, daqueles que receberão seus efeitos".[30]

Deste modo, em arremate, pode-se dizer que a ciência processual, assim como o direito por um todo, a partir da segunda metade do século passado, passa por um movimento de constitucionalização, tendo como fundamento o paradigma do Estado (Constitucional) Democrático de Direito e o humanismo ético, buscando superar o mero tecnicismo processual para compreender o processo como verdadeiro direito-garantia, isto é, como um instrumento democrático que deve assegurar a participação isonômica e efetiva do cidadão na formação da decisão jurisdicional que a ele se destina.

3. O MODELO (ÚNICO) CONSTITUCIONAL DE PROCESSO

Como visto, nas últimas décadas do século passado a compreensão do processo passou por uma releitura à luz do paradigma constitucional do Estado Democrático de Direito, sendo compreendido como verdadeira garantia jusfundamental. Nessa perspectiva, as bases normativas do processo encontram-se não mais (apenas) na lei processual, mas proeminentemente na Constituição, podendo-se identificar no texto magno um modelo constitucional de processo que deve ser seguido por todos os ramos do direito processual (processo civil, processo penal, processo administrativo etc.), em face do princípio da supremacia da ordem constitucional.

O desenvolvimento deste modelo constitucional de processo, como observa a doutrina processualista, passa pela obra dos processualistas italianos Ítalo Andolina e Giuseppe Vignera,[31] ao

30. GONÇALVES, Aroldo Plínio. **Técnica processual e teoria do processo.** Rio de Janeiro: Aide, 1992.

31. ANDOLINA, Ítalo; VIGNERA, Giuseppe. **Il modello costituzionale del processo civile italiano.** Torino: G. Giappichelli, 1990.

formularem seu ***"modelo único de processo"***, cujas bases normativas residem na Constituição, por ser o documento jusfundamental de unidade sistêmica ao qual toda a legislação infraconstitucional, inclusive a processual, deve se submeter (compatibilidade vertical de normas) sob pena de invalidade.

Andolina e Vignera afirmam que na perspectiva "pós-constitucional"[32], o processo não pode levar em consideração apenas o seu ser, isto é, "sua organização concreta segundo as leis ordinárias vigentes", mas deve, necessariamente, levar em consideração o seu dever-ser, isto é, "a conformidade de sua ordem positiva à normativa constitucional sobre o exercício da atividade jurisdicional" e é, justamente, neste ponto que surge o modelo constitucional do processo (*tradução livre*).[33]

Nessa perspectiva, "as normas (regras e princípios) constitucionais inerentes à atividade jurisdicional, consideradas em sua complexidade, possibilitam ao intérprete delinear um verdadeiro e adequado esquema geral de processo", que por sua vez, é "susceptível de constituir o objeto de uma exposição unitária", de modo que podemos afirmar que "existe um paradigma único de processo" (*tradução livre*).[34]

Nada obstante, em que pese se possa identificar um modelo único de processo na Constituição (modelo constitucional de processo aplicável a todos os ramos do direito processual), como bem advertem Andolina e Vignera, a pluralidade de procedimentos jurisdicionais, bem como os diferentes tipos de processos, devem ter suas particularidades respeitadas (existem regras, constitucionais e legais, que são próprias de certos ramos processuais, como por exemplo, as regras processuais destinadas aos procedimentos de

32. Neoconstitucionalista, ou melhor, perspectiva do constitucionalismo contemporâneo (do pós-Guerra), ou constitucionalismo dos Estados Democráticos de Direito do mundo ocidental.

33. ANDOLINA, Ítalo; VIGNERA, Giuseppe. **Il modello costituzionale del processo civile italiano.** Torino: G. Giappichelli, 1990.

34. Ibidem, idem.

prisão, que destinam-se ao processo penal), o que, por outro lado, não impede nem impossibilita a existência deste modelo único.[35]

Nesse sentido, com base nas ideias dos processualistas italianos, Flaviane de Magalhães Barros, explica que "tal compreensão de modelo constitucional de processo, de um modelo único e de tipologia plúrima, se adapta à noção de que na Constituição encontra-se a base uníssona de princípios que definem o processo como a garantia, mas que para além de um modelo único ele se expande, aperfeiçoa e especializa, exigindo do intérprete compreendê-lo tanto a partir dos princípios-bases como, também, de acordo com as características próprias daquele processo".[36]

Ademais, há de se perceber que este modelo processual (constitucional) único de processo possui um duplo movimento, pois, se por um lado, visa-se realizar uma materialização constitucional do processo, por outro lado, visa-se realizar uma procedimentalização do direito constitucional a fim de se efetivar as garantias previstas na Constituição.[37] Neste sentido, pode-se dizer que o modelo constitucional de processo abrange tanto a tutela constitucional dos princípios fundamentais da organização judiciária e do processo[38], quanto à jurisdição constitucio-

35. Ibidem, idem.

36. BARROS, Flaviane de Magalhães. O Modelo Constitucional de Processo e o Processo Penal: a necessidade de uma interpretação das reformas do processo penal a partir da Constituição. In: MACHADO, Felipe Daniel Amorim; OLIVEIRA, Marcelo Andrade Cattoni de (coord.). **Constituição e Processo:** A contribuição do processo ao constitucionalismo democrático brasileiro. Belo Horizonte: Del Rey, 2009, p. 335.

37. DOS SANTOS, Eduardo R. **Processo e Constituição.** Leme: J. H. Mizuno, 2014.

38. Conforme Cintra, Grinover e Dinamarco, "a tutela constitucional dos princípios fundamentais da organização judiciária corresponde às normas constitucionais sobre os órgãos da jurisdição, sua competência e suas garantias". CINTRA, Antonio Carlos de Araújo; GRINOVER, Ada Pellegrini; DINAMARCO, Candido Rangel. **Teoria Geral do Processo.** 26.ed. São Paulo: Malheiros, 2010, p. 85.

nal.[39] Isto é, trata-se, como demonstra Willis Santiago Guerra Filho, de um movimento duplo que abrange "uma materialização do direito processual, ao condicioná-lo as determinações constitucionais" e, concomitantemente, "uma procedimentalização do direito constitucional".[40]

Ao desenvolverem especificamente o modelo constitucional do processo civil italiano, Ítalo Andolina e Giuseppe Vignera identificaram três ***características gerais*** que conduzem a um "***esquema em branco***" - um esquema que contém elementos constantes e indefectíveis que se encontram em todos os processos, mas que, também, possui elementos móveis, vagos, que exigem complementação, para que as variáveis sejam preenchidas de acordo com o processo em que se encontram.[41]

Segundo afirmam Andolina e Vignera, essas características identificam-se na expansividade, na variabilidade e na perfectibilidade. Em primeiro lugar, "na ***expansividade***, que consiste na sua idoneidade (consequente à posição primária (inicial) das normas constitucionais na hierarquia das fontes) de condicionar a fisionomia de cada um dos procedimentos jurisdicionais introduzidas pelo legislador ordinário, a qual (fisionomia) deve ser, não obstante, compatível com os traços daquele modelo"; em segundo lugar, "na ***variabilidade***, que indica a sua atitude para assumir formas diversas, de modo que a adequação ao modelo constitucional (para obras do legislador ordinário) das figuras processuais concretamente funcionando pode acontecer segundo

39. A jurisdição constitucional, conforme ensinam Cintra, Grinover e Dinamarco, compreende "o controle judiciário da constitucionalidade das leis - e dos atos da Administração, bem como a denominada jurisdição constitucional das liberdades, com o uso dos remédios constitucionais-processuais - *habeas corpus, mandado de segurança, mandado de injunção, habeas data e ação popular*". Ibidem, p. 85-86.

40. GUERRA FILHO. Willis Santiago. **Teoria Processual da Constituição.** 3.ed. São Paulo: RCS, 2007, p. 17.

41. ANDOLINA, Ítalo; VIGNERA, Giuseppe. **Il modello costituzionale del processo civile italiano.** Torino: G. Giappichelli, 1990.

várias modalidades em vista da perseguição de fins particulares"; e, por fim, "na ***perfectibilidade***, que designa a sua idoneidade para ser aperfeiçoada pela legislação subconstitucional, a qual (*scilicet* [isto é]: no respeito, não obstante, àquele modelo e em função da consecução de objetivos particulares) bem pode construir procedimentos jurisdicionais caracterizados pelas (posteriores) garantias e institutos desconhecidos pelo modelo constitucional: pense-se, por exemplo, no princípio de economia processual, àquele do duplo grau de jurisdição e ao instituto da coisa julgada"[42] (*tradução livre*)

Essas características gerais dão origem a um modelo (único) constitucional de processo, ao qual se adéquam (devem se adequar!) todos os ramos do direito processual, desde a teoria geral do processo até o ramos processuais específicos (processo civil, processo penal, processo administrativo etc.), inclusive o processo constitucional (jurisdição constitucional, seja concentrada, seja difusa). Isso decorre, conforme observam Cintra, Grinover e Dinamarco, do fato de que o direito processual como um todo possui "suas linhas fundamentais traçadas pelo direito constitucional", isto é, possui suas bases normativas delineadas pela Constituição.[43]

Deste modo, em brevíssima conclusão, pode-se dizer que a Constituição estabelece as bases normativas e as garantias mínimas que o processo deve ter no âmbito de Estados (Constitucionais) Democráticos de Direito, criando, assim, um modelo único de processo que deve ser sempre observado por todos os ramos processuais sob pena de nulidade. Por outro lado, a própria Constituição, em respeito às particularidades de cada área do sistema jurídico, confere ao legislador infraconstitucional o dever de procedimentalizar cada ramo do direito processual buscando sua otimização (eficiência), evidentemente, respeitando-se o modelo por ela estabelecido.

---

42. Ibidem, idem.

43. CINTRA, Antonio Carlos de Araújo; GRINOVER, Ada Pellegrini; DINAMARCO, Candido Rangel. **Teoria Geral do Processo.** 26.ed. São Paulo: Malheiros, 2010, p. 84.

4. O MODELO CONSTITUCIONAL DE PROCESSO BRASILEIRO E O CÓDIGO DE PROCESSO CIVIL DE 2015

O modelo constitucional de processo, enquanto arquétipo ideal único, no âmbito dos Estados (Constitucionais) Democráticos de Direito, estabelece as bases normativas que devem ser observadas por todos os ramos do direito processual (por tratar-se de um modelo único, este modelo constitucional estabelece normas que servem para todos os processos), isto é, as normas processuais infralegais devem estar em conformidade com as normas processuais constitucionais (compatibilidade vertical de normas), sob pena de invalidade.

Ora, se o direito processual possui suas bases normativas na Constituição, então não há como se pensar em um estudo do direito processual fora do direito constitucional, isto é, não há como estudar ou trabalhar com o processo sem conhecer antes o sistema constitucional, notadamente, o subsistema constitucional processual. Nesse sentido, Cintra, Grinover e Dinamarco afirmam que é da Constituição que "deve utilizar-se o processualista para o completo entendimento do fenômeno *processo* e de seus princípios".[44]

No mesmo sentido, Canotilho, em exame ao modelo constitucional de processo português, afirma que "a existência de um *paradigma processual* na Constituição portuguesa obriga a estudar e a analisar os diferentes processos não apenas na sua configuração concreta dada pela lei ordinária (os códigos processuais ordinários), mas também sob o ângulo da sua conformidade com as normas constitucionais respeitantes às dimensões processuais das várias jurisdições".[45] Essa análise, em que pese feita à luz da Constituição de Portugal, aplica-se com perfeição ao constitucionalismo

44. CINTRA, Antonio Carlos de Araújo; GRINOVER, Ada Pellegrini; DINAMARCO, Candido Rangel. **Teoria Geral do Processo.** 26.ed. São Paulo: Malheiros, 2010, p 85.

45. CANOTILHO, José Joaquim Gomes. **Direito Constitucional e Teoria da Constituição.** 7.ed. Coimbra: Almedina, 2003, p. 967.

brasileiro e ao seu modelo processual, especialmente porque são documentos magnos construídos sobre as bases dos mesmos paradigmas: o Estado Democrático de Direito e o humanismo ético. Por óbvio, isso não significa que não haja diferenças entre os modelos constitucionais de processo português e brasileiro, pois há, enfim, são ordens jurídicas diferentes.

Deste modo, pode-se afirmar que o ***modelo constitucional de processo*** estabelece um modelo único de processo, pautado nos valores estabelecidos pela Constituição, ao qual os diferentes ramos do direito processual estão submetidos. Consiste ele, em um modelo processual que visa não só instituir uma fonte processual geral, mas que visa estabelecer e implementar a própria Constituição, bem como suas garantias, sejam elas processuais ou materiais, visto que, quando não implementados voluntariamente pelo Estado e/ou sociedade, é através do processo que se obtém a tutela dos direitos.

Passando-se à análise específica do ***processo civil brasileiro***, mesmo antes do advento do Código de Processo Civil de 2015 (CPC/2015), pode-se afirmar, com certa segurança, que o modelo constitucional de processo positivado na Constituição brasileira de 1988 já vinha sendo, gradativamente, implementado, especialmente através de reformas no Código de Processo Civil de 1973.[46] Ademais, naquilo que a lei processual civil ainda não havia se amoldado ao modelo constitucional, a doutrina e a jurisprudência já vinham harmonizando através da hermenêutica, mesmo que muitas vezes de forma insuficiente.

Nesse sentido, Cassio Scarpinella Bueno, ao analisar o modelo constitucional de processo em relação especificamente ao processo civil brasileiro (do antigo código), afirmava que "todos

46. Nesse sentido: CARREIRA ALVIM, J.E. **Procedimento Sumário na Reforma Processual.** Belo Horizonte: Del Rey, 1996; SANTOS, Ernane Fidélis dos. **Novos perfis do processo civil brasileiro.** Belo Horizonte: Del Rey, 1996; SANTOS, Ernane Fidélis dos. **As reformas de 2006 do Código de Processo Civil.** São Paulo: Saraiva, 2007.

os 'temas fundamentais do direito processual civil' só podem ser construídos a partir da Constituição [...] é impensável falar-se em uma 'teoria geral do direito processual civil' que não parta da Constituição Federal, que não seja *diretamente* vinculada e extraída dela".[47] Para além disso, "estudar o direito processual civil *na* e *da* Constituição, contudo, não pode ser entendido como algo *passivo*, que se limita à identificação de que determinados assuntos respeitantes ao direito processual civil são previstos e regulamentados naquela Carta. Muitos mais do que isso, a importância da aceitação daquela proposta metodológica mostra toda plenitude no sentido *ativo* de *aplicar* as diretrizes constitucionais na *construção* do direito processual civil, realizando *pelo* e *no* processo, isto é, *pelo* e *no* exercício da função jurisdicional, os misteres constitucionais reservados para o Estado brasileiro, de acordo com o seu modelo político, e para seus cidadãos".[48]

Ora, como bem observa Marcelo Cattoni, no Brasil "não há processo que não deva ser constitucional", sobretudo em razão do processo, hodiernamente, estar estruturado em princípios de ordem constitucional que podem motivar um controle de compatibilidade vertical de normas em face da Constituição (controle de constitucionalidade) em todo e qualquer órgão jurisdicional, seja de primeiro, segundo grau ou de instância superior.[49]

Nesse sentido, o ***Código de Processo Civil de 2015***, já em seu primeiro artigo, confessa ser um documento processual construído à luz da Constituição e de seu modelo único de processo. Ademais, conforme redação expressa do mencionado dispositivo do novel documento processual civil brasileiro, não se trata

---

47. BUENO, Cassio Scarpinella. O "Modelo Constitucional do Direito Processual Civil": um paradigma necessário de estudo do direito processual civil e algumas de suas aplicações. In: JAYME, Fernando Gonzaga; FARIA, Juliana Cordeiro de; LAUAR, Maira Terra (coord.). **Processo Civil:** Novas Tendências. Belo Horizonte: Del Rey, 2008, p. 159.

48. Ibidem, p. 158.

49. CATTONI DE OLIVEIRA, Marcelo Andrade. **Direito Processual Constitucional.** Belo Horizonte: Mandamentos, 2001, p 207.

apenas de uma questão legislativa (dever de legislar conforme à Constituição), mas também hermenêutica (dever de interpretar e aplicar conforme à Constituição). Assim, segundo o art. 1º, do CPC/2015, "***o processo civil será ordenado, disciplinado e interpretado conforme os valores e as normas fundamentais estabelecidos na Constituição da República Federativa do Brasil***, observando-se as disposições deste Código".

Todavia, para além de inaugurar o código afirmando que o processo civil deve ser legislado e interpretado à luz da Constituição, o CPC/2015, ao longo de seu texto, preocupou-se efetivamente em incorporar, de modo otimizado, o modelo constitucional de processo (em que pese algumas divergências doutrinárias acerca de um ou outro procedimento, ou mesmo acerca de determinado dispositivo normativo), seja positivando na lei processual civil as garantias jusfundamentais processuais, seja regulamentando-as, seja ampliando-as.[50]

O Código de Processo Civil de 2015 não é perfeito, até porque há sérias dúvidas sobre a existência da perfeição. O CPC/2015 não goza de unanimidade (e alguma coisa nesse mundo goza?), mas ao que nos parece, em regra, foi muito bem aceito pela maior parte dos juristas do país, recebendo inúmeros elogios de juízes, advogados, promotores e professores. Agora, com toda certeza, o atual código é muito mais democrático e atende com muito mais intensidade e amplitude as exigências de nossa Constituição.

Por óbvio, isso não significa que o atual diploma processual civil vá resolver todas as mazelas de nosso sistema jurídico processual, até porque nossos maiores problemas não são de ordem legislativa.[51] Nada obstante, como já demonstrado, o CPC/2015

50. MADEIRA, Dhenis Cruz. A influência do processo constitucional sobre o novo CPC. In: DIDIER JR., Fredie (coord.). **Novo CPC Doutrina Selecionada:** parte geral. Salvador: Juspodivm, 2015. v.1, p. 187 e ss.

51. DOS SANTOS, Eduardo R. **Processo e Constituição.** Leme: J.H. Mizuno, 2014.

está muito mais alinhado com o modelo constitucional de processo e com o processo democrático.

Resta saber se os juristas brasileiros, que lidam diariamente com o processo civil, se esforçarão em cumprir o código, pois não basta uma legislação alinhada ao modelo constitucional de processo, é preciso uma hermenêutica diária que se esforce em cumprir com essa legislação e, consequentemente, cumprir com a Constituição e com as exigências do Estado Democrático de Direito.

Bem, essa é uma luta diária que vislumbraremos nos fóruns e tribunais ao redor do país, mas que, mesmo antes da entrada em vigor do Código de Processo Civil de 2015, já teve seus primeiros capítulos nebulosos. Apenas para exemplificar, o Tribunal Regional do Trabalho da 18ª Região se reuniu, nos dias 25 e 26, de junho, de 2015, para discutir o CPC/2015 e criaram, dentre outros, o seguinte enunciado:

> Enunciado n.º 13 – I Jornada sobre o Código de Processo Civil de 2015.
>
> AINDA QUE SE REPUTE POR CONSTITUCIONAL, REVELA-SE MANIFESTAMENTE INAPLICÁVEL AO PROCESSO DO TRABALHO O DISPOSITIVO DO NOVO CPC QUE EXIGE FUNDAMENTAÇÃO SENTENCIAL EXAURIENTE COM O ENFRENTAMENTO DE TODOS OS ARGUMENTOS DEDUZIDOS NO PROCESSO PELAS PARTES. O inciso IV, do § 1º, do artigo 489, do Novo CPC, ao exigir fundamentação sentencial exauriente, é inaplicável ao processo trabalhista, seja pela inexistência de omissão normativa, diante do caput do artigo 832, da CLT, seja pela flagrante incompatibilidade com os princípios da simplicidade e da celeridade, norteadores do processo laboral, sendo-lhe bastante, portanto, a clássica fundamentação sentencial suficiente.

Segundo o TRT da 18ª Região, os magistrados do trabalho não precisam fundamentar suas decisões de forma exauriente. Isso já seria extremamente preocupante independentemente de previsão na lei processual, pois se trata de uma exigência constitucional em face do princípio da motivação das decisões judiciais e de uma exigência da democracia (do processo democrático, no qual os juízes devem enfrentar todos os argumentos das partes em suas decisões, seja para afastá-los, seja para contemplá-los, sempre fundamentadamente).

Dizer que não é necessário fundamentar de forma exauriente, é dizer que não é preciso seguir as normas da Constituição por inteiro, basta seguir um "pouquinho". Isto, inclusive, vai contra a própria compreensão normativa de princípio, pois, em que pese, segundo a teoria dominante, aplique-se em graus, deve sempre ser aplicado no maior grau possível (otimização). Bem, qual seria a impossibilidade de um magistrado não fundamentar suas decisões de forma exauriente? Preguiça? Isso não justifica! ***Ora, do que adianta ter um código democrático alinhado às normas constitucionais, se não se tem juristas democráticos dispostos a aplicar as normas constitucionais?***

Conste-se, ainda, que além do clássico art. 769 da CLT que afirma ser aplicável, como fonte subsidiária do direito processual do trabalho, o direito processual comum (ou, seja, o direito processual civil), o CPC/2015, em seu art. 15, afirma que "na ausência de normas que regulem processos eleitorais, trabalhistas ou administrativos, as disposições deste Código lhes serão aplicadas supletiva e subsidiariamente". Este dispositivo aplica-se não apenas a situações de ausência de norma, mas também a situações em que a norma existente seja insuficiente ou incompleta, assim, ainda que haja norma processual do trabalho regulamentando as decisões judiciais da justiça trabalhista, as normas do atual diploma processual civil aplicam-se para suprir suas lacunas e complementar seu texto. Ademais, como já frisado, a fundamentação exauriente trata-se de uma exigência constitucional e não meramente legal.[52]

52. Nesse sentido: STRECK, Lenio Luiz. **O que é isto:** decido conforme minha consciência? Porto Alegre: Livraria do Advogado, 2010; CATTONI DE OLIVEIRA, Marcelo Andrade; QUINAUD PEDRON, Flávio. O que é uma decisão judicial fundamentada? Reflexões ára uma perspectiva democrá-

Ademais, há de se registrar que num modelo único de processo construído a partir da Constituição, segundo a teoria dominante (adotada expressamente pelo CPC/2015, no § 2º, do art. 489), uma norma não pode ser *abstratamente* incompatível com outra, isto é, o princípio da fundamentação não pode ser incompatível com o princípio da celeridade. Na verdade, qualquer potencial tensão *fática* entre essas ou outras normas constitucionais, deve ser harmonizada através dos métodos constitucionais de resolução de conflito normativo (ponderação, segundo essa teoria), sempre tentando aplicar ao máximo o conteúdo normativo de cada um dos princípios (otimização).

A fundamentação exauriente, a nosso ver, nada tem de contrária à celeridade processual: gastar uma ou duas páginas a mais para proferir uma decisão não torna o processo lento. Os problemas concernentes à celeridade processual são de outras naturezas que não a normativa. Se existe um potencial conflito, ele reside entre a preguiça e o dever, ou entre o ego (decido como quero) e os princípios republicano (prestar conta sobre a coisa pública) e democrático.

Como dissemos, essa é uma luta diária que vislumbraremos nos fóruns e tribunais ao redor do país, até porque, repita-se, os maiores problemas processuais brasileiros não são de ordem legislativa.

Para além dessa discussão, há de se registrar que o CPC/2015 cumpriu, com muito mais profundidade e amplitude que o antigo código, com o dever (inerente a legislação infraconstitucional) de regulamentar as normas constitucionais processuais. A

---

tica do exercício da jurisdição no contexto da reforma do processo civil. In: BARROS, Flaviane de Magalhães; BOLZAN DE MORAIS, José Luiz (orgs.). **Reforma do processo civil:** perspectivas constitucionais. Belo Horizonte: Fórum, 2010; OMMATI, José Emílio Medauar. A fundamentação das decisões jurisdicionais no projeto do novo código de processo civil. In: FREIRE, Alexandre et. al. (org.). **Novas tendências do processo civil:** estudos sobre o projeto do novo código de processo civil. Salvador: Juspodivm, 2014. v. III.

exemplificar, podemos citar o direito de fundamentação das decisões judiciais, cuja regulamentação, inclusive, está provocando certo desconforto (insatisfação) entre alguns juízes que não são chegados ao trabalho árduo e/ou que não estão acostumados a decidir conforme a ordem jurídica vigente, mas apenas conforme suas próprias ordens morais de consciência (os que decidem conforme suas consciências).

Por fim, em breve conclusão, podemos dizer que o modelo constitucional de processo consiste num modelo único de processo identificado nas Constituições dos Estados Democráticos de Direito e estruturado basicamente sobre os princípios processuais constitucionais. Esse modelo, aplicável a todos os ramos do direito processual, deve ser seguido e regulamentado pela legislação processual civil. Nessa linha, o Código de Processo Civil brasileiro (2015), reconheceu-se como sendo um código democrático e que segue o modelo processual previsto em nossa Constituição.

Capítulo III

PRINCÍPIOS CONSTITUCIONAIS

O modelo constitucional de processo, enquanto modelo processual democrático construído à luz do paradigma do Estado Constitucional Democrático de Direito, estrutura-se a partir de princípios processuais previstos na Carta Magna. Isso decorre da própria essência da Constituição, enquanto documento político-jurídico fundamental, que, dentre outras coisas, estabelece as normas que devem fundamentar e delinear o sistema jurídico infraconstitucional.

Deste modo, neste capítulo nos dedicaremos ao estudo específico dos princípios constitucionais, passando antes por uma análise sobre a própria compreensão do que são os princípios jurídicos.

1. O QUE SÃO PRINCÍPIOS?

Os sistemas jurídicos dos Estados Constitucionais Democráticos de Direito, são sistemas jurídicos normativos estruturados especialmente, em que pese para alguns não exclusivamente, em duas espécies normativas: regras e princípios. Esse tem sido o pensamento dominante no constitucionalismo contemporâneo, inclusive no brasileiro.

Os sistemas jurídicos contemporâneos são sistemas que regem sociedades hipercomplexas, multiculturais e que regulamentam (devem regulamentar) uma infinidade de situações, muitas delas impossíveis de se prever normativamente antes de se realizar no mundo dos fatos. Isso faz com que o sistema jurídico clássico, estruturado apenas sobre regras jurídicas, seja incompatível com os atuais Estados Democráticos de Direito.[1]

Nada obstante, os princípios jurídicos podem ser compreendidos de diversas maneiras e especialmente no campo do direito constitucional comportam uma infinidade de classificações doutrinárias, o que, muitas das vezes, acaba dificultando o seu entendimento, interpretação e aplicação.

1.1. As concepções tradicionais de princípios

Não se pode negar que falar de princípios está na moda. Ao longo das últimas décadas, muitos juristas dedicaram-se a estudar os princípios, uns com seriedade, outros apenas para não perderem a onda que passava (e ainda passa!). Como bem afirma José Adércio Leite Sampaio, "a literatura jurídica poluiu-se com o uso do termo 'princípio' entre a convicção de quem muito refletiu a respeito e o simples prazer do verniz de cultura ou de vanguarda".[2]

Aqui, brevemente e sem a intenção de esgotar todas as contribuições doutrinárias possíveis, tentaremos expor as principais compreensões tradicionais a respeito do significado de princípio, compreensões essas que têm suas raízes em debates jurídicos travados desde o final do séc. XIX.

Princípios como valores supremos de um ordenamento jurídico: segundo essa compreensão, princípios não são normas

1. DOS SANTOS, Eduardo R. **O pós-positivismo jurídico e a normatividade dos princípios.** Belo Horizonte: D'plácido, 2014.
2. SAMPAIO, José Adércio Leite. **Teoria da Constituição e dos Direitos Fundamentais.** Belo Horizonte: Del Rey, 2013, p. 355.

jurídicas, mas sim "valores" éticos metajurídicos referentes à justiça e à moral, que orientam a ordenação, a construção, a interpretação e a aplicação do direito positivo.[3]

Princípios como normas jurídicas superiores (de hierarquia superior): aqui os princípios são concebidos como normas jurídicas hierarquicamente superior às demais normas do ordenamento jurídico, são o núcleo fundamental do sistema, a base normativa que deve guiar e harmonizar a ordenação, a construção, a interpretação e a aplicação do direito positivo.

Na clássica conceituação de Celso Antônio Bandeira de Mello, "princípio é, pois, por definição, mandamento nuclear de um sistema, verdadeiro alicerce dele, disposição fundamental que se irradia sobre diferentes normas, compondo-lhes o espírito e servindo de critério para a exata compreensão e inteligência delas, exatamente porque define a lógica e a racionalidade do sistema normativo, conferindo-lhe a tônica que lhe dá sentido harmônico".[4] Assim, segundo o autor, "violar um princípio é muito mais grave que transgredir uma norma. A desatenção ao princípio implica ofensa não apenas a um específico mandamento obrigatório, mas a todo o sistema de comandos".[5]

Princípios como normas jurídicas de alto grau de generalidade semântica: para os defensores dessa compreensão, princípios são normas de ato grau de generalidade, sendo impossível sua aplicação imediata a casos concretos. Como explica José Adércio Leite Sampaio, para essa corrente, os princípios "limitam-se ao estabelecimento de bens a serem protegidos ou fins jurídicos a serem alcançados, sem indicarem especificamente as condutas que os realizam, de modo que abrangem um número indefinido

3. DOS SANTOS, Eduardo R. **O pós-positivismo jurídico e a normatividade dos princípios.** Belo Horizonte: D'plácido, 2014.

4. BANDEIRA DE MELLO, Celso Antônio. **Curso de Direito Administrativo.** 27.ed. São Paulo: Malheiros, 2010, p. 53.

5. Ibidem, idem.

de atos ou fatos da vida e, por consequência, uma série indeterminada (ou para alguns imprecisa) de aplicação".[6]

Princípios como normas de normas: para essa concepção, princípios são normas implícitas que precedem a elaboração das demais normas do ordenamento jurídico, consistindo na razão de ser das normas do sistema (razão legislativa). São o fundamento jurídico das regras, são o ponto de partida de elaboração das regras, sua matriz normativa.[7]

Princípios como normas sobre normas: segundo essa forma de entender, os princípios ligam-se a hermenêutica jurídica, sendo normas (jurídicas ou não) que se destinam a interpretar e aplicar as demais normas do sistema jurídico.[8]

Princípios como elementos epistemológicos jurídicos: segundo essa compreensão, os princípios consistem nos "elementos básicos e estruturantes da ciência do direito, seus fundamentos teóricos e principais institutos". Aqui, os princípios identificam-se como sendo as compreensões mais essenciais e basilares da ciência jurídica. Assim, faz-se todo sentido falar em princípios de direito penal, de direito civil, de direito processual civil etc. identificando as normas, institutos e fundamentos essenciais daquele ramo jurídico.[9]

1.2. As novas concepções de princípios

Para além das tradicionais compreensões sobre os princípios e sobre a teoria da norma jurídica, surgiram nas últimas décadas concepções consagradas sobre os princípios e a norma jurídica, concepções sustentadas no paradigma do Estado (Constitucional) Democrático de Direito e no constitucionalismo contemporâneo.

---

6. SAMPAIO, José Adércio Leite. **Teoria da Constituição e dos Direitos Fundamentais.** Belo Horizonte: Del Rey, 2013, p. 362.
7. Ibidem, idem.
8. Ibidem, p. 363.
9. Ibidem, p. 364.

Essas novas concepções já foram contempladas, inclusive, no tópico anterior, em que se apresentou os principais critérios de diferenciação entre princípios e regras no direito contemporâneo. Contudo, não foram abordadas de maneira direta e específica, como se pretende fazer neste tópico.

Aqui, elegemos as três concepções mais trabalhadas pela doutrina e jurisprudência brasileiras, que se identifica nos trabalhos de Ronald Dworkin, nos Estados Unidos da América do Norte, Robert Alexy, na Alemanha, e Humberto Ávila, no Brasil.

1.2.1. A concepção da norma jurídica (e dos princípios) na obra de Ronald Dworkin

Ronald Dworkin, considerado um dos maiores expoentes do direito estadunidense do último século, propõe uma revisão (óbvia, segundo ele) da ***norma jurídica***, que deveria ser compreendida não somente como regra (tal qual se percebe na clássica lição positivista de Hans Kelsen[10] e Herbert L. A. Hart,[11] por exemplo), mas como sendo ***um gênero que comportaria duas espécies: regras e princípios.***[12]

10. O jurista austríaco é considerado por muitos como o maior expoente do positivismo jurídico, sendo conhecido por ter elaborado uma ciência jurídica normativista, isto é, que considerava o direito como sendo o conjunto de normas jurídicas válidas. Nesse sentido, Hans Kelsen afirma que o direito "é uma ordem normativa da conduta humana, ou seja, um sistema de normas que regulam o comportamento humano". KELSEN, Hans. **Teoria Pura do Direito.** 6.ed. São Paulo: Martins Fontes, 2003, p. 5.

11. O jurista inglês, considerado o maior expoente do positivismo no âmbito dos países de tradição *Common Law*, denominava seu positivismo como sendo um *soft positivism* (positivismo suave ou brando). Contudo, Herbert L. A. Hart, também, estruturara sua teoria da norma, fundamentalmente sobre a perspectiva das regras jurídicas que para ele se dividiam em regras primárias (regras que regulavam as condutas humanas) e regras secundárias (regras de reconhecimento). HART, Herbert L. A. **O Conceito de Direito.** 3.ed. Lisboa: Fundação Calouste Gulbenkian, 2001.

12. DOS SANTOS, Eduardo. R.; MELO, Luiz Carlos Figueira de. O direito em novos paradigmas de cidadania: do jusnaturalismo ao pós-positivis-

Segundo constata Dworkin, os princípios jurídicos, concebidos pelos positivistas como meras recomendações, axiomas, metas ou programas de política, devem, na verdade, ser compreendidos como verdadeiras normas jurídicas, possuindo todos os atributos inerentes à normatividade, especialmente, a imperatividade, pois, assim como as regras, são normas de direito, e não meras recomendações.[13]

Dworkin explica que ***os princípios jurídicos, de modo genérico, são tanto os princípios propriamente ditos, como as políticas***. Sendo ***política*** "aquele tipo de padrão que estabelece um objetivo a ser alcançado, em geral uma melhoria em algum aspecto econômico, político ou social da comunidade", enquanto ***princípio*** consiste no "padrão que deve ser observado porque é uma exigência de justiça ou equidade ou alguma outra dimensão da moralidade".[14]

O professor norte-americano analisa diversos casos para demonstrar que a jurisprudência dos tribunais estadunidenses aplica os princípios e não somente as regras, além de, muitas das vezes, apartar-se da aplicação direta da regra jurídica ao caso concreto (subsunção) por entender que tal aplicação geraria evidente injustiça, utilizando-se assim dos princípios jurídicos para obter-se uma solução adequada, justa (que esteja em conformidade com a lógica do direito estadunidense). Como exemplo, dentre os vários fragmentos de julgados reproduzidos por Dworkin, pode-se apresentar um pequeno trecho de uma decisão do Tribunal de Nova Jérsei, de 1969, no caso *Henningsen contra Bloomfield Motors, Inc*, na qual o referido tribunal indaga: "Existe algum princípio

mo jurídico: delineamentos para a construção de um novo paradigma jurídico. In: KNOERR, Viviane Coêlho de Séllos; BORGES, Alexandre Walmott. (Org.). **Cidadania, Desenvolvimento Social e Globalização.** Curitiba: Clássica, 2013.

13. DWORKIN, Ronald. **Levando os Direitos a Sério.** 3.ed. São Paulo: Martins Fontes, 2010.

14. Ibidem, p. 36.

que seja mais familiar ou mais firmemente inscrito na história do direito anglo-americano do que a doutrina basilar de que os tribunais não se permitirão ser usados como instrumentos de iniquidade e injustiça?"[15]

Passando à distinção entre regras e princípios, Dworkin demonstra que as referidas espécies normativas podem ser diferenciadas ***quanto ao modo de aplicação***, pois, de um lado, ***as regras jurídicas*** são aplicadas ao modo *tudo-ou-nada*, ou seja, se uma regra é válida e o caso concreto corresponde à sua previsão, então a regra deve ser aplicada (subsunção), a não ser que exista alguma exceção (prevista positivamente no ordenamento) que não permita a sua aplicação naquele tipo de situação, o que acarreta uma especificação maior da regra, tornando-a mais completa à medida que possui mais especificações.[16] De outro lado, ***os princípios jurídicos*** atuam auxiliando e fundamentando a decisão do magistrado de modo a conduzi-lo a melhor solução, entendida por ele como uma solução que respeite a justiça e a equidade. Assim, os magistrados utilizam-se dos princípios jurídicos para produzirem sua decisão, que dará origem a uma regra particular que se aplicará àquele caso concreto, entretanto essa regra só passa a existir após a decisão, ou seja, a decisão é feita e pautada em princípios jurídicos e não em regras jurídicas. Ademais, segundo o autor estadunidense, os princípios também

15. Ibidem, p. 39.

16. Nesse sentido, Ronald Dworkin afirma que "a diferença entre princípios jurídicos e regras jurídicas é de natureza lógica. Os dois conjuntos de padrões apontam para decisões particulares acerca da obrigação jurídica em circunstâncias específicas, mas distinguem-se quanto à natureza da orientação que oferecem. As regras são aplicáveis à maneira tudo-ou-nada. Dados os fatos que uma regra estipula, então ou a regra é válida, e neste caso a resposta que ela fornece deve ser aceita, ou não é válida, e neste caso em nada contribui para a decisão [...] A regra pode ter exceções, mas se tiver, será impreciso e incompleto simplesmente enunciar a regra, sem enunciar as exceções. Pelo menos em teoria, todas as exceções podem ser arroladas e quanto mais o forem, mais completo será o enunciado da regra". Ibidem, p. 39-40.

possuem aplicação subsidiária às regras. Isso se dá quando uma regra traz em seu enunciado palavras cujo significado é aberto à interpretação como "razoável", "negligente", "injusto", "significativo", o que "faz com que sua aplicação dependa, até certo ponto, de princípios e políticas que extrapolam a [própria] regra".[17]

Desta primeira distinção entre princípios e regras (quanto ao modo de aplicação), conforme explica Dworkin, decorre uma segunda distinção, que se dá quando essas espécies de norma jurídica entram em conflito: ***quanto ao modo de resolução do conflito normativo*** (princípios *versus* princípios; regras *versus* regras; e princípios *versus* regras).

Como explica Dworkin, "***os princípios*** possuem uma dimensão que as regras não têm – a dimensão do peso ou importância".[18] De modo que, quando os princípios entram em conflito, ou seja, quando em um caso concreto os princípios a ele supostamente aplicáveis apontam para sentidos contrários, o magistrado deve levar em conta a força relativa de cada um frente ao caso concreto a fim de aplicar naquele determinado caso aquele(s) que possibilitar(em) a decisão mais justa (conforme a ordem jurídica vigente, numa perspectiva de integridade), entretanto aquele(s) princípio(s) que não for(em) considerado(s) na decisão não será(ão) declarado(s) inválido(s) e expurgado(s) do ordenamento jurídico. Todos os princípios continuam tendo validade, eles apenas são sopesados em razão do caso concreto, e aplica-se aqueles que conduzem à decisão correta, à decisão mais conforme à justiça e a equidade (frise-se: numa perspectiva de integridade da ordem jurídica).[19]

17. Ibidem, p. 45.

18. Ibidem, p. 42.

19. Sobre "resposta correta", "decisão justa", para além da obra de Ronald Dworkin, ver, por todos, no Brasil: CRUZ, Álvaro Ricardo de Souza. **A Resposta Correta:** incursões jurídicas e filosóficas sobre as teorias da justiça. Belo Horizonte: Arraes, 2011.

Já no que se refere ao ***conflito entre uma regra jurídica e um princípio jurídico***, Dworkin defende que deva prevalecer aquela norma jurídica que frente ao caso concreto, esteja mais conforme com a justiça e com a equidade da ordem jurídica vigente, após o sopesamento pelo juiz do princípio que sustenta a regra com o princípio com o qual ela colide, podendo o magistrado julgar em desconformidade com a regra quando entender que ela, naquele caso concreto, criará uma situação de evidente injustiça (numa perspectiva de integridade do ordenamento jurídico).[20]

Por sua vez, quando ***uma regra jurídica entra em conflito com outra regra***, uma delas não pode continuar vigente no ordenamento jurídico, ou seja, uma delas necessariamente deverá ser declarada inválida, recorrendo-se aos critérios tradicionais de resolução de conflito normativo, dando-se precedência à regra promulgada por autoridade superior (critério hierárquico), à regra promulgada mais recentemente (critério temporal), à regra mais específica (critério da especificidade).[21]

Por fim, pode-se dizer que a concepção de Ronald Dworkin sobre as normas jurídicas, não só alçou os princípios à categoria das normas, mas os inseriu no sistema jurídico como sendo espécies normativas mais dinâmicas, que possibilitam ao decisor proferir decisões conforme a justiça e a equidade, transpassando o direito positivo e adotando uma lógica de integridade da ordem jurídica vigente, o que foi de fundamental valia para o direito das sociedades contemporâneas, especialmente para a resolução dos, cada vez mais comuns, *hard cases*, o que, evidentemente, não exclui a importância das regras, que, por sua vez, oferecem mais segurança jurídica que os princípios e regulam com mais precisão as relações sociais, estando, entretanto, submetidas aos princípios nos quais se fundamentam.

20. DWORKIN, Ronald. **Levando os Direitos a Sério.** 3.ed. São Paulo: Martins Fontes, 2010.

21. Ibidem, idem.

1.2.2. A concepção da norma jurídica (e dos princípios) na obra de Robert Alexy

O jusfilósofo alemão, Robert Alexy, partindo dos estudos de Ronald Dworkin no direito norte-americano, elabora no direito tedesco uma teoria da ***norma jurídica*** que, também, a divide num ***gênero que comporta como espécies as regras e os princípios***. Segundo Alexy, não são apenas as regras jurídicas que estatuem um dever ser, como pretendia a teoria da norma à luz da doutrina positivista, mas também os princípios jurídicos. Para o jurista alemão, ***ambas as espécies normativas dizem o que deve ser, podendo ser formuladas através dos modais deônticos da norma jurídica, isto é, através das formulações básicas do dever, da permissão e da proibição.***[22]

No que se refere à diferenciação entre as duas espécies normativas, Alexy afirma que o ponto decisivo para a distinção entre regras e princípios pauta-se no seu ***modo de aplicação***, que se relaciona ao fato de que ***princípios são mandamentos de otimização***, isto é, são normas que determinam que algo seja realizado na maior medida possível em face das possibilidades fático-jurídicas, enquanto ***regras consistem em determinações***, isto é, são normas que estabelecem uma exigência fático-jurídica que deve ser satisfeita nos exatos termos que ela estabelece.[23]

---

22. Nesse sentido, Robert Alexy afirma que "tanto regras quanto princípios são normas, porque ambos dizem o que deve ser. Ambos podem ser formulados por meio das expressões deônticas básicas do dever, da permissão e da proibição. Princípios são, tanto quanto as regras, razões para juízos concretos de dever-ser, ainda que de espécie muito diferente. A distinção entre regras e princípios é, portanto, uma distinção entre duas espécies de normas" ALEXY, Robert. **Teoria dos Direitos Fundamentais.** São Paulo: Malheiros, 2008, p. 87.

23. Nesse sentido, Robert Alexy afirma que "princípios são normas que ordenam que algo seja realizado na maior medida possível dentro das possibilidades jurídicas e fáticas existentes. Princípios são, por conseguinte, *mandamentos de otimização*, que são caracterizados por poderem ser satisfeitos em graus variados e pelo fato de que a medida devida de sua

Outro ponto relevante para a distinção entre regras e princípios, encontra-se, segundo o jurista alemão, nos ***conflitos normativos*** e nos ***métodos de resolução*** desses conflitos.

Nesse sentido, ***quando duas regras jurídicas entram em conflito***, ou seja, possuem disposição em sentido contrário, ou uma delas deve ser declarada inválida, ou, então, deve-se introduzir uma exceção a uma das regras, eliminando-se, assim, o conflito. Isto se dá em decorrência do fato de que "não é possível que dois juízos concretos de dever-ser conflitantes entre si sejam válidos", pois se trata, fundamentalmente, de uma decisão sobre validade.[24]

Já ***quando dois princípios jurídicos entram em conflito*** (colisão de princípios), nem um dos dois é declarado inválido e nem mesmo é criada uma exceção. No caso dos princípios, o que ocorre é que um deles possui precedência em razão do outro frente às condições do caso *in concreto*, em outras palavras, um deles deve ceder à aplicação do outro sobre determinadas condições fáticas, entretanto, "sobre outras condições a questão da precedência pode ser resolvida de forma oposta". Isto decorre do fato de que os princípios possuem uma dimensão de peso que varia em face do caso concreto, de modo que o princípio com maior peso no caso fático terá precedência sobre o princípio de menor peso no caso fático.[25]

Em face do sopesamento de interesses entre os princípios, surge o que Alexy chama de ***Lei de Colisão***. Essa lei resulta das possibilidades que o sopesamento de princípios colidentes fornece

satisfação não depende somente das possibilidades fáticas, mas também das possibilidades jurídicas [...] Já as regras são normas que são sempre ou satisfeitas ou não satisfeitas. Se uma regra vale, então, deve se fazer exatamente aquilo que ela exige; nem mais, nem menos. Regras contêm, portanto, *determinações* no âmbito daquilo que é fática e juridicamente possível." Ibidem, p. 90-91.

24. Ibidem, p. 92.

25. Ibidem, p. 93.

àquele que vai decidir o caso concreto, de modo que "essa colisão pode ser resolvida ou por meio do estabelecimento de uma relação de precedência incondicionada ou por meio do estabelecimento de uma relação de precedência condicionada".[26]

Nessa perspectiva, considerando que *P*1 seja um dos princípios colidentes e *P*2 o outro, cujos juízos concretos de dever-ser são contraditórios entre si. Considerando que **P** seja o sinal de precedência. Considerando, ainda, que *C* simbolize as condições sobre as quais um princípio tem precedência sobre o outro. Temos então, como explica Alexy, quatro possibilidades de decisão, que podem ser representados do seguinte modo:[27]

(1) *P*1 **P** *P*2;

(2) *P*2 **P** *P*1;

(3) (*P*1 **P** *P*2) *C*;

(4) (*P*1 **P** *P*2) *C*.

As possibilidades (1) e (2) simbolizam as ***relações incondicionadas de precedência***, também chamadas de relações de precedência abstratas ou absolutas. Segundo Alexy, elas se dão quando a precedência de um princípio sobre o outro não depende, ou seja, não está condicionada ao caso concreto. Exemplo disso ocorre quando se tem um conflito entre um princípio constitucional e um princípio infraconstitucional, conflito este em que se prevalecerá o princípio constitucional, em razão do seu maior peso incondicionado, vez que se trata de norma jurídica superior hierarquicamente.

Já as possibilidades (3) e (4) simbolizam as ***relações condicionadas de precedência***, ou seja, as relações em que o pressuposto fático, ou melhor, as condições do caso concreto determinam qual princípio deverá prevalecer naquele determinado caso. Exemplo disso ocorre no conflito entre dois princípios constitucionais, que

26. Ibidem, p. 96.

27. Ibidem, p. 97.

possuem precedência condicionada às especificidades fático-jurídicas do caso concreto.

Assim, ***a Lei de Colisão pode ser determinada do seguinte modo:*** "Se o princípio *P*1 tem precedência em face do princípio *P*2 sob as condições *C*: (*P*1 **P** *P*2) *C*, e se do princípio *P*1, sob as condições *C*, decorre a consequência jurídica *R*, então, vale uma regra que tem *C* como suporte fático e *R* como consequência jurídica: *C* à *R*". Ou ainda, em uma formulação menos técnica: *"As condições sob as quais um princípio tem precedência em face do outro constituem o suporte fático de uma regra que expressa a consequência jurídica do princípio que tem precedência"*.[28]

Como visto, os princípios jurídicos exigem que aquilo que eles tutelam normativamente seja realizado de maneira otimizada, isto é, que seja realizado na maior medida possível dentro das possibilidades fático-jurídicas do caso concreto. Em razão disso, explica Alexy, **os princípios** não possuem um ***mandamento definitivo*, mas somente mandamentos *prima facie***, vez que seus mandamentos são cambiantes de acordo com a realidade fático-jurídica que se lhes apresente. Nada obstante, esse seu caráter *prima facie* pode ser fortalecido através de uma carga argumentativa a favor de certos princípios ou de certas classes de princípios, o que, por outro lado, não iguala seu caráter *prima facie* ao das regras jurídicas.[29]

As regras jurídicas, pelo contrário, possuem um mandamento definitivo, de modo que seu conteúdo é determinado em face das suas possibilidades jurídicas e fáticas. De maneira que, preenchidas tais possibilidades vale definitivamente aquilo que a regra prescreve; por outro lado, em face de impossibilidades jurídicas e fáticas isso não ocorre. Mais ainda, no caso das regras existe a possibilidade de se criar uma exceção quando da decisão

28. Ibidem, p. 99.
29. Ibidem, p. 103-106.

de um determinado caso. Se isso acontecer, "a regra perde, para a decisão do caso, seu caráter definitivo".[30]

Ademais, segundo Alexy, ***a regra***, ao contrário do princípio – que em casos de colisão com outro princípio, prevalece aquele cujo peso seja maior frente ao caso concreto –, **exige *para a sua superação*, que sejam superados tanto os *princípios que a sustentam*, como certos *princípios formais*** – "princípios que estabelecem que as regras que tenham sido criadas pelas autoridades legitimadas para tanto devem ser seguidas e que não se deve relativizar sem motivos uma prática estabelecida".[31] Nesse liame, Alexy conclui que regras e princípios possuem "caráter *prima facie* distinto".[32]

Registre-se que, segundo Alexy, ***não existem princípios absolutos***, isto é, ***não há princípios que não cedam jamais a nenhum outro princípio ou regra jurídica.*** Alexy não admite a existência de um princípio desses e apresenta alguns argumentos em defesa de sua tese. O principal deles é o de que se um princípio fosse absoluto ele só poderia ser inerente a um único sujeito de direito, vez que se dois sujeitos de direitos tivessem esse mesmo direito absoluto em razão deste princípio, quando eles colidissem, seria a colisão de dois direitos absolutos, algo impossível de ser solucionado. Alexy nega esse *status* de absoluto até mesmo ao princípio da ***dignidade da pessoa humana*** e fundamenta demonstrando, dentre outras coisas, um caso *in concreto* da jurisprudência alemã em que ele cedeu ao princípio da proteção do Estado.[33]

Por fim, ainda, falta-nos explicar a ***relação dos princípios jurídicos com a máxima da proporcionalidade***, ponto essencial para sua compreensão na teoria do jurista alemão. Para Alexy, a

30. Ibidem, p. 103-106.
31. Ibidem, p. 105.
32. Ibidem, p. 106.
33. O referido caso demonstra a precedência do princípio da proteção do Estado em face do princípio da dignidade humana, em relação à determinada proteção judicial em caso de escuta. Ibidem, p. 112-113.

proporcionalidade, bem como suas máximas – da adequação, da necessidade, e da proporcionalidade em sentido estrito – derivam logicamente da natureza dos princípios jurídicos, assim como a natureza dos princípios jurídicos implica a máxima da proporcionalidade. Em breve síntese pode-se dizer que, para Alexy, a ***adequação*** consiste basicamente na maneira mais adequada, mais efetiva, que melhor realizará o princípio cujo peso deva prevalecer no caso concreto; a ***necessidade*** consiste no mandamento do meio menos gravoso, ou seja, consiste na máxima preservação do princípio cedente, de modo a sacrificá-lo o mínimo possível; e a ***proporcionalidade em sentido estrito*** corresponde ao mandamento do sopesamento propriamente dito.[34]

Nessa perspectiva, segundo Alexy, a máxima da *proporcionalidade em sentido estrito* deriva do fato de princípios serem mandamentos de otimização em razão das *possibilidades jurídicas*, enquanto as *máximas da adequação e da necessidade* derivam da natureza dos princípios como mandamentos de otimização em razão das *possibilidades fáticas*.[35]

Deste modo, resumidamente, pode-se dizer que, na teoria de Robert Alexy, ***a máxima da proporcionalidade consiste em sacrificar o menos possível o princípio cedente e ao mesmo tempo realizar o máximo possível o princípio que prevalece em face do sopesamento realizado em um caso concreto.***

1.2.3. A concepção da norma jurídica (e dos princípios) na obra de Humberto Ávila

A recente obra de Humberto Ávila, intitulada *Teoria dos Princípios: da definição à aplicação dos princípios jurídicos*, cuja primeira edição fora impressa no ano de 2003, caracteriza-se, sobretudo, pela originalidade da concepção do autor, pela rápida e ampla aceitação pelo universo jurídico brasileiro e pela gradual

34. Ibidem, p. 116-120.

35. Ibidem, p. 116-120.

difusão de suas ideias pelo mundo, já tendo sido publicada, em sua primeira década de existência, nas línguas inglesa, alemã e espanhola.

Segundo o jurista brasileiro, ***"normas não são textos nem o conjunto deles, mas os sentidos construídos a partir da interpretação sistêmica de textos normativos"***, ou seja, as normas jurídicas são aquilo que se interpreta dos enunciados normativos, de modo que os dispositivos (enunciados jurídicos) consistem no objeto da interpretação, enquanto as normas no seu resultado, entretanto, "não há correspondência biunívoca entre dispositivo e norma".[36]

Disso decorre, como explica Ávila, que a ***interpretação*** não consiste em um ato descritivo de um significado previamente estabelecido, mas sim em um ato de decisão que constrói a significação e os sentidos de um determinado texto. O ponto central de tudo isso "está no fato de que o intérprete não atribui 'o' significado correto aos termos legais", na verdade o que ele faz é construir arquétipos de uso da linguagem ou versões de significado (sentidos), pois "a linguagem nunca é algo pré-dado, mas algo que se concretiza no uso, ou melhor, com uso", deste modo é inaceitável entender a atividade interpretativa como sendo uma atividade que se procede mediante um processo de subsunção.[37]

Em razão disso, "o intérprete não só constrói, mas *reconstrói* sentido" em face da existência de significações incorporadas ao uso da linguagem, ou seja, "*interpretar é construir a partir de algo*, por isso, significa *reconstruir*". Isso se deve, em primeiro lugar, ao fato da interpretação partir inicialmente dos próprios textos

---

36. Ávila explica que não existe correspondência biunívoca entre norma e dispositivo, isto é, pode haver dispositivo e não haver norma, ou haver norma e não haver dispositivo que lhe sirva de suporte. Assim como uma única norma pode ser construída a partir de mais de um dispositivo, ou a partir de um único dispositivo construir-se mais de uma norma. ÁVILA, Humberto. **Teoria dos princípios:** da definição à aplicação dos princípios jurídicos. 11.ed. São Paulo: Malheiros, 2010, p. 30-31.

37. Ibidem, p.32.

normativos, que limitam à construção de sentidos e, em segundo lugar, por manipular a linguagem, "à qual são incorporados *núcleos de sentidos*, que são, por assim dizer, construídos pelo uso, e preexistem ao processo interpretativo individual".[38]

As normas, bem como sua extensão e significado, dependem de uma construção realizada pelo intérprete - quer julgador, quer cientista - no caso *in concreto*. Disso decorre que ***uma norma não pode, segundo Ávila, ser classificada como regra ou como princípio sem antes passar pelo processo de interpretação em face de determinado caso fático***, pois "essa qualificação normativa depende de conexões axiológicas que não estão incorporadas ao texto nem a ele pertencem, mas são, antes, construídas pelo próprio intérprete".[39]

Ávila refuta as distinções ***clássicas entre regras jurídicas e princípios jurídicos, inclusive as propostas por Dworkin e Alexy, por entender que tais distinções, em verdade, não distinguem as duas espécies da norma jurídica.*** **Segundo ele, os principais critérios tradicionais de distinção são: *i) critério do caráter hipotético-condicional; ii) critério do modo final de aplicação; iii) critério do fundamento axiológico; e iv) critério do relacionamento normativo, ou do conflito normativo.***

De acordo com o ***critério do caráter hipotético-condicional***, as regras possuem uma hipótese e uma consequência que predeterminam a decisão, pois são aplicadas ao modo "*se..., então...*", enquanto os princípios somente apontam o fundamento que o intérprete utilizará para posteriormente encontrar a regra a ser aplicada ao caso fático. Ávila refuta este critério, de um lado, por entender que as regras também indicam fundamentos, pois em qualquer norma jurídica "há referência a fins", de outro lado, por entender que "os princípios também possuem consequências normativas", de modo que "o qualificativo de

38. Ibidem, p.33-34.

39. Ibidem, p.34.

princípio ou de regra depende do uso argumentativo, e não da estrutura hipotética".[40]

Conforme o ***critério do modo final de aplicação***, as regras são aplicadas de modo absoluto (*tudo-ou-nada*), enquanto os princípios são aplicados de modo gradual (*mais ou menos*), conforme o caso concreto. Ávila afasta tal critério, sobretudo, sob o argumento de que "quando se defende que os princípios são aplicados *mais ou menos* centra-se a análise, em virtude da ausência de descrição da conduta devida, no estado de coisas que pode ser mais ou menos atingido", entretanto, segundo ele, não são os princípios que são aplicados de modo gradual, "mas é o estado de coisas que pode ser mais ou menos aproximado, dependendo da conduta adotada como meio". Nesse sentido, Ávila afirma que o princípio é ou não é aplicado, isto é, "ou o comportamento necessário à realização ou preservação do estado de coisas é adotado, ou não é adotado".[41]

Segundo o ***critério do fundamento axiológico***, os princípios, de modo diverso às regras, são considerados como sendo fundamentos axiológicos para a tomada de decisão. Ávila aparta-se de tal concepção afirmando categoricamente que "a dimensão axiológica não é privativa dos princípios, mas elemento integrante de qualquer norma jurídica", inclusive das regras "em função dos valores e fins que elas visam resguardar".[42]

De acordo com o ***critério do relacionamento normativo ou do conflito normativo*** a antinomia entre regras jurídicas é solucionada mediante a invalidação de uma delas, ou mediante a criação de uma exceção, já o conflito entre princípios é solucionado mediante ponderação, que atribui uma dimensão de peso a cada um deles frente ao caso concreto. Ávila refuta esta distinção, sobretudo, por considerar que a ponderação não é

40. Ibidem, p.43.
41. Ibidem, p.50.
42. Ibidem, p. 59.

exclusiva dos princípios, "mas é qualidade geral de qualquer aplicação de normas", de modo que a diferença não se encontra no fato das regras, ao contrário dos princípios, não poderem ser ponderadas, mas sim no tipo de ponderação que se faz.[43] Nessa linha, o jurista brasileiro afirma que, "em alguns casos as regras entram em conflito sem que percam sua validade, e a solução para o conflito depende da atribuição de peso maior a uma delas, devendo então ser ponderadas, o que se dá "mediante um processo de ponderação de razões", que consiste em um "sopesamento de circunstâncias e de argumentos".[44] Nesse sentido, Ávila nos expõe algumas situações em que, segundo ele, verifica-se a atividade de ponderação de regras, dentre as quais destacamos: *i) na delimitação de hipóteses normativas semanticamente abertas ou de conceito jurídico-políticos; ii) nas decisões a respeito da aplicabilidade de precedentes judiciais ao caso concreto; iii) na utilização de formas argumentativas como analogia e "argumentum e contrario"*.[45]

Após analisar e criticar as concepções tradicionais da distinção entre princípios e regras, Ávila constrói uma definição própria, a qual, de maneira breve e simplificada, tentaremos reproduzir aqui, mesmo correndo o inevitável risco da simplificação excessiva.

Partindo-se da compreensão de que as normas não podem ser classificadas como regras ou como princípios sem antes passarem pelo processo de interpretação em face do caso concreto, Ávila afirma que "os dispositivos podem gerar, simultaneamente, mais de uma espécie normativa", de modo que "um ou vários dispositivos, ou mesmo a implicação lógica deles decorrente,

---

43. Ibidem, p. 58-59.

44. Ibidem, p. 51-54.

45. Para um estudo mais detalhado das situações em que, segundo Humberto Ávila, verifica-se a atividade de ponderação de regras, ver: ÁVILA, Humberto. **Teoria dos princípios:** da definição à aplicação dos princípios jurídicos. 11.ed. São Paulo: Malheiros, 2010, p.52-58.

pode experimentar uma *dimensão* imediatamente comportamental (regra), finalística (princípio) e/ou metódica (postulado)".[46]

Assim, segundo Ávila, pode-se distinguir os princípios das regras através de três critérios principais: *i) critério da natureza do comportamento prescrito ou da natureza da descrição normativa; ii) critério da natureza da justificação exigida; e iii) critério da medida de contribuição para a decisão.*[47]

Conforme o ***critério da natureza do comportamento prescrito ou da natureza da descrição normativa***, regras e princípios se diferenciam com base no modo como prescrevem o comportamento. Nesse sentido, Ávila afirma que as regras são "normas imediatamente descritivas", pois constituem obrigações, permissões e proibições descrevendo a conduta a ser adotada. Por outro lado, os princípios são "normas imediatamente finalísticas", pois estabelecem um estado ideal de coisas a ser promovido e cuja concretização depende da adoção de certas condutas.[48]

De acordo com o ***critério da natureza da justificação exigida***, regras e princípios se dissociam tendo como base a justificação que exigem. Nessa linha, Ávila explica que as regras exigem, para sua interpretação e aplicação, "uma avaliação da correspondência entre a construção conceitual dos fatos e a construção conceitual da norma e da finalidade que lhe dá suporte". Já os princípios exigem, para sua interpretação e aplicação, "uma avaliação da correlação entre o estado de coisas posto como fim e os efeitos decorrentes da conduta havida como necessária".[49]

Segundo o ***critério da medida de contribuição para a decisão***, regras e princípios distinguem-se quanto ao modo que contribuem para a decisão. Nesse sentido, Ávila ensina que as regras são normas "*preliminarmente decisivas e abarcantes*, na medida

46. Ibidem, p. 69.
47. Ibidem, p. 71-78.
48. Ibidem, p. 71.
49. Ibidem, p. 73.

em que, a despeito da pretensão de abranger todos os aspectos relevantes para a tomada de decisão, têm a aspiração de gerar uma solução específica para o conflito entre razões". Por outro lado, os princípios são "*normas preliminarmente complementares e preliminarmente parciais*", uma vez que albergam somente parte dos aspectos proeminentes para a tomada de decisão e, por isso, "não têm a pretensão de gerar uma solução específica, mas de contribuir, ao lado de outras razões, para a tomada de decisão".[50]

Em face das distinções estabelecidas, Ávila desenvolve o seguinte quadro esquemático:[51]

	Princípios	**Regras**
Dever imediato	Promoção de um estado ideal de coisas	Adoção da conduta descrita
Dever mediato	Adoção da conduta necessária	Manutenção de fidelidade à finalidade subjacente e aos princípios superiores
Justificação	Correlação entre efeitos da conduta e o estado ideal de coisas	Correspondência entre o conceito da norma e o conceito do fato
Pretensão de decidibilidade	Concorrência e parcialidade	Exclusividade e abarcância

Após estabelecidas as distinções entre princípios e regras, Humberto Ávila apresenta os seguintes ***conceitos*** para as mencionados espécies normativas: "***As regras*** são normas imediatamente descritivas, primariamente retrospectivas e com pretensão de decidibilidade e abrangência, para cuja aplicação se exige a avaliação da correspondência, sempre centrada na finalidade que

50. Ibidem, p. 76.

51. Ibidem, p. 78.

lhes dá suporte ou nos princípios que lhes são axiologicamente sobrejacentes, entre a construção conceitual da descrição normativa e a construção conceitual dos fatos [...] ***Os princípios*** são normas imediatamente finalísticas, primariamente prospectivas e com pretensão de complementaridade e de parcialidade, para cuja aplicação se demanda uma avaliação da correlação entre o estado de coisas a ser promovido e os efeitos decorrentes da conduta havida como necessária à sua promoção".[52]

Nada obstante, a teoria da norma de Humberto Ávila estabelece uma ***concepção complexa da norma jurídica, que compreende além das regras e dos princípios, os postulados jurídicos*** (uma categoria de norma jurídica de segundo grau), que, segundo o autor brasileiro, de forma genérica, ***consistem nas "condições essenciais, sem as quais o objeto não pode ser sequer apreendido".***[53]

Na seara jurídica, segundo Ávila, **os postulados dividem-se em duas espécies: *i) postulados hermenêuticos,*** que se destinam a compreensão geral do direito; *e* ***ii) postulados normativos aplicativos,*** que consistem em "normas imediatamente metódicas que instituem os critérios de aplicação de outras normas situadas no plano do objeto da aplicação", ou seja, consistem em "normas sobre a aplicação de outras normas, isto é, como metanormas", cuja função primordial é estruturar a aplicação concreta do Direito.[54]

Iniciando-se a análise pelos ***postulados hermenêuticos*** – aqueles "cuja utilização é necessária à compreensão interna e abstrata do ordenamento jurídico"–,[55] Ávila apresenta-nos o ***postulado da unidade do ordenamento jurídico,*** o ***postulado da coerência*** (subelemento do postulado da unidade do ordenamento jurídico) e o ***postulado da hierarquia.***

52. Ibidem, p. 78-79.
53. Ibidem, p. 123.
54. Ibidem, p. 123-124.
55. Ibidem, p. 125.

Em relação ao ***postulado da unidade do ordenamento jurídico***, Ávila explica que tal postulado exige do intérprete do direito "o relacionamento entre a parte e o todo mediante o emprego das categorias de ordem e de unidade".[56]

Já o ***postulado da hierarquia***, segundo Ávila, remete-nos à visualização do ordenamento como sendo um arcabouço escalonado (hierarquizado) de normas, em face do qual derivam critérios importantes para a interpretação das normas jurídicas, como, por exemplo, a interpretação conforme a Constituição.[57]

Nessa perspectiva, segundo Ávila, no que tange à problemática da hierarquia das normas constitucionais, pode-se dizer que ela engloba dois planos: *plano concreto* e *plano abstrato*. O *plano concreto* exige a existência de um conflito concreto entre normas jurídicas, importando saber qual delas (normas colidentes) deverá prevalecer frente àquele caso. Assim, no plano concreto o que se investiga é a relação de prevalência concreta (fática) de uma norma, em um caso real de conflito normativo. Já no *plano abstrato*, Ávila afirma que há dois problemas a serem resolvidos: um que diz respeito à relação de prevalência abstrata entre normas e outro que diz respeito à relação de conexão de sentido entre normas. No primeiro problema, isto é, sobre a relação de prevalência abstrata entre normas, Ávila afirma que "importa saber se algumas normas jurídicas possuem hierarquia superior, no sentido de uma preferência imanente ao sistema jurídico, de caráter definitivo ou relativo, relativamente a outras normas",[58] ou seja, importa descobrir qual norma tem "maior valor", qual norma se "sobrepõe". No segundo problema, isto é, sobre a relação de conexão de sentido entre normas, também denominada: ordenação interna, combinação de normas e/ou conexão de fundamentação, Ávila afirma que "é preciso saber quais são as relações de dependência

56. Ibidem, p. 126.

57. Ibidem, p. 126.

58. Ibidem, p. 126.

(*abhängigkeitsbezeihungen*) existentes entre as normas jurídicas dentro de um sistema jurídico específico".[59]

Em suma, o ponto determinante para a compreensão do postulado da hierarquia,[60] é que ele refere-se à ideia de prevalência de uma norma sobre a outra, isto é, à ideia de se apontar qual norma "vale mais".[61] Por fim, vale dizer que, para Ávila, o postulado da hierarquia é insuficiente para abarcar as complexas relações jurídico-normativas, fazendo-se necessária sua complementação por um novo modelo de sistematização,[62] qual seja: o postulado da coerência.

O ***postulado da coerência***, segundo Humberto Ávila, advém da ideia de conexão de sentido, isto é, da relação de dependência entre normas, sendo condição de possibilidade do conhecimento que deve ser preenchido através da interpretação dos textos normativos. A coerência, nos dizeres do jurista brasileiro, "é tanto um critério de relação entre dois elementos como uma

---

59. Ibidem, p. 126.

60. Ávila, ainda, aborda a hierarquia sob outras perspectivas, como a da semiótica, por exemplo, contudo não se faz oportuno discorrer sobre elas neste trabalho. Para uma melhor compreensão do postulado da hierarquia na visão do professor Humberto Ávila, ver: ÁVILA, Humberto. **Teoria dos princípios:** da definição à aplicação dos princípios jurídicos. 11.ed. São Paulo: Malheiros, 2010, p. 126 e ss.

61. Ibidem, p. 127.

62. Conforme explica Humberto Ávila, sua proposta é de complementaridade, visto que o modelo hierárquico de sistematização, caracterizado pela linearidade, pela simplicidade e por não ser gradual, tem consequências, em face de sua não implementação, que se alocam, principalmente, no plano da validade da norma. Assim, ele propõe "um modelo de sistematização circular (as normas superiores condicionam as inferiores, e as inferiores contribuem para determinar os elementos das superiores), complexo (não há apenas uma relação vertical de hierarquia, mas várias relações horizontais, verticais e entrelaçadas entre as normas) e gradual (a sistematização será tanto mais perfeita quanto maior for a intensidade da observância dos seus vários critérios), cuja consequência preponderante está alocada no plano da eficácia". Ibidem, p. 129.

propriedade resultante dessa mesma relação".[63] Mais ainda, apoiando-se em Susanne Bracker,[64] Ávila demonstra que ***a coerência divide-se em formal e material*** (ou substancial), de modo que, a *coerência formal* relaciona-se à noção de consistência e completude, e a *coerência material/substancial* liga-se à conexão positiva de sentido.[65]

No que se refere à ***coerência formal***, Ávila afirma que, formalmente, um conjunto de proposições deve preencher os requisitos de *consistência* e *completude* para serem considerados coerentes. O primeiro critério, a *consistência*, implica na ausência de contradição, isto é, exige que um conjunto de proposições não contenha, simultaneamente, uma determinada proposição e sua negação. Já o segundo critério, a *completude*, implica na "relação de cada elemento com o restante do sistema, em termos de integridade (o conjunto de proposições contém todos os elementos e suas negações) e de coesão inferencial (o conjunto de proposições contém suas próprias consequências lógicas)".[66]

Quanto à ***coerência substancial***, Ávila afirma que, materialmente, um conjunto de proposições caracteriza-se como sendo coerente, quanto maiores forem: *a) a recíproca relação de dependência entre as proposições do conjunto*, dentre de um critério de implicação lógica e equivalência lógica;[67] e *b)* os seus *elementos comuns*, em face da semelhança dos significados de

63. Ibidem, p. 129.

64. BRACKER, Susanne. **Kohärenz und juristische Interpretation.** Baden-Baden: Nomos, 2000.

65. ÁVILA, Humberto. **Teoria dos princípios:** da definição à aplicação dos princípios jurídicos. 11.ed. São Paulo: Malheiros, 2010, p. 129.

66. Ibidem, p. 130.

67. Segundo Ávila, "a coerência substancial em razão da dependência recíproca existe quando a relação entre as proposições satisfaz requisitos de implicação lógica (a verdade da premissa permite concluir pela verdade da conclusão) e de equivalência lógica (o conteúdo de verdade de uma proposição atua sobre o conteúdo de verdade da outra e vice-versa)". Ibidem, p. 130.

suas proposições.[68] Nesse sentido, a coerência material/substancial é graduável, isto é, permite a graduação (diferentemente da coerência formal), vez que ela pode ser maior ou menor. No que se refere à coerência substancial, há de se destacar, ainda, dois pontos importantes na obra de Ávila, que tangem à fundamentação: a *fundamentação por suporte* e a *fundamentação por justificação recíproca.*

Segundo Ávila, a *fundamentação por suporte* refere-se à sustentação de um enunciado pelo outro, de modo que, quanto mais bem sustentado (suportado) um enunciado for por outro enunciado, mais coerente será a fundamentação. Por uma questão lógica, como assinala Ávila, esta fundamentação se dá na direção do específico para o geral, isto é, os enunciados mais específicos devem ser suportados (sustentados, fundamentados) pelos mais gerais. Garante-se a intensidade através da escolha de premissas plausíveis, das quais decorram logicamente as conclusões. "A conexão de sentido fundamenta-se na ideia de unidade e coerência do sistema jurídico, bem como preconiza clareza conceitual, unidade formal e plenitude sistêmica". A estruturação das normas jurídicas deriva dos princípios da igualdade, da tendência generalizadora da justiça e da segurança jurídica, e "determina que as normas devem ser reconduzidas a poucos princípios aglutinadores".[69] Nesse sentido, os princípios de maior grau de abstração dentro do sistema determinam o significado das normas menos abstratas.[70] Assim, por exemplo, o princípio fundamental da dignidade da pessoa humana, no âmbito do

68. Segundo Ávila, "a coerência substancial em razão de elementos comuns existe quando as proposições possuem significados semelhantes". Ibidem, p. 130.

69. Ibidem, p. 132.

70. Nos dizeres de Ávila: "pode-se afirmar que a construção substancial de um sistema deve ser feita a partir do grau de abstração vinculado à sobreposição axiológica das normas jurídicas, no sentido de que os princípios que possuem maior grau de abstração determinam o significado normativo de outras normas menos abstratas". Ibidem, p. 133.

constitucionalismo brasileiro vigente, é o fundamento jurídico axiológico unificador e matriz (em maior ou menor grau) de todos os direitos fundamentais.[71]

Já a *fundamentação por justificação recíproca*, segundo Ávila, liga-se a relação entre dois elementos, dentro do sistema, em que o primeiro elemento pertence a premissa da qual, logicamente, decorre o segundo elemento e, simultaneamente, o segundo elemento pertence a premissa da qual, logicamente, decorre o primeiro elemento, isto é, trata-se de uma relação lógica de reciprocidade justificante, em que, ao mesmo tempo, um justifica o outro e vice-versa.[72] Nesse sentido, mantendo-se o exemplo, o princípio fundamental da dignidade da pessoa humana é a matriz jurídico-axiológica dos direitos fundamentais, ao mesmo tempo em que os direitos fundamentais consistem na materialização constitucional do princípio da dignidade da pessoa humana, isto é, através dos direitos fundamentais implementa-se o princípio fundamental da dignidade da pessoa humana, ao mesmo tempo em que o conteúdo essencial e comum dos direitos fundamentais encontra-se assegurado no princípio fundamental da dignidade da pessoa humana.[73] Ávila afirma ainda, que há três formas principais de fundamentação por justificação recíproca: a empírica, a analítica e a normativa. A *fundamentação recíproca empírica* se dá quando a existência de um elemento depende da existência do outro elemento e vice-versa,[74] assim, a nosso ver, não há como se chegar aos direitos fundamentais sem assegurar-se à dignidade

71. SARLET, Ingo Wolfgang. **A eficácia dos direitos fundamentais:** uma teoria geral dos direitos fundamentais na perspectiva constitucional. 10. ed. Porto Alegre: Livraria do Advogado Editora, 2010, p. 110-111.

72. ÁVILA, Humberto. **Teoria dos princípios:** da definição à aplicação dos princípios jurídicos. 11.ed. São Paulo: Malheiros, 2010, p. 134.

73. DOS SANTOS, Eduardo R. **Direitos Fundamentais Atípicos**. Salvador: Juspodivm, 2017.

74. ÁVILA, Humberto. **Teoria dos princípios:** da definição à aplicação dos princípios jurídicos. 11.ed. São Paulo: Malheiros, 2010, p. 134.

da pessoa humana (pois nascem dela), bem como não há como se chegar à dignidade da pessoa humana sem assegurar os direitos fundamentais (pois são a materialização desta no âmbito do Estado Constitucional). A *fundamentação recíproca analítica* se dá quando a existência de um elemento é condição conceitual necessária para a existência do outro e vice-versa,[75] assim, a nosso ver, não há como se conceituar o princípio fundamental da dignidade da pessoa humana (art. 1º, III, CF/88) sem mencionar os direitos fundamentais (pois consistem na sua materialização no âmbito constitucional), bem como não há como se conceituar os direitos fundamentais, no âmbito do constitucionalismo brasileiro, sem se mencionar o princípio fundamental da dignidade da pessoa humana (pois ele consiste na sua matriz jurídico-axiológica). A *fundamentação recíproca normativa* se dá "quando duas linhas argumentativas diversas podem ser combinadas uma com a outra",[76] de duas maneiras: *a)* "a fundamentação de mais de um enunciado específico por um enunciado mais geral (fundamentação dedutiva)",[77] a nosso ver, por exemplo, através da fundamentação dos diversos direitos fundamentais (enunciados mais específicos), tais como o direito fundamental a liberdade, direito fundamental a igualdade, direito fundamental a saúde etc., pelo princípio fundamental da dignidade da pessoa humana (enunciado mais geral); b) "a fundamentação de um enunciado mais geral por um enunciado mais específico (fundamentação indutiva)",[78] a nosso ver, por exemplo, abstraindo o conteúdo de dignidade humana contido em cada direito fundamental específico, isto é, abstraindo a dimensão de liberdade da dignidade da pessoa humana contida no direito fundamental à liberdade, chegando-se, então, à dignidade da pessoa humana, abstraindo a dimensão de igualdade

75. Ibidem, p. 134-135.

76. Ibidem, p. 135.

77. Ibidem, p. 135.

78. Ibidem, p. 135.

da dignidade da pessoa humana contida no direito fundamental à igualdade, chegando-se, então, à dignidade da pessoa humana etc., até mesmo porque não há como se falar em dignidade da pessoa humana sem se falar em um mínimo de direitos inerentes a ela, que a resguardam e a promovem.

Passando-se à análise dos ***postulados normativos aplicativos***, aqueles que regem a aplicação do direito de forma concreta, ou seja, a aplicação dos princípios e regras jurídicas aos casos fáticos, na esteira dos dizeres de Humberto Ávila, pode-se afirmar que são entendidos como "deveres estruturais, isto é, como deveres que estabelecem a vinculação entre *elementos* e impõem determinada *relação* entre eles", **podem ser divididos em *postulados inespecíficos* e *postulados específicos*.**[79]

Os ***postulados inespecíficos*** (também chamados de incondicionais) são aqueles que se aplicam "independentemente dos elementos que serão objeto de relacionamento", isto é, os elementos e os critérios são inespecíficos, indeterminados.[80] Nos dizeres de Ávila, "nessas hipóteses os postulados normativos exigem o relacionamento entre elementos, sem especificar, porém, quais são os elementos e os critérios que devem orientar a relação entre eles. São postulados normativos eminentemente formais. Constituem-se, pois, em meras ideias gerais, despidas de critérios orientadores de aplicação".[81]

De outro modo, os ***postulados específicos*** (também chamados de condicionais) são aqueles que dependem da existência de certos elementos e se pautam em certos critérios, isto é, sua aplicabilidade condiciona-se à especificidade dos elementos. No dizeres de Ávila, "nessas hipóteses os postulados normativos exigem o relacionamento entre elementos específicos, com critérios que devem orientar a relação entre eles. Também são postulados

79. Ibidem, p. 144.

80. Ibidem, p. 144.

81. Ibidem, p. 144.

normativos formais, mas relacionados a elementos com espécies determinadas".[82]

Humberto Ávila apresenta-nos os seguintes postulados normativos aplicativos inespecíficos: *ponderação, concordância prática e proibição de excesso*; e os seguintes específicos: *igualdade, razoabilidade e proporcionalidade.* Seguindo-se, exporemos agora, brevemente, cada um deles.

A ***ponderação***, segundo Ávila, "consiste num método destinado a atribuir pesos a elementos que se entrelaçam, sem referência a pontos de vista materiais que orientem esse sopesamento", podendo ser objeto de ponderação, os bens jurídicos, os interesses, os valores, os princípios jurídicos, dentre outros elementos. Apesar de se tratar de um postulado inespecífico, Ávila ressalva que se faz necessário estruturá-lo de maneira que ele possa se apresentar como um postulado mais seguro e criterioso.[83]

A ***concordância prática***, conforme ensina Ávila, consiste na "finalidade que deve direcionar a ponderação: o dever de realização máxima dos valores que se imbricam", ou seja, trata-se de um dever de harmonização de valores, protegendo-os ao máximo, buscando o equilíbrio entre os valores conflitantes através de uma síntese dialética.[84]

A ***proibição de excesso***, como explica Ávila, consiste na proibição da restrição excessiva de qualquer direito fundamental, isto é, mesmo em uma ponderação entre direitos fundamentais, nenhum deles pode ser restringido de maneira "que lhe retire um mínimo de eficácia". Segundo Ávila, muitas vezes esse postulado é confundido como sendo uma das facetas do "princípio da proporcionalidade", o que é um erro, visto que a "proibição de excesso está presente em qualquer contexto em que um direito fundamental esteja sendo restringido", independentemente se

82. Ibidem, p. 145.

83. Ibidem, p. 145.

84. Ibidem, p. 147.

isto está sendo feito mediante, ou em função do "princípio da proporcionalidade".[85]

A ***igualdade***, de acordo com Ávila, assume três faces distintas: de regra, de princípio e de postulado. Como regra, prescreve a proibição de tratamento discriminatório; como princípio, estabelece um estado ideal de igualdade a ser promovido; e como postulado estrutura "a aplicação do Direito em função de elementos (critério de diferenciação e finalidade da distinção) e da relação entre eles (congruência do critério em razão do fim)".[86]

A ***razoabilidade***, como ensina Ávila, "estrutura a aplicação de outras normas" (princípios e regras), sobretudo das regras jurídicas, podendo ser utilizada em vários sentidos e em diversos contextos, entretanto podendo ser tipificada em três acepções principais: *i)* como *equidade,* o postulado da razoabilidade exige a harmonização do caso concreto à norma geral; *ii)* como *congruência,* "exige a harmonização das normas com suas condições externas de aplicação"; *iii)* como *equivalência,* exige que a relação entre a medida adotada e o critério que a dimensiona seja equivalente.[87]

A ***proporcionalidade***,[88] conforme explica Ávila, exige que sejam escolhidos meios adequados, necessários e proporcionais (em sentido estrito) para a promoção de seus fins. De modo que, "um meio é adequado se promove o fim", é necessário quando "dentre todos aqueles meios igualmente adequados para promover o fim, for o menos restritivo relativamente aos direitos fundamentais", e é proporcional, em *stricto sensu*, "se as vantagens que promove

---

85. Ibidem, p. 148.

86. Ibidem, p. 152.

87. Ibidem, p. 160.

88. Para um maior aprofundamento sobre a proporcionalidade na ótica de Humberto Ávila, ver: ÁVILA, Humberto. A distinção entre princípios e regras e a redefinição do dever de proporcionalidade. **Revista de Direito Administrativo.** Rio de Janeiro: Renovar, nº. 215, jan.-mar., 1999, p. 151-179.

superam as desvantagens que provoca". Ou seja, a aplicação do postulado da proporcionalidade consiste em uma relação de causalidade entre meio e fim, de modo que, "adotando-se o meio, promove-se o fim".[89]

Conforme observa Ávila, razoabilidade não se confunde com proporcionalidade, sobretudo em razão de o postulado da razoabilidade não se referir a uma relação de causalidade entre meio e fim, ao contrário do que ocorre com o postulado da proporcionalidade.[90]

Em arremate, deve-se dizer que Humberto Ávila apresenta-nos uma concepção inovadora da norma jurídica, especialmente no âmbito do ordenamento jurídico pátrio, de um lado, porque admite um processo de ponderação não só dos princípios, mas também das regras jurídicas, de outro lado, porque comporta uma terceira espécie normativa, os postulados jurídicos.

2. OS PRINCIPAIS CRITÉRIOS DE DIFERENCIAÇÃO ENTRE PRINCÍPIOS E REGRAS NO DIREITO CONTEMPORÂNEO

Após apresentarmos as concepções tradicionais e as "novas" (porém, já clássicas) dos princípios jurídicos, faz-se importante apresentar, resumidamente, quais os principais critérios de diferenciação entre regras e princípios nos atuais sistemas jurídicos dos Estados (Constitucionais) Democráticos de Direito.

Assim, partindo-se da compreensão de que o sistema jurídico, no paradigma do Estado Democrático de Direito, consiste num sistema normativo aberto composto por regras e princípios e tendo como base as compreensões novas e tradicionais da norma

89. ÁVILA, Humberto. **Teoria dos princípios:** da definição à aplicação dos princípios jurídicos. 11.ed. São Paulo: Malheiros, 2010, p. 161.

90. Para um aprofundamento da distinção, na ótica de Humberto Ávila, ver: ÁVILA, Humberto. **Teoria dos princípios:** da definição à aplicação dos princípios jurídicos. 11.ed. São Paulo: Malheiros, 2010, p. 161-162.

jurídica, J.J. Gomes Canotilho identifica os principais critérios de distinção entre as duas espécies normativas.[91]

Segundo explica Canotilho, são cinco os ***principais critérios de diferenciação*** entre regras e princípios apresentados pela doutrina.

i) ***Grau de abstração:*** com base neste critério, as regras são entendidas como as normas jurídicas que possuem baixo grau de abstração, por outro lado, os princípios são entendidos como as normas jurídicas que possuem um elevado grau de abstração;[92]

ii) ***Grau de determinabilidade na aplicação do caso concreto:*** através deste critério, entende-se que as regras consistem nas normas jurídicas que são suscetíveis de aplicação direta, mediante *subsunção*, enquanto os princípios, por serem semanticamente indeterminados e abertos, necessitam de interferências consolizadoras (do legislador, do magistrado, do intérprete);[93]

iii) ***Caráter de fundamentalidade no sistema das fontes do direito:*** conforme este critério, os princípios consistem nas "normas de natureza estruturante ou com um papel fundamental no ordenamento jurídico devido à sua posição hierárquica no sistema das fontes ou à sua importância estruturante dentro do sistema jurídico";

iv) ***Proximidade da ideia de direito:*** segundo este critério, as regras consistem nas "normas vinculativas com um conteúdo meramente funcional", enquanto os princípios consistem em "'standards' juridicamente vinculantes

91. CANOTILHO, José Joaquim Gomes. **Direito Constitucional e Teoria da Constituição.** 7.ed. Coimbra: Almedina, 2003, p. 1159.

92. Ibidem, p. 1160.

93. Ibidem, idem.

radicados nas exigências de 'justiça' (Dworkin) ou na 'ideia de direito' (Larenz)";[94]

v) ***Natureza normogenética:*** com base neste critério, os princípios consistem em "fundamento de regras, isto é, são normas que estão na base ou constituem a *ratio* de regras jurídicas, desempenhando, por isso, uma função normogenética fundamentante".[95]

Assim, segundo Canotilho, ***os princípios*** consistem em normas jurídicas que impõem uma otimização de seu conteúdo normativo, sendo possível sua realização em graus diferentes de concretização, em face das possibilidades fático-jurídicas de cada caso concreto, sendo sua convivência conflitual, isto é, existindo tensões entre os princípios do ordenamento jurídico sem que haja, contudo, a invalidade de um deles.[96] Ademais, "os princípios, ao constituírem *exigências de opmitização,* permitem o balanceamento de valores e interesses (não obedecem, como as regras, à <<lógica do tudo ou nada>>), consoante o seu peso e a ponderação de outros princípios eventualmente conflituantes; [...] em caso de *conflito entre princípios*, estes podem ser objecto de ponderação e de harmonização, pois eles contêm apenas <<exigências>> ou <<standards>>, que em <<primeira linha>> (*prima facie*), devem ser realizados [...] Realça-se também que os princípios suscitam problemas de *validade* e *peso* (importância, ponderação e valia)".[97]

Já ***as regras*** consistem em normas que preveem um conteúdo normativo imperativo que exige uma proibição, uma permissão ou uma obrigatoriedade, que é ou não é cumprido em sua totalidade, ou se cumpre todo o conteúdo normativo, ou não se cumpre nada, não podendo ser aplicadas em graus diferentes, sendo sua

94. Ibidem, idem.
95. Ibidem, p. 1161.
96. Ibidem, idem.
97. Ibidem, p. 1161-1162.

convivência antinômica, assim em um potencial conflito entre regras, uma excluirá a outra, invalidando-a.[98] Além disso, "as regras não deixam espaço para qualquer outra solução, pois se uma regra *vale* (tem validade) deve cumprir-se na exacta medida das suas prescrições, nem mais nem menos [...] as regras contêm <<fixações normativas>> *definitivas*, sendo insustentável a *validade* simultânea de regras contraditórias [...] as regras colocam apenas questões de *validade* (se elas não são correctas devem ser alteradas)".[99]

3. CLASSIFICAÇÃO DOS PRINCÍPIOS CONSTITUCIONAIS

Como visto nos tópicos anteriores, há no âmbito jurídico inúmeras concepções (aceitas, inclusive) do que sejam os princípios. Bem, e ***nesse sem número de possibilidades de compreender os princípios, o que se percebe é que muitas dessas compreensões têm uma razão de ser*** (seja entre as concepções "tradicionais" ou entre a(s) "nova(s)") ***e possuem uma relevância para a ciência jurídica.***

Assim, ***não se pode (ou ao menos não deve-se) monopolizar a compreensão do que sejam "princípios" para o direito***, pois, muitas vezes nos referimos a eles, querendo indicar sim uma norma jurídica aplicável; outras vezes nos referimos a eles querendo indicar os vetores hermenêuticos que orientaram o intérprete/aplicador do direito; outras vezes nos referimos querendo simplesmente indicar as bases normativas fundamentais (que podem ser regras ou princípios aplicáveis, segundo a(s) nova(s) concepções) que fundamentam e regulamentam um certo ramo jurídico, por exemplo, os princípios do direito penal, os princípios do direito ambiental, os princípios do direito processual civil etc.

O que é verdadeiramente importante em relação às concepções sobre os princípios é saber dissocia-las bem, é saber quando se está usando uma certa compreensão (e conhecer

98. Ibidem, p.1161.

99. Ibidem, p. 1161-1162.

as características dos princípios segundo essa compreensão) e quando se está usando outra, sem misturar concepções inconciliáveis criando confusões insuperáveis.

Nesse sentido, questiona José Adércio Leite Sampaio: "***Que sobra depois dessa análise terminológica toda? Ou confusão ou arbitrariedade.*** A diferenciação, a pretexto de precisar a linguagem, acaba por criar dificuldades em contrapeso ou como efeito colateral. Além da preocupação em distinguir o sentido do princípio, teremos que saber qual a sua natureza ou a classificação, o nome a ser atribuído em substituição, o que, como vemos, dá espaço a dissensos. ***Não há pecado capital em utilizar a palavra em diversos sentidos, desde que se saiba separá-los.***"[100]

Nessa perspectiva, cabe observar que as concepções de princípios de Ronald Dworkin e, sobretudo, de Robert Alexy vêm sendo cada vez mais incorporadas à doutrina e à jurisprudência brasileiras, contudo nem sempre com a precisão e coerência necessárias. ***Parece-nos que alguns doutrinadores e juristas (advogados, juízes, membros do Ministério Público etc.) de terrae brasilis, simplesmente, querem citar a compreensão dos mencionados autores para demonstrar que as conhecem e que as dominam, como se isso pudesse atestar certo nível de erudição, de inteligência ou de excelência.***

Bem, ocorre que a falta de seriedade científica acaba justamente conduzindo ao processo contrário e criando verdadeiras aberrações jurídicas,[101] de modo que alguns autores adotam as

---

100. SAMPAIO, José Adércio Leite. **Teoria da Constituição e dos Direitos Fundamentais.** Belo Horizonte: Del Rey, 2013, p. 371.

101. Nesse sentido, Virgílio Afonso da Silva, ao discorrer sobre as diferentes teorias da norma jurídica e, consequentemente, diferentes conceituações de princípios jurídicos, afirma que "essa diferença entre os conceitos de princípio tem consequências importantes na relação entre ambas as concepções. Tais consequências, no entanto, passam muitas vezes despercebidas, visto que é comum, em trabalhos sobre o tema, que se proceda, preliminarmente, à distinção entre princípios e regras com base nas teorias de Dworkin ou Alexy, ou em ambas, para que seja feita, logo em seguida,

compreensões dos princípios de Dworkin ou de Alexy, ou mesmo ambas (o que é pior ainda, vez que são inconciliáveis),[102] como base jurídica para a estruturação de seus trabalhos e, posteriormente, tipificam os princípios específicos da temática abordada com base nas concepções tradicionais.[103]

Talvez um dos exemplos mais comuns seja no âmbito do direito penal, em que alguns manuais trazem previamente uma estruturação normativa dos princípios na concepção de Dworkin e/ou de Alexy e, logo em seguida, iniciam uma tipificação dos

uma tipologia dos princípios constitucionais, nos moldes das concepções que chamei de tradicionais. Há, contudo, uma contradição nesse proceder. Muito do que as classificações tradicionais chamam de princípio deveria ser, se seguirmos a forma de distinção proposta por Alexy, chamado de regra. Assim falar em princípio do *nulla poena sine lege*, em princípio da legalidade, em princípio da anterioridade, entre outros, só faz sentido para as teorias tradicionais. Se se adotam os critérios propostos por Alexy, essas normas são regras, não princípios". SILVA, Virgílio Afonso da. Princípios e Regras: mitos e equívocos acerca de uma distinção. **Revista Latino-Americana de Estudos Constitucionais.** Belo Horizonte, n. 1, jan/jun, 2003, p. 613.

102. Adotar ambas as teorias da norma como plano de fundo de um mesmo trabalho é, no mínimo, incoerente, visto que existem diferenças significativas entre as duas teorias. Por exemplo, para Alexy, os princípios são princípios tão somente em razão de sua estrutura normativa. Já para Dworkin a fundamentalidade, isto é, a essencialidade da norma enquanto mandamento nuclear do sistema jurídico, é suficiente para qualificá-la como princípio. DOS SANTOS, Eduardo R. **O pós-positivismo jurídico e a normatividade dos princípios.** Belo Horizonte: D'plácido, 2014.

103. Nessa perspectiva, Virgílio Afonso da Silva aponta como exemplos, dentre outros: Walter Claudius Rothenburg, que em trabalho intitulado *princípios constitucionais*, promove a distinção entre regras e princípios segundo Alexy e, em contrapartida realiza uma classificação tradicional dos princípios segundo vários autores; e Ruy Samuel Espíndola, que em trabalho intitulado *conceito de princípios constitucionais*, realiza a distinção entre regras e princípios conforme Dworkin e Alexy e procede a classificação dos princípios conforme Canotilho. SILVA, Virgílio Afonso da. Princípios e Regras: mitos e equívocos acerca de uma distinção. **Revista Latino-Americana de Estudos Constitucionais.** Belo Horizonte, n. 1, jan/jun, 2003, p. 613.

princípios penais apontando, dentre outros, a legalidade e a anterioridade penal, que para Robert Alexy são claramente regras e não princípios.

Superadas (ou esclarecidas) essas questões terminológicas, pode-se, com base na doutrina,[104] apresentar uma ***classificação dos princípios jurídicos, numa perspectiva geral, dividindo-os em: estruturais, funcionais e positivos.***

Os princípios estruturais, também chamados de estruturantes ou princípios-construção, são aqueles que se destinam ao funcionamento do sistema jurídico em si, desde a sua existência até a sua fundamentação, organização e operacionalização. Como explica José Adércio Leite Sampaio, "são pressupostos, condições e meios operacionais do próprio sistema jurídico. Os pressupostos e condições são ficções, ideias ou qualidades, postos *a priori* ou fora da discussão, pela dogmática e pela prática jurídicas, para que o sistema jurídico exista como tal e atinja os seus objetivos ou, para atender a todos os gostos teóricos seu único fim. São condições de possibilidade, referidas tanto à existência do sistema (legalidade, legislador racional), quanto à sua organização (supremacia da Constituição, sistema de fontes do direito, rigidez constitucional, coerência sistêmica, vedação de escusa de desconhecimento da lei). Esses princípios são cumulativos: existem em associações, sem exclusão recíproca. Podem ser, entretanto, positivados em alguns sistemas. É o caso, no Brasil, da legalidade geral ou negativa (art. 5º, II), da supremacia constitucional (arts. 97, 102, I, *a*, III, *b* e *c*) e da proibição de escusa de conhecimento da lei (art. 3º, LICC)".[105]

Já ***os princípios funcionais, também denominados de instrumentais ou operacionais, são aqueles que se destinam a operacionalização da hermenêutica jurídica, seja orientando e/***

104. Adotando-se aqui a classificação apresentada por: SAMPAIO, José Adércio Leite. **Teoria da Constituição e dos Direitos Fundamentais.** Belo Horizonte: Del Rey, 2013, p. 371 e ss.

105. Ibidem, p. 371-372.

ou regulando o processo de interpretação e aplicação do direito, seja orientando e/ou regulando a resolução dos conflitos normativos do sistema jurídico, ou ainda orientando a integração das lacunas do ordenamento jurídico. São os princípios que orientam a intepretação/aplicação do direito, como, por exemplo, o da interpretação conforme à Constituição, ou os que regulamentam a interpretação/aplicação do direito, que neste caso se confundem com os métodos da interpretação jurídica, que estabelecem as normas fundamentais que o intérprete/aplicador deve seguir para interpretar os dispositivos normativos e aplicar as normas, como, por exemplo, os métodos literal, teleológico, sistemático, hermenêutico-concretizador etc. São, também, os princípios que orientam e/ou regulamentam a resolução das antinomias do ordenamento jurídico, como os da razoabilidade e da proporcionalidade, bem como os clássicos da hierarquia (norma superior revoga norma inferior), da especialidade (norma especial revoga norma geral)[106] e da temporalidade (norma posterior revoga norma anterior). Ademais, são os princípios que orientam a integração das lacunas do sistema jurídico, como, por exemplo, os princípios gerais do direito e os costumes jurídicos.[107]

Por sua vez, ***os princípios positivos são aqueles que preveem comandos e/ou estabelecem conteúdo de natureza deontológica, aproximando-se do clássico conceito de normas, estando, primariamente, previstos na Constituição (mas não só!) e dividindo-se em fundamentais, formais e materiais.*** *Os fundamentais* consagram as decisões políticas fundamentais e a ideologia adotas pelo sistema jurídico. No âmbito de nossa ordem jurídica, basicamente estão previstos no Título I, da Constituição da República Federativa do Brasil de 1988, como, por exemplo, os princípios

106. Em que pese no caso da especialidade não haja revogação, mas apenas a impossibilidade de se aplicar a regra geral à situação especial, vez que a norma geral pode continuar sendo vigente para os casos que não possuem norma específica.

107. SAMPAIO, José Adércio Leite. **Teoria da Constituição e dos Direitos Fundamentais.** Belo Horizonte: Del Rey, 2013, p. 372.

republicano, democrático, do Estado de direito, presidencialista, federalista, de cidadania, da soberania, da dignidade da pessoa humana, dos valores sociais do trabalho, da livre iniciativa, do pluralismo político, da soberania popular, bem como aqueles que regem o Brasil em suas relações externas, dentre outros. *Os princípios formais* são aqueles que versam sobre a organização do Estado e dos poderes e sobre os fins e programas estatais. Por fim, *os princípios materiais* são os que versam predominantemente sobre direitos e garantias, especialmente aqueles que preveem direitos e garantias fundamentais (constitucionais).[108]

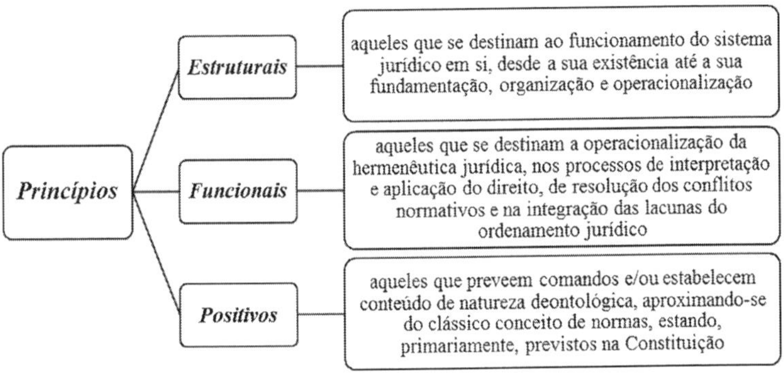

Por fim, após demonstrarmos a classificação dos princípios jurídicos, num sentido geral, apresentar-se-á, especificamente, a classificação dos princípios constitucionais, tendo como base a consagrada taxonomia idealizada por J.J. Gomes Canotilho.[109]

Segundo o professor português, ***os princípios constitucionais podem ser classificados em quatro espécies: princípios jurídicos fundamentais, princípios políticos constitucionalmente conformadores, princípios constitucionais impositivos e princípios-garantia.***

108. Ibidem, p. 372-373.

109. CANOTILHO, José Joaquim Gomes. **Direito Constitucional e Teoria da Constituição.** 7.ed. Coimbra: Almedina, 2003, p. 1164 e ss.

Resumidamente, como explica Canotilho, os ***princípios jurídicos fundamentais*** (Rechtsgrundsätze) são aqueles "historicamente objectivados e progressivamente introduzidos na consciência jurídica e que encontram uma recepção expressa ou implícita no texto constitucional. Pertencem à ordem jurídica positiva e constituem um importante fundamento para a interpretação, integração, conhecimento e aplicação do direito positivo".[110] Já os ***princípios políticos constitucionalmente conformadores*** são os "que explicitam as valorações políticas fundamentais do legislador constituinte. Nestes princípios se condensam as opções políticas nucleares e se reflecte a ideologia inspiradora da constituição".[111] Por sua vez, os ***princípios constitucionais impositivos*** são aqueles que "impõem aos órgãos do Estado, sobretudo ao legislador, a realização de fins e a execução de tarefas. São, portanto, princípios dinâmicos, prospectivamente orientados".[112] Por fim, os ***princípios-garantia*** são aqueles que "visam instituir directa e imediatamente uma *garantia* dos cidadãos. É-lhes atribuída uma densidade de autêntica norma jurídica a uma força determinante, positiva e negativa".[113] Ora, os princípios processuais constitucionais materializam-se, justamente, nesta última espécie de princípios constitucionais: os princípios-garantia, pois asseguram ao cidadão uma garantia (ou ainda, um direito-garantia) de ordem processual.

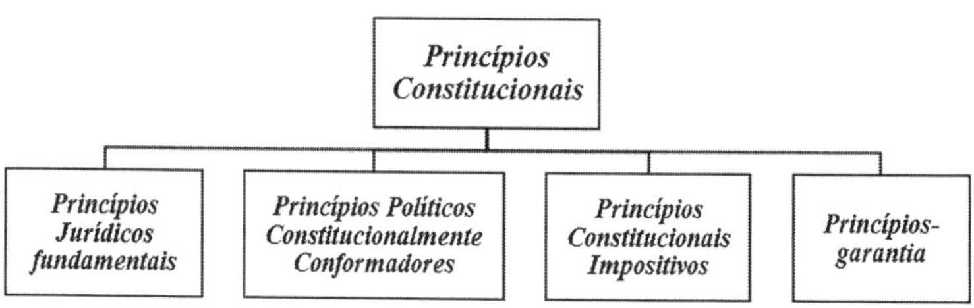

110. Ibidem, p. 1165.

111. Ibidem, p. 1166.

112. Ibidem, p. 1166-1167.

113. Ibidem, p. 1167.

4. AS PRINCIPAIS FUNÇÕES DOS PRINCÍPIOS NO SISTEMA JURÍDICO

Os princípios jurídicos, como vimos, são normas jurídicas. Essa é, sem dúvida alguma, a principal característica deles, afinal, o fato de serem normas jurídicas, os insere de forma deontológica no sistema jurídico, o que significa dizer que os princípios são mandamentos e possuem determinações de dever-ser jurídico (criam obrigações, proibições e permissões).[114]

Os princípios, enquanto normas jurídicas, respeitadas suas características e natureza, irão cumprir importantes funções no ordenamento jurídico, destacando-se, especialmente, três: a) norma fundamental; b) norma hermenêutica; e c) norma aplicável.

a) Princípios como normas fundamentais: os princípios consagram as bases do sistema jurídico, estabelecendo os fundamentos jurídicos e axiológicos da ordem jurídica, estruturando-a e organizando-a. Ademais, por ser a Constituição uma norma principiológica, os princípios constitucionais estabelecem os fundamentos de validade do próprio sistema jurídico.[115]

b) Princípios como normas hermenêuticas: os princípios atuam em todas as quatro funções hermenêuticas: ***i) na interpretação*** estabelecem os vetores interpretativos a guiarem o intérprete da norma, como, por exemplo, o princípio da interpretação conforme à Constituição; ***ii) na aplicação*** determinam a eficácia, a aplicabilidade, os efeitos e o modo como o aplicador deve implementar a norma, como, por exemplo, o princípio da aplicação imediata dos direitos fundamentais (art. 5º, § 1º, CF/88); ***iii) na integração*** das lacunas do ordenamento jurídico consistem em forma de integração clássica consagrada na LINDB art. 4º – princípios gerais do direito) e, no âmbito do direito constitucional, em que pese posição minoritária de que os princípios constitucionais são formas de integração

114. DOS SANTOS, Eduardo R. O pós-positivismo jurídico e a normatividade dos princípios. Belo Horizonte: D'plácido, 2014.

115. Ibidem, idem.

das lacunas constitucionais, a doutrina majoritária sequer adota o discurso de que haveriam lacunas jurídicas na Constituição, vez que os princípios constitucionais devem solucionar os problemas surgidos, tutelando as situações não regulamentadas diretamente por regras jurídicas;[116] ***iv) na construção*** consistem nas fontes normativo-axiológicas das quais e paras as quais serão construídos e/ou reconhecidos os "novos" direitos,[117] dentro de uma perspectiva de integridade e coerência do sistema constitucional.

c) Princípios como normas aplicáveis: os princípios, conforme consagrado na teoria e na jurisprudência do direito constitucional contemporâneo, são normas jurídicas aplicáveis, isto é, podem ser utilizados para resolver casos concretos, seja de forma cumulada com as regras (reforçando-as, por exemplo), seja para até mesmo afastar a aplicação de uma determinada regra em um determinado caso concreto (quando a aplicação da regra for na contramão dos objetivos do sistema jurídico comprometendo a justeza e a integridade do direito, por exemplo), seja para resolver um caso concreto para o qual não se encontre regras aplicáveis (como na decisão proferida pelo STF no caso do reconhecimento da União Homoafetiva, por exemplo).[118]

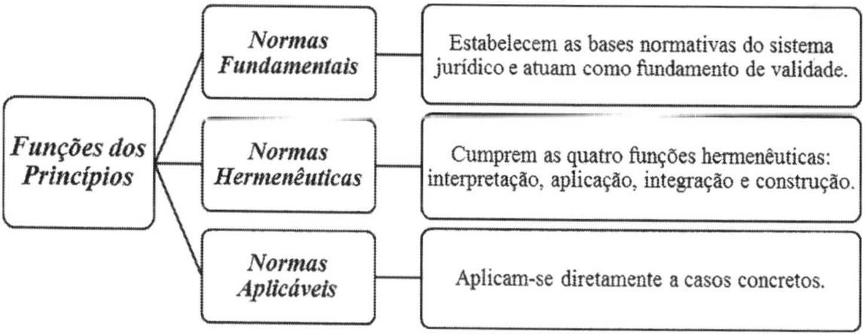

116. NOVELINO, Marcelo. Curso de Direito Constitucional. 13.ed. Salvador: Juspodivm, 2018, p. 188.

117. DOS SANTOS, Eduardo R. Direitos Fundamentais Atípicos. Salvador: Juspodivm, 2017.

118. DOS SANTOS, Eduardo R. O pós-positivismo jurídico e a normatividade dos princípios. Belo Horizonte: D'plácido, 2014.

5. O PAMPRINCIPIOLOGISMO

O sistema jurídico contemporâneo, especialmente a partir das lições de Habermas e Dworkin, é compreendido como um sistema aberto de regras e princípios. Ocorre que, especialmente após os ***movimentos neoconstitucionalistas***, o papel dos princípios jurídicos foi redimensionado ampliando-se para além daquilo que eles deveriam cumprir, ***reforçando um ativismo judicial***, no qual ***tudo se justifica com base em um princípio*** qualquer e, caso não haja um princípio que possa justificar o decisionismo infundado de alguns magistrados, cria-se um a canetadas. Nesse cenário, ***Lenio Streck*** irá identificar aquilo que definiu como pamprincipiologismo.[119]

Nas palavras do autor, "no Brasil, a concepção de princípios como abertura interpretativa passou a representar um modo de justificar o voluntarismo judicial a partir de um critério 'jurídico' que permitiria certa liberdade aplicativa. Ocorre que, no fundo, a mera atribuição do nome 'princípio' a algo apenas serviu para garantir aparência de juridicidade, constituindo um verdadeiro ***álibi retórico***. O grande problema é que ***a comunidade jurídica passou cada vez mais a lançar mão do nome 'princípio' para justificar decisões discricionárias***. Isso provocou uma fragmentação na aplicação judiciária, o que me fez cunhar a expressão ***pamprincipiologismo*** para designar esse fenômeno, que se transformou em uma verdadeira fábrica de princípios".[120]

O que muitas vezes não percebemos é que ***dizer que "algo" é um princípio jurídico, é dizer que esse "algo" é uma norma jurídica, que impõe mandamentos de dever-ser***. Nada obstante, nem todo conceito, critério, instituto, instituição, conceito, elemento, requisito etc. utilizados pelo direito, especialmente em decisões

119. STRECK, Lenio Luiz. Compreender o Direito: desvelando as obviedades do discurso jurídico. São Paulo: RT, 2013, p. 19 e ss.

120. STRECK, Lenio Luiz. Dicionário de hermenêutica. Belo Horizonte: Casa do Direito, 2017, p. 150.

judiciais, são dotados de caráter normativo, não podendo ser considerados nem regras nem princípios jurídicos, até porque é da natureza da Constituição, enquanto sistema jurídico aberto, comunicar-se com outros sistemas das ciências de um modo geral, como aqueles referentes à medicina, à família, à economia etc., contudo, isso por si só, não confere normatividade a esses conceitos, institutos etc.

Como bem observa Lenio Streck, ***os princípios possuem densidade deontológica*** e, portanto, "***não podem ser criados ad hoc, sem vínculos históricos***, pois não são passíveis de um controle intersubjetivo de seus sentidos juridicamente possíveis. Basta ver, para tanto, a algaravia gerada pelo pamprincipiologismo, em que princípios são inventados pela doutrina, jurisprudência ou pelo legislativo, sem haver, no entanto, nenhuma preocupação com a sua imperatividade e sua legitimidade".[121]

Ocorre que, no Brasil, para justificar decisões sem fundamentos, afastadas do direito positivo e decidirem conforme suas consciências e não conforme o direito (como deveria ser), ***alguns magistrados apoiam-se num sem número de princípios que nada têm de normatividade, fundamentando-se em teorias que sequer dominam*** (especialmente, na de Alexy), dando decisões sem fundamento jurídico, ou reforçadas por fundamentos não jurídicos chamados de jurídicos (de princípio), e, muitas vezes, de forma contrária ao texto constitucional.[122]

Por fim, é importante dizer que a culpa da banalização dos princípios jurídicos, obviamente, não deve ser atribuída exclusivamente aos magistrados, em que pese sempre lembrados pelo fato de suas decisões produzirem efeitos concretos na vida das pessoas e por serem incumbidos da interpretação e aplicação do ordenamento jurídico nos casos concretos. Aqui, é preciso registrar que, ***o fenômeno do pamprincipiologismo e a banalização***

121. Ibidem, p. 243.

122. STRECK, Lenio Luiz. Verdade e Consenso. 4.ed. São Paulo: Saraiva, 2011, p. 517 e ss.

dos princípios jurídicos decorre, em primeiro lugar, ***do invencionismo sem critérios de parte da doutrina brasileira***, ***do "jusesperneande" de muitos advogados e promotores*** que sem fundamentos jurídicos sólidos, inventam argumentos rasos justificados por direitos inexistentes sem quaisquer vínculos normativos e sem se preocupar com a coerência e a integridade da ordem jurídica, e, por fim, ***dos magistrados que ratificam, ampliam, implementam e aplicam esses "princípios" que de deontológicos nada têm***, rompendo com a integridade e a coerência do sistema.

Capítulo

IV

PRINCÍPIOS PROCESSUAIS CONSTITUCIONAIS

Como constatamos, o modelo constitucional de processo, enquanto modelo processual democrático construído à luz do paradigma do Estado Constitucional Democrático de Direito, estrutura-se a partir de princípios processuais previstos na Carta Magna. Isso decorre da própria essência da Constituição, enquanto documento político-jurídico fundamental, que, dentre outras coisas, estabelece as normas que devem fundamentar e delinear o sistema jurídico infraconstitucional.

Assim, após estudarmos a significância dos princípios (especialmente dos princípios constitucionais) para o sistema jurídico, faremos agora uma análise específica dos princípios processuais constitucionais à luz do modelo constitucional de processo do Estado Democrático de Direito brasileiro.

Advirta-se: quando no referimos aos princípios processuais constitucionais, queremos indicar as normas de direitos e garantias fundamentais que regem e fundamentam o modelo (único) constitucional de processo brasileiro, podendo, segundo a(s) nova(s) concepções dos princípios jurídicos, tratar-se de princípios ou regras jurídicas aplicáveis (imediatamente aplicáveis, conforme determina o § 1º, do art. 5º, da CF/88), a depender do referencial teórico que se utilize para analisá-las.

1. DEVIDO PROCESSO LEGAL

O princípio constitucional do devido processo legal, ou *due process of law* no original em inglês, também conhecido pela doutrina processual contemporânea como o princípio dos princípios processuais, por englobar os demais princípios processuais, é, sem dúvidas, uma das normas mais importantes a reger o direito processual.

Sua origem data da Magna Carta de 1215, apesar de alguns poucos doutrinadores defenderem que o *due process of law* possa ser encontrado em escritos do século IV e V a.C., inclusive nas obras de Platão e Aristóteles,[1] uma visão um tanto quanto distorcida e amplificada demais, em face da real magnitude deste princípio, tal como edificado na Carta Inglesa do século XIII e sedimentado no pensamento jurídico moderno.[2]

A *Magna Carta*, assinada pelo Rei João Sem-Terra, em 15 de junho de 1215, na Inglaterra, perante a nobreza inglesa e o alto clero, fora redigida originalmente em latim bárbaro, apesar de se tratar de um documento de origem inglesa, sob a titulação de *Magna Carta Libertatum seu Concordiam inter regem Johannem et Barones pro concessione libertatum ecclesiae et regni Angliae.*[3]

Sua inserção no direito medieval inglês tem origem nos conflitos entre a realeza e a nobreza a desígnio dos privilégios feudais e da centralização do poder, majorados consideravelmente

1. BERARDI, Luciana Andrea Accorsi. Interpretação Constitucional e o princípio do devido processo legal. **Revista de Direito Constitucional e Internacional.** São Paulo, n. 54, p. 210-275, jan/mar, 2006.

2. Defendendo a origem do devido processo legal na Magna Carta de 1215, na linha da doutrina majoritária, dentre outros: CASTRO, Carlos Roberto Siqueira. **O devido processo legal e os princípios da razoabilidade e da proporcionalidade.** 5.ed. Rio de Janeiro: Forense, 2010; LIMA, Maria Rosynete Oliveira. **Devido Processo Legal.** Porto alegre: Sérgio Antonio Fabris Editor, 1999.

3. Carta Magna das Liberdades ou Concórdia entre o Rei João e os Barões para a outorga das liberdades da igreja e do reino inglês (tradução livre).

desde os primórdios do séc. XI, com a invasão de Guilherme, o "Conquistador".[4] Contudo, a partir do reinado de João Sem-Terra, a supremacia do poder do rei sobre os barões feudais ingleses se enfraqueceu, em face de uma disputa pelo trono entre o monarca inglês e um adversário e, também, em razão de um ataque francês vitorioso contra a Normandia, ducado que pertencia ao Rei João por herança dinástica (família Plantagenet). Por conta destes acontecimentos o rei João teve de aumentar consideravelmente as exações fiscais em desfavor dos barões feudais para financiar suas campanhas de guerra. Em contrapartida, para atenderem as exigências fiscais da realeza, os nobres passaram a exigir periodicamente o reconhecimento expresso de alguns direitos. Além disso, concomitantemente, João Sem-Terra entrou em discórdia com o papado, num primeiro momento, apoiando seu sobrinho, o Imperador Óton IV, num conflito contra o rei francês, posteriormente, recusando-se a aceitar a designação papal de Stephen Langton para cardeal de Canterbury, vindo, assim, a ser excomungado pelo papa Inocêncio III.

Em 1213, em razão da pressão do clero e da carência de recursos financeiros, João Sem-Terra sucumbiu-se a Igreja declarando a Inglaterra feudo de Roma, obtendo, assim, o levantamento de sua excomunhão. Já em 1215, em face de uma revolta armada dos barões feudais, que, inclusive, ocuparam a cidade de Londres, o rei João teve de assinar a *Magna Carta* para que os atos de resistência e revolta fossem interrompidos. Curiosamente, o documento foi entregue ao rei João para assinatura pelo cardeal Stephen Langton, cuja nomeação ele se recusara a aceitar anos antes e que resultara na sua excomunhão. Contudo, após assinar a *Magna Carta*, João Sem-Terra imediatamente recorreu ao papa para que declarasse a nulidade do documento, vez que sua assinatura se deu mediante coação e sem a devida anuência papal. Na época, o papa Inocêncio III declarou nula a carta de direitos,

4. CASTRO, Carlos Roberto Siqueira. **O devido processo legal e os princípios da razoabilidade e da proporcionalidade.** 5.ed. Rio de Janeiro: Forense, 2010.

entretanto, ela foi confirmada, com poucas alterações, por sete sucessores do trono inglês.

A *Magna Carta* talvez seja o primeiro documento formal a reconhecer direitos aos homens, por óbvio que os direitos reconhecidos, o foram apenas a alguns homens, isto é, aos nobres e aos clérigos. Contudo ela pode ser considerada o ponto de partida para o moderno sistema de direitos e garantias dos homens (direitos humanos internacionais e direitos fundamentais constitucionais) que se tem hoje, vez que ela limita o poder do rei a certas liberdades e direitos dos cidadãos (membros da nobreza e do clero). "A *Magna Carta* deixa implícito pela primeira vez, na história política medieval, que o rei achava-se naturalmente vinculado pelas próprias leis que edita".[5]

Nesse contexto, pela primeira vez, o devido processo legal foi expressamente assegurado em um documento de natureza jurídica. Anote-se que, na Magna Carta, ainda não recebera a designação de *due process of law*, mas sim de *law of the land*, sendo que, nos primeiros séculos após a outorga da Magna Carta, "as expressões *law of the land*, *due course of law* e a *due process of law*, que acabou se consagrando, eram tratadas indistintamente pela mentalidade jurídica então vigorante", designando o mesmo conteúdo normativo.[6] Assim, conforme prevê a Magna Carta:

> *Art. 39. No free man shall be seized or imprisoned, or stripped of his rights or possessions, or outlawed or exiled, or deprived of his standing in any other way, nor will we proceed with force against hi, or send others to do so, except by the lawful judgment of his equals or by the law of the land.*[7]

---

5. COMPARATO, Fábio Konder. **A Afirmação Histórica dos Direitos Humanos.** 7. ed. São Paulo: Saraiva, 2010, p. 91-92.

6. CASTRO, Carlos Roberto Siqueira. **O devido processo legal e os princípios da razoabilidade e da proporcionalidade.** 5.ed. Rio de Janeiro: Forense, 2010, p. 7-8.

7. Em português: Nenhum homem livre será detido ou sujeito a prisão, ou privado dos seus bens, ou colocado fora da lei ou exilado, ou de qualquer

No original em latim:

> *Art. 39. Nullus liber homo capiatur, vel impresonetur, aut disseisetur de libero tenemento, vel libertatibus, vel liberis consuetudinibus suis, aut utlagetur, aut exuletur, aut aliquo modo destruatur, nec super eum ibimus, nec super eum mittemus, nisi per legale judicium parium suorum, vel per legem terrae.*

No âmbito do direito inglês, registre-se, ainda, que o *Statute of Westminster of the Liberties of London,* editado pelo Parlamento inglês, em 1354, foi o primeiro documento a substituir o termo *per legem terrae* por *due process of law.* Ademais, registre-se, também, que a *Petition of Rights,* de 1628, editada pela Câmara dos Comuns, dispõe de modo emblemático que: "*that freeman be imprisioned or detained only bay the law of the land, or by due process of law, and not by the king´s special command without any charge*".[8]

O devido processo legal, como explica Carlos Roberto Siqueira Castro, pelo fenômeno da recepção, "ingressou desde o primeiro instante nas colônias inglesas da América do Norte (a Nova Inglaterra)".[9] Entretanto, o princípio do devido processo legal só foi positivado na Constituição dos Estados Unidos com a 5ª e a 14ª Emendas, apesar de já compor o ordenamento jurídico constitucional estadunidense de forma tácita, podendo ser encontrado, também, em várias declarações de direito das antigas colônias inglesas, tais como a Declaração dos Direitos da Virgínia, de 16 de agosto de 1776; a Declaração de Delaware, de 2 de

modo molestado e nós não procederemos ou mandaremos proceder contra ele, senão mediante um julgamento regular pelos seus pares e de harmonia com as leis do país (tradução livre).

8. Em Português: o homem livre somente pode ser aprisionado ou detido pela lei da terra, ou pelo devido processo legal, e não pela ordem especial do Rei sem qualquer acusação (tradução livre).

9. CASTRO, Carlos Roberto Siqueira. **O devido processo legal e os princípios da razoabilidade e da proporcionalidade.** 5.ed. Rio de Janeiro: Forense, 2010, p. 8.

setembro de 1776; a Declaração de Direitos de Maryland, de 3 de novembro de 1776, dentre outras.[10]

Até antes do advento das 5ª e 14ª Emendas e, sobretudo, do início da jurisdição constitucional estadunidense com o caso *Marbury versus Madison*, o devido processo legal era entendido sob uma ótica meramente processualística, que implicava na observância do procedimento legalmente estabelecido para que o cidadão pudesse ser privado de sua vida, liberdade ou propriedade.[11] Entretanto, com o advento das revoluções burguesas, das cartas de direitos da modernidade e, sobretudo, do *judicial review* estadunidense, o devido processo legal passou a ser visto também em sentido substantivo,[12] isto é, sob uma ótica material, de conteúdo garantista, limitando a ação estatal no campo de todos os poderes (Judiciário, Executivo e Legislativo) e garantindo um processo não só legal, mas também justo e adequado.[13]

Nesse sentido, como explica Canotilho, "o processo devido deve ser materialmente informado pelos princípios da justiça", tanto no campo jurídico-processual como no campo normativo-legislativo, de modo que a legislação deve ser produzida de maneira justa visando atingir um processo justo de acordo com a ordem constitucional vigente, cabendo às Cortes Constitucionais o dever de rever aquelas leis que não estiverem de acordo com a

10. Ibidem, p. 9.

11. DOS SANTOS, Eduardo R. O contraditório e a ampla defesa no processo civil à luz do modelo constitucional do processo enquanto "instrumento garantidor de Justiça". **Boletim Conteúdo Jurídico.** Brasília, n. 140, 03 mai. 2011. Disponível em: <http://www.conteudojuridico.com.br/?artigos&ver=2.31967> Acesso em 23 de novembro de 2015.

12. Conforme Roberto Rosas, o "devido processo legal substantivo representa limite ao Poder Legislativo, isto é, as leis devem ser elaboradas com justiça e racionalidade". ROSAS, Roberto. Devido processo legal e abuso de poder. **Revista Latino-Americana de Estudos Constitucionais.** Belo Horizonte, n. 7, p. 173-178, jan/jun, 2006, p. 177.

13. CANOTILHO, José Joaquim Gomes. **Direito Constitucional e Teoria da Constituição.** 7.ed. Coimbra: Almedina, 2003.

Constituição e seus princípios (compatibilidade vertical de normas), dentre eles o devido processo legal, que, dentre outras coisas, impede o Legislativo de criar leis que disponham arbitrariamente dos direitos à vida, à liberdade, à propriedade ou de qualquer outro direito fundamental da pessoa humana.[14]

A partir de uma ótica evolutiva, tem-se que o princípio do devido processo legal inicialmente estava ligado somente ao processo penal, entretanto pouco demorou a se estender ao processo civil e, posteriormente, ao processo administrativo, de modo que o *due process of law* passou a regulamentar tanto as relações privadas, como as públicas. Deste modo, como observa Siqueira Castro, o devido processo legal tornou-se um dos princípios mais importantes de toda a doutrina processual, não podendo ser visto somente como um procedimento ou a observância dele, mas exigindo ser compreendido como "um autêntico 'processo'" com todas as suas garantias.[15]

A atual Constituição da República Federativa do Brasil consagra princípio do devido processo legal em seu art. 5º, inciso LIV, com redação nitidamente inspirada na Magna Carta inglesa de 1215, dispondo que *"ninguém será privado da liberdade ou de seus bens sem o devido processo legal"*.

O conteúdo e a abrangência do *due process of law* naturalmente não podem ser limitados, sob pena de se "engessar" uma garantia que historicamente sempre esteve aberta a recepcionar novos conteúdos normativos que fossem necessários a construção de um processo justo. Assim, qualquer conceituação, apresentação de conteúdo e/ou abrangência do devido processo legal deve ser feita tendo-se em mente que se trata de uma norma jurídica fundamental aberta, que não se esgota naquele conceito ou naqueles conteúdos apresentados (que devem ser entendidos como

---

14. Ibidem, p. 494.

15. CASTRO, Carlos Roberto Siqueira. **O devido processo legal e os princípios da razoabilidade e da proporcionalidade.** 5.ed. Rio de Janeiro: Forense, 2010, p. 32.

exemplificativos). Nesse sentido, há muito já afirmara o Juiz Felix Frankfurter da Suprema Corte estadunidense, que o "*due process* não pode ser aprisionado dentro dos traiçoeiros lindes de uma fórmula... *due process* é produto da história, da razão, do fluxo das decisões passadas e da inabalável confiança na força da fé democrática que professamos. *Due process* não é um instrumento mecânico. Não é um padrão. É um processo".[16]

Nada obstante, à luz do modelo constitucional de processo brasileiro, parece-nos ser possível apresentar uma conceituação que englobe o conteúdo normativo mais essencial do devido processo legal, conforme previsto em nossa Constituição. Assim, pode-se afirmar que o devido processo legal possui uma alta abrangência axiológica, englobando os demais princípios processuais constantes na Carta Maior, implícitos ou expressos, tais como o contraditório, a ampla defesa, o acesso à justiça, o duplo grau de jurisdição, a publicidade, a motivação, o juiz natural, a inadmissibilidade das provas ilícitas a duração razoável do processo, a eficiência processual, dentre vários outros, fazendo-se guiar pela razoabilidade e pela proporcionalidade, buscando decisões pautadas na justiça e na equidade, respeitando e fazendo respeitar os direitos e garantias fundamentais estabelecidos pela própria Constituição e vinculando os sujeitos processuais à lei processual e, assim, coibindo os abusos, os ativismos e a deslealdade processual inconcebíveis em um Estado Democrático de Direito.[17]

Do conceito apresentado, percebe-se que o conteúdo e abrangência do devido processo legal, encontram-se, sobretudo, nas garantias processuais fundamentais consagradas pela Constituição e que são englobadas pelo *due process of law*, bem como na exigência

---

16. Ibidem, p. 45.

17. DOS SANTOS, Eduardo R. O contraditório e a ampla defesa no processo civil à luz do modelo constitucional do processo enquanto "instrumento garantidor de Justiça". **Boletim Conteúdo Jurídico.** Brasília, n. 140, 03 mai. 2011. Disponível em: <http://www.conteudojuridico.com.br/?artigos&ver=2.31967> Acesso em 23 de novembro de 2015.

de um procedimento legal prévio que assegure essas garantias ao longo do processo, tratando-se, portanto, genuinamente, de um devido processo constitucional,[18] vez que essas garantias fundamentais estão previstas no âmbito de nossa Constituição, impondo-se e vinculando a legislação processual. Ademais, o devido processo exige que esse procedimento legalmente instituído respeite a lógica democrática do processo, assegurando a isonomia entre os sujeitos processuais numa perspectiva policêntrica e comparticipativa.

Nesse sentido, ***o Código de Processo Civil de 2015*** é, sem dúvidas, um documento ímpar na história de nosso direito processual, assegurando a observância do devido processo legal (constitucional) substantivo e procedimental como nenhum outro diploma normativo o fez, prevendo e regulamentando as garantias jusfundamentais processuais da Constituição, bem como aquelas necessárias ao desenvolvimento democrático e justo do processo, sendo expressamente mencionado pelos arts. 26, I, e 36, *caput*, do CPC/2015, além de estar no coração do modelo constitucional de processo, reconhecido pelo art. 1º do novel diploma processual.

Por fim, é de suma importância destacarmos os seguintes ***posicionamentos*** de nossos ***tribunais superiores*** em relação à interpretação e à aplicabilidade do ***princípio do devido processo legal:***

✓ Segundo o STF, o exame da garantia constitucional do *due process of law* permite nela identificar, em seu conteúdo material, alguns elementos essenciais à sua própria configuração, dentre os quais avultam, por sua inquestionável importância, as seguintes prerrogativas: (a) direito ao processo (garantia de acesso ao Poder Judiciário); (b) direito à citação e ao conhecimento prévio do

18. CÂMARA, Alexandre Freitas. Dimensão processual do princípio do devido processo constitucional. In: DIDIER JR., Fredie (coord.). **Novo CPC Doutrina Selecionada:** parte geral. Salvador: Juspodivm, 2015. v.1, p. 245 e ss.

teor da acusação; (c) direito a um julgamento público e célere, sem dilações indevidas; (d) direito ao contraditório e à plenitude de defesa (direito à autodefesa e à defesa técnica); (e) direito de não ser processado e julgado com base em leis ex post facto; (f) direito à igualdade entre as partes; (g) direito de não ser processado com fundamento em provas revestidas de ilicitude; (h) direito ao benefício da gratuidade; (i) direito à observância do princípio do juiz natural; (j) direito ao silêncio (privilégio contra a autoincriminação); e (l) direito à prova, valendo referir, a respeito dos postulados que regem o processo administrativo em geral.[19]

✓ Segundo o STF, o devido processo legal, bem como as garantias inerentes a ele, deve ser observado no âmbito das relações privadas (eficácia horizontal dos direitos fundamentais). No caso concreto, o Supremo reconheceu que a exclusão de sócio ou associado de entidade privada precisa respeitar o devido processo legal e as garantias que lhe são inerentes.[20]

✓ Segundo o STF, o cancelamento de matrícula no ensino superior sem observância do devido processo legal é inconstitucional.[21]

✓ Segundo o STF, o devido processo legal, bem como as garantias inerentes a ele, deve ser observado no procedimento de *impeachment*.[22]

✓ Segundo o STF, é inconstitucional, sob o ângulo da liberdade fundamental do exercício da profissão e do devido processo legal, preceito normativo a versar previsão

19. STF, MS 34.180 MC, Rel. Min. Celso de Mello.

20. STF, RE 201.819, Rel. Min. Ellen Gracia, Rel. p/ o acórdão Min. Gilmar Mendes.

21. STF, RE 781.794-AgR, Rel. Min. Luiz Fux.

22. STF, ADPF 378-MC, Rel. p/ o acórdão Min. Roberto Barroso.

de cancelamento automático do registro em conselho profissional, ante a inadimplência da anuidade, ausente prévia oitiva do associado.[23]

- ✓ Segundo o STF, a suspensão de pensão concedida com base em lei de anistia por presunção de ilegalidade, sem prévio exame do ato de concessão ofende o princípio do devido processo legal.[24]
- ✓ Segundo o STF, é necessária a observância do devido processo legal para a anulação de ato administrativo que tenha repercutido no campo de interesses individuais.[25]
- ✓ Segundo o STF, o servidor público ocupante de cargo efetivo, ainda que em estágio probatório, não pode ser exonerado *ad nutum*, com base em decreto que declara a desnecessidade do cargo, sob pena de ofensa à garantia do devido processo legal.[26]
- ✓ Segundo o STF, impõe-se, ao Judiciário, o dever de assegurar, mesmo ao réu estrangeiro sem domicílio no Brasil, os direitos básicos que resultam do postulado do devido processo legal.[27]
- ✓ O STF entende que não deve autorizar a extradição, se se demonstrar que o ordenamento jurídico do Estado estrangeiro que a requer não se revela capaz de assegurar, aos réus, em juízo criminal, os direitos básicos que resultam do postulado do *due process of law*.[28]
- ✓ Segundo o STF, postulado constitucional do *due process of law*, em sua destinação jurídica, também está vocacionado à proteção da propriedade, devendo a União,

23. STF, RE 808.424, Rel. Min. Marco Aurélio.
24. STF, MS 30.799, Rel. Min. Cármen Lúcia.
25. STF, RE 501.869-AgR, Rel. Min. Eros Grau.
26. STF, RE 378.041, Rel. Min. Ayres Britto.
27. STF, HC 94.016, Rel. Min. Celso de Mello.
28. STF, Ext 897, Rel. Min. Celso de Mello.

mesmo tratando-se de execução e implementação do programa de reforma agrária, respeitar, no desempenho de sua atividade de expropriação, os princípios constitucionais e os procedimentos legais que, em tema de propriedade, protegem as pessoas contra a eventual expansão arbitrária do poder estatal, sob pena de nulidade radical da declaração expropriatória.[29]

- ✓ Segundo o STF, viola justo processo da lei (*due process of law*), a falta de intimação da pessoa jurídica de direito público a que pertence a autoridade coatora (que é a legitimada passiva para a causa) da decisão concessiva da segurança, gerando nulidade processual absoluta.[30]
- ✓ Segundo o STF, a imposição estatal de restrições de ordem jurídica, quer se concretize na esfera judicial, quer se realize no âmbito estritamente administrativo (como sucede com a inclusão de supostos devedores em cadastros públicos de inadimplentes), supõe, para legitimar-se constitucionalmente, o efetivo respeito, pelo poder público, da garantia indisponível do *due process of law*, assegurada, pela Constituição da República (art. 5º, LIV), à generalidade das pessoas, inclusive às próprias pessoas jurídicas de direito público, eis que o Estado, em tema de limitação ou supressão de direitos, não pode exercer a sua autoridade de maneira abusiva e arbitrária. Doutrina. Precedentes.[31]
- ✓ Segundo o STF, ofende o *due process of law* a supressão do direito à prova, por exclusiva deliberação administrativa (por considerar suficientes os elementos de informação produzidos no procedimento administrativo), que deve ter o seu exercício plenamente respeitado pelas

29. STF, MS 23.949, Rel. Min. Celso de Mello.
30. STF, AI 431.264-AgR, Rel. Min. Cezar Peluso.
31. STF, AC 1.033-AgR-QO, Rel. Min. Celso de Mello.

autoridades e agentes administrativos, que não podem impedir que o administrado produza os elementos de informação por ele considerados imprescindíveis e que sejam eventualmente capazes, até mesmo, de infirmar a pretensão punitiva da pública administração.[32]

- ✓ Segundo o STF, a sustentação oral pelo advogado, após o voto do relator, afronta o devido processo legal, além de poder causar tumulto processual, uma vez que o contraditório se estabelece entre as partes.[33]
- ✓ Segundo o STF, o exame da adequação de determinado ato estatal ao princípio da proporcionalidade, exatamente por viabilizar o controle de sua razoabilidade, com fundamento no art. 5º, LIV, CF/88, inclui-se no âmbito da própria fiscalização de constitucionalidade das prescrições normativas emanadas do poder público. Deste modo, o Legislativo não pode atuar de maneira imoderada, nem formular regras legais cujo conteúdo revele deliberação absolutamente divorciada dos padrões de razoabilidade. Em face disto, o Supremo entende que transgride o postulado do devido processo legal, em sua dimensão material (*substantive due process of law*), a regra legal que veicula, em seu conteúdo, prescrição normativa qualificada pela nota da irrazoabilidade. Por essas razões, o STF já declarou inconstitucional lei penal que comine pena mais leve para crime mais grave e pena mais severa para crime menos grave.[34]
- ✓ Segundo o STF, em um concurso público, ao alterar o caráter objetivo de apuração administrativa, passando-se à análise subjetiva com deliberação sobre questões particulares dos candidatos, torna indispensável a intimação

32. STF, RMS 28.517, Rel. Min. Celso de Mello.
33. STF, ADI 1.127, Rel. p/ o acórdão Min. Ricardo Lewandowski.
34. STF, HC 102.094 MC, Rel. Min. Celso de Mello.

dos interessados. A ausência de intimação dos interessados para que se manifestassem sobre a ampliação do objeto inicial de investigação do PAC, ofende a garantia constitucional do devido processo legal.[35]

✓ Segundo o STF, as previsões, contidas nos arts. 7º, parágrafo único, e 23 da LC 64/1990, sobre a atuação do juiz no que é autorizado a formar convicção atendendo a fatos e circunstâncias constantes do processo, ainda que não arguidos pelas partes, e a considerar fatos públicos e notórios, indícios e presunções, mesmo que não indicados ou alegados pelos envolvidos no conflito de interesses, não ofendem o devido processo legal.[36]

✓ Segundo o STF, o princípio do devido processo legal, que lastreia todo o leque de garantias constitucionais voltadas para a efetividade dos processos jurisdicionais e administrativos, assegura que todo julgamento seja realizado com a observância das regras procedimentais previamente estabelecidas e, além disso, representa uma exigência de *fair trial*, no sentido de garantir a participação equânime, justa, leal, enfim, sempre imbuída pela boa-fé e pela ética dos sujeitos processuais. A máxima do *fair trial* é uma das faces do princípio do devido processo legal positivado na Constituição de 1988, a qual assegura um modelo garantista de jurisdição, voltado para a proteção efetiva dos direitos individuais e coletivos, e que depende, para seu pleno funcionamento, da boa-fé e lealdade dos sujeitos que dele participam, condição indispensável para a correção e legitimidade do conjunto de atos, relações e processos jurisdicionais e administrativos. Nesse sentido, tal princípio possui um âmbito de proteção alargado, que exige o *fair trial* não apenas dentre aqueles que fazem parte da relação

35. STF, MS 28.775, Rel. p/ o acórdão Min. Ricardo Lewandowski.

36. STF, ADI 1.082, Rel. Min. Marco Aurélio.

processual, ou que atuam diretamente no processo, mas de todo o aparato jurisdicional, o que abrange todos os sujeitos, instituições e órgãos, públicos e privados, que exercem, direta ou indiretamente, funções qualificadas constitucionalmente como essenciais à Justiça. Contrárias à máxima do *fair trial* são todas as condutas suspicazes praticadas por pessoas às quais a lei proíbe a participação no processo em razão de *suspeição*, *impedimento* ou *incompatibilidade*; ou nos casos em que esses impedimentos e incompatibilidades são forjados pelas partes com o intuito de burlar as normas processuais.[37]

- ✓ Segundo o STF, o Corregedor Nacional de Justiça não pode inadmitir, por decisão monocrática, recurso administrativo interposto em face de decisão singular que determina o arquivamento sumário do feito, sob pena de ofensa ao *due process of law*.[38]
- ✓ Segundo o STF, é inconstitucional a aplicação de sanção política em matéria tributária. Contudo, para se caracterizar como sanção política, a norma extraída da interpretação do art. 2º, II, do DL 1.593/1977 deve atentar, dentre outros parâmetros, contra a manutenção proporcional e razoável do devido processo legal de controle da validade dos créditos tributários cujo não pagamento implica a cassação do registro especial.[39]

Em arremate, podemos concluir que a Constituição de 1988 consagra o devido processo legal nos aspectos substantivo e processual. De um lado, o *due process of law*, com conteúdo substantivo – *substantive due process* – que constitui limite ao Poder Legislativo, no sentido de que as leis devem ser elaboradas com justiça, devem ser dotadas de razoabilidade (*reasonableness*) e de

37. STF, AI 529.733, voto do relator Min. Gilmar Mendes.
38. STF, MS 34.702-AgR, Rel. Min. Luiz Fux.
39. STF, RE 550.769, Rel. Min. Joaquim Barbosa.

racionalidade (*rationality*) e devem guardar um real e substancial nexo com o objetivo que se quer atingir. De outro lado, o *due process of law*, com caráter processual - *procedural due process* - garante às pessoas um procedimento judicial justo, com as garantias processuais que lhe são inerentes.

2. CONTRADITÓRIO

O princípio do contraditório, também identificado como princípio da bilateralidade da audiência, consiste em um desdobramento direto do princípio do devido processo legal e se encontra positivado na ***Constituição*** brasileira, juntamente com o princípio da ampla defesa, em seu ***art. 5º, inciso LV, o qual dispõe que "aos litigantes, em processo judicial ou administrativo, e aos acusados em geral são garantidos o contraditório e a ampla defesa, com os meios e recursos a ela inerentes"***.

Como ensina José Afonso da Silva, o princípio do contraditório é ***"pressuposto indeclinável de realização de um processo justo"***, sem o qual a apreciação judicial é ausente de valor. Segundo ele, a natureza processual do contraditório se encontra historicamente na regra *audiatur et altera pars*, que implica na necessidade de se dar ciência a cada litigante "dos atos praticados pelo contendor, para serem contrariados e refutados".[40] Nesse mesmo sentido, José Souto Maior Borges advoga que "o processo governa o seu movimento dialético pela audiência das partes (***audiatur et altera pars***), princípio modernamente denominado do 'contraditório'".[41]

Nesse sentido, a mais moderna doutrina italiana, representada principalmente pelos professores Nicola Picardi e Elio Fazzalari, defendem que ***o processo consiste num procedimento***

---

40. SILVA. José Afonso da. **Comentário Contextual à Constituição.** 6.ed. São Paulo: Malheiros, 2009, p. 154.

41. BORGES, José Souto Maior. **O Contraditório do processo judicial:** uma visão dialética. São Paulo: Malheiros, 1996, p. 71.

caracterizado pela presença indissociável do contraditório, através do qual se deve sempre buscar a máxima participação daqueles, cuja esfera será atingida pelo provimento final da ação, de modo que não há processo sem a devida observância do efetivo contraditório.[42]

Nessa perspectiva, Elio Fazzalari explica que "o 'processo' é um procedimento do qual participam (são habilitados a participar) aqueles em cuja esfera jurídica o ato final é destinado a desenvolver efeitos: em contraditório",[43] de modo que "onde é ausente o contraditório - isto é, onde inexista a possibilidade, prevista pela norma, de que ele se realize - não existe processo".[44]

Para Fazzalari o contraditório é uma estrutura dialética que "consiste na participação dos destinatários dos efeitos do ato final em sua fase preparatória; na simétrica paridade das suas posições; na mútua implicação das suas atividades (destinadas, respectivamente, a promover e impedir a emanação do provimento); na relevância das mesmas para o autor do provimento;[45] de modo

42. GUERRA FILHO. Willis Santiago. **Teoria Processual da Constituição.** 3.ed. São Paulo: RCS Editora, 2007. Com base nesse entendimento, no Brasil, dentre outros, o professor Alexandre Freitas Câmara afirma que "não existe processo, onde não existir contraditório". CÂMARA, Alexandre Freitas. **Lições de Direito Processual Civil.** 9. ed. Rio de Janeiro: Lumen Juris, 2004. v. 1. p. 55.

43. FAZZALARI, Elio. **Instituições de Direito Processual.** Campinas: Bookseller, 2006, p. 118-119.

44. FAZZALARI, Elio. **Instituições de Direito Processual.** Campinas: Bookseller, 2006, p. 121.

45. Autor do provimento ou autor do ato final consiste naquele que decide a lide, no processo judicial: o magistrado. Segundo Fazzalari, o autor do ato final não pode abster-se de enfrentar qualquer dos argumentos trazidos pelas partes, nem mesmo impedi-las de modo arbitrário de argumentar no processo, "ele pode desatender, mas não ignorar". Para Fazzalari, em razão do princípio do contraditório, partes (contraditores) e decisor (autor do ato final) estão "em pé de simétrica paridade", com exceção da fase em que o decisor (representante do poder público) executa o ato final, ou seja, do momento da decisão, em que o magistrado é livre para apreciar os argumentos e provas trazidos e chegar a uma conclusão, entretanto essa

que cada contraditor possa exercitar um conjunto – conspícuo ou modesto, não importa – de escolhas, de reações, de controles, e deva sofrer os controles e as reações dos outros, e que o autor do ato deva prestar conta dos resultados."[46]

Nessa linha de raciocínio, no Brasil, Luiz Rodrigues Wambier e Eduardo Talamini advogam que o princípio do contraditório consiste na garantia constitucional de que é necessário dar-se à parte ré ciência de que corre em juízo um pedido em seu desfavor, bem como, dar conhecimento dos atos processuais subsequentes à ambas as partes, aos terceiros interessados e aos assistentes e, também, "garantir possíveis reações contra decisões, sempre que desfavoráveis".[47] Em sentido semelhante, Kátia Aparecida Mangone demonstra que o contraditório compõe-se de três elementos essenciais: a informação (ciência de todos os atos processuais de interesse da parte, favoráveis ou contra), a reação (possibilidade de argumentar, contra-argumentar e produzir provas de seus argumentos) e a participação (direito de participar e acompanhar todos os atos processuais, bem como de ter todos os seus argumentos enfrentados pelo juiz na hora da decisão).[48]

Em complemento, na linha dos ensinamentos de Edílson Mougenot Bonfim, o contraditório é ***"uma garantia conferida às partes de que elas efetivamente participarão da formação***

---

decisão deve estar de acordo com aquilo que fora trazido pelas partes ao processo e de acordo com o Direito Justo, em outras palavras, o magistrado tem o dever de dar a resposta correta adstringindo-se ao contraditório das partes. FAZZALARI, Elio. **Instituições de Direito Processual.** Campinas: Bookseller, 2006, p. 120-123.

46. FAZZALARI, Elio. **Instituições de Direito Processual.** Campinas: Bookseller, 2006, p. 119-120.

47. WAMBIER, Luiz Rodrigues; TALAMINI, Eduardo. **Curso Avançado de Processo Civil:** Teoria geral do processo e processo de conhecimento. 10. ed. São Paulo: Revista dos Tribunais, 2008. v. 1, p. 82.

48. MANGONE, Kátia Aparecida. A garantia constitucional do contraditório e a sua aplicação no direito processual civil. **Revista de Processo.** São Paulo, n. 182, p. 362-383, abr, 2010.

da convicção do juiz", ou seja, não basta dar ciência às partes de cada ato praticado, faz-se necessário que elas tenham participação ativa em cada um desses atos no decorrer do processo. Assim, é primordial que o juiz dê igual oportunidade às partes de se manifestarem, para que então, ele possa proferir uma decisão. Ademais, em respeito ao princípio da igualdade, deve-se assegurar as partes não só a igual oportunidade de se manifestarem, mas também, "iguais direitos de participar da produção da prova e de se manifestar sobre os documentos juntados e argumentos apresentados pelo *ex adversu* ou pelo juiz".[49]

Já Humberto Theodoro Júnior é extremamente incisivo ao discorrer a respeito do contraditório, afirmando que a concepção moderna do processo é sustentada pela ***participação ativa dos sujeitos processuais*** e ***não permite que o juiz decida sem chamar com antecedência as partes para se manifestarem sobre a questão em litígio e sem conceder a elas um prazo razoável para prepararem suas alegações***. Pondera, ainda, que não se admite a decisão de surpresa, ou seja, fora do contraditório, pois a decisão tem de ser fruto do debate entre as partes, tendo o juiz de motivar sua decisão com base nos argumentos destas.[50]

Como bem afirma Dierle Nunes, pautando-se nos ensinamentos de Corrado Ferri, "o contraditório constitui uma

49. BONFIM, Edílson Mougenot. **Curso de Processo Penal.** 5. ed. São Paulo: Saraiva, 2010, p. 73-74.

50. THEODORO JÚNIOR, Humberto. Constituição e Processo: desafios constitucionais da reforma do processo civil no Brasil. In: MACHADO, Felipe Daniel Amorim; OLIVEIRA, Marcelo Andrade Cattoni de (coord.). **Constituição e Processo:** A contribuição do processo ao constitucionalismo democrático brasileiro. Belo Horizonte: Del Rey, 2009. Nesse sentido, Araujo Cintra, Ada Pellegrini e Candido Dinamarco explicam que o juiz só pode proferir uma decisão através de um processo dialético, devendo formar uma síntese através da "soma da parcialidade das partes (uma representando a tese e a outra a antítese)". CINTRA, Antonio Carlos de Araújo; GRINOVER, Ada Pellegrini; DINAMARCO, Candido Rangel. **Teoria Geral do Processo.** 26.ed. São Paulo: Malheiros, 2010, p. 61).

verdadeira ***garantia de não surpresa*** que impõe ao juiz o dever de provocar o debate acerca de todas as questões, inclusive as de conhecimento oficioso, impedindo que em 'solitária onipotência', aplique normas ou embase a decisão sobre fatos completamente estranhos à dialética defensiva de uma ou de ambas as partes".[51]

Nesse sentido, o ***Código de Processo Civil de 2015***, em seu ***artigo 10***, afirma que ***"o juiz não pode decidir, em grau algum de jurisdição, com base em fundamento a respeito do qual não se tenha dado às partes oportunidade de se manifestar, ainda que se trate de matéria sobre a qual deva decidir de ofício"***. Perceba que o dispositivo consagra o princípio do contraditório, asseverando a impossibilidade de o magistrado proferir decisões de surpresa, decisões cujas partes não tenham tido a oportunidade de se manifestarem, mesmo que se trate de matéria sobre a qual o juiz deva decidir de ofício.

Para além disso, como observa Theodoro Júnior, é ***através do contraditório que se realiza "o principal consectário do tratamento igualitário das partes"***, não podendo haver privilégios ou perseguições a nenhuma delas, isto é, devendo o juiz tratar as partes de forma isonômica (princípio da igualdade de tratamento processual), sem sequer tentar auxiliar ou prejudicar qualquer uma delas.[52]

Nessa linha, o ***Código de Processo Civil de 2015***, em seu ***artigo 7º***, consagra que ***"é assegurada às partes paridade de tratamento em relação ao exercício de direitos e faculdades processuais, aos meios de defesa, aos ônus, aos deveres e à aplicação de sanções processuais, competindo ao juiz zelar pelo efetivo contraditório"***. Assim, percebe-se que o magistrado deve incentivar

---

51. NUNES, Dierle José Coelho. **Processo Jurisdicional Democrático:** uma análise crítica das reformas processuais. Curitiba: Juruá, 2008, p. 229.

52. THEODORO JÚNIOR, Humberto. **Curso de Direito Processual Civil:** Teoria Geral do Direito Processual Civil e Processo de Conhecimento. 50. ed. Rio de Janeiro: Forense, 2009. v. 1.

e assegurar o efetivo contraditório das partes com *animus* de que elas (verdadeiras interessadas no provimento jurisdicional) possam, assegurada a isonomia de tratamento e a paridade de armas, produzir os argumentos e as respectivas provas para que o magistrado tome fundamentadamente sua decisão.

Ademais, segundo Theodoro Júnior, ***o contraditório deve "sempre ser observado, sob pena de nulidade do processo"***, porém isso não implica em uma "supremacia absoluta e plena do contraditório sobre todos os demais princípios". Há vezes em que o contraditório deve ceder momentaneamente a algumas medidas para que se possa dar efetividade ao processo justo, o que ocorre com as medidas cautelares ou antecipatórias, pelas quais a medida judicial é diferida em favor de uma das partes antes de a outra se manifestar, o que, entretanto, não afasta a aplicação do contraditório e nem mesmo o ofende, pois apenas se protela um pouco o momento de seu exercício, a fim de se garantir o acesso à justiça e a eficiência processual.[53]

Nesse sentido, pode-se falar em duas espécies de contraditório, sendo uma de execução imediata, chamada de ***contraditório real***, e uma de execução posterior ao momento da argumentação ou exposição probatória da parte contrária ou do juiz, chamada de ***contraditório diferido***. No entanto, para que o contraditório possa ser diferido, exige-se que os requisitos específicos das medidas judiciais sejam preenchidos, em respeito ao próprio contraditório e à segurança jurídica. É o que ocorre, por exemplo, nas medidas cautelares *inaudita altera pars*. Nessas medidas, frise-se, não há inobservância do contraditório, mas apenas uma breve postergação de seu exercício para que se assegure a observância de outros princípios que se encontram latentes no caso concreto.[54]

53. Ibidem, p. 27-29.

54. MARINONI, Luiz Guilherme. ARENHART, Sérgio Cruz. MITIDIERO, Daniel. **Novo Código de Processo Civil Comentado.** 2.ed. São Paulo: RT, 2016.

Nessa perspectiva, o ***art. 9º, do Código de Processo Civil de 2015***, assegura que ***"não se proferirá decisão contra uma das partes sem que ela seja previamente ouvida"***, sendo que seu ***parágrafo único*** dispõe que ***"o disposto no caput não se aplica: I*** - à tutela provisória de urgência; II - às hipóteses de tutela da evidência previstas no art. 311, incisos II e III; III - à decisão prevista no art. 701".

Por fim, é de suma importância destacarmos os seguintes ***posicionamentos*** de nossos ***tribunais superiores*** em relação à interpretação e à aplicabilidade do ***princípio do contraditório:***

- ✓ STJ, Súmula 639: Não fere o contraditório e o devido processo decisão que, sem ouvida prévia da defesa, determine transferência ou permanência de custodiado em estabelecimento penitenciário federal.
- ✓ STJ, Súmula 591: É permitida a prova emprestada no processo administrativo disciplinar, desde que devidamente autorizada pelo juízo competente e respeitados o contraditório e a ampla defesa.
- ✓ STJ, Súmula 358: O cancelamento de pensão alimentícia de filho que atingiu a maioridade está sujeito à decisão judicial, mediante contraditório, ainda que nos próprios autos.
- ✓ Segundo o STF, a lei que institui hipótese de presunção legal absoluta quanto à veracidade do fato alegado em denúncia de infração realizada por usuário do serviço de transporte público coletivo inviabiliza o contraditório e impede o exercício do direito de defesa na esfera administrativa, mostrando-se incompatível com o devido processo legal tanto no aspecto formal quanto na sua dimensão substantiva.[55]

55. STF,ADI 4.338, Rel. Min. Rosa Weber.

- ✓ Segundo o STF, ao Estado é facultada a revogação de atos que repute ilegalmente praticados; porém, se de tais atos já decorreram efeitos concretos, seu desfazimento deve ser precedido de regular processo administrativo.[56]
- ✓ Segundo o STF, somente após a realização e término do procedimento de tomada de contas especial, é possível a inscrição dos entes federativos nos cadastros federais de inadimplentes que apresentam a repercussão do repasse de verbas imprescindíveis para continuidade de todos os outros projetos públicos daqueles entes estatais, sob pena de se ferir o contraditório e a ampla defesa.[57]
- ✓ Segundo o STF, são mitigadas as exigências de contraditório na fase interna da tomada de contas especial, pois não existe um processo que tem por finalidade julgar a regularidade das condutas e a responsabilidade dos agentes, mas há apenas um procedimento investigatório da Administração Pública para resguardar a legalidade e a economicidade na aplicação dos recursos públicos.[58]
- ✓ Segundo o STF, a exigibilidade do contraditório pressupõe o envolvimento de acusado ou de litígio, não sendo necessário observá-lo em momento anterior à conversão do processo de monitoramento em tomada de contas especial.[59]
- ✓ Segundo o STF, quando configurada a identidade de objetos, não há violação do contraditório, mas, antes, respeito à duração razoável do processo, na análise

56. STF, RE 591.296, Rel. Min. Dias Toffoli.
57. STF, ACO 2.892-AgR, Rel. Min. Alexandre de Moraes.
58. STF, MS 34.690-AgR, Rel. Min. Edson Fachin.
59. STF, MS 34.972, Rel. Min. Marco Aurélio.

conjunta pelo CNJ de pedidos de providência paralelamente instaurados naquele Conselho. Fica dispensada, na hipótese, nova intimação dos interessados, máxime quando suas razões forem apreciadas pelo CNJ e por comissão especialmente instituída no tribunal para o qual for dirigida a ordem do Conselho.[60]

✓ Segundo o STF, as garantias do contraditório e da ampla defesa não são absolutas quando considerado o caráter de urgência do pedido liminar, podendo o relator despachar a medida antes da oitiva das partes interessadas.[61]

✓ Segundo o STF, os princípios do contraditório e da ampla defesa aplicam-se plenamente à constituição do crédito tributário em desfavor de qualquer espécie de sujeito passivo, irrelevante sua nomenclatura legal (contribuintes, responsáveis, substitutos, devedores solidários etc).[62]

✓ Segundo o STF, a realização do desconto nos subsídios de magistrados para a recomposição de valores percebidos indevidamente depende da observância do contraditório e da ampla defesa.[63]

✓ Segundo o STF, em concurso público, na avaliação da vida pregressa do candidato, o levantamento ético-social dispensa o contraditório, não se podendo cogitar quer da existência de litígio, quer de acusação que vise a determinada sanção.[64]

---

60. STF, MS 29.270-AgR, Rel. Min. Dias Toffoli.
61. STF MS 28.417-AgR, Rel. Min. Dias Toffoli.
62. STF, RE 608.426-AgR, Rel. Min. Joaquim Barbosa.
63. STF, MS 27.851, Rel. p/ o acórdão Min. Luiz Fux.
64. STF, RRE 156.400, Rel. Min. Marco Aurélio; STF RE 233.303, Rel. Min. Menezes Direito.

✓ Segundo o STJ, é lícita a prova empresta advinda de processo do qual não participaram as partes do processo para o qual a prova será trasladada, desde que seja possível o exercício do contraditório pelas partes.[65]

Em arremate, vale o registro da sempre atual lição de Francesco Carnelutti, segundo quem, o Contraditório é o instrumento processual que possibilita o aparecimento da verdade, pois é ele que instiga "as partes combaterem uma com a outra, batendo as pedras, de modo que termina por fazer com que solte a centelha da verdade".[66] Nesse sentido, podemos concluir que o contraditório, enquanto consectário do devido processo legal, sob uma perspectiva constitucional, consiste no ***princípio que proporciona a dialética democrática entre os sujeitos processuais, estabelecendo um estado ideal de igualdade (paridade) entre os mesmos e lhes possibilitando argumentar e provar aquilo que argumentam, impondo ao Estado-Juiz o dever fundamental de contemplar os argumentos das partes de modo fundamentado em suas decisões, seja para deferi-los ou indeferi-los (direito da parte de influenciar as decisões que sobre ela recairão)***.

3. AMPLA DEFESA

O princípio da ampla defesa, como visto, está positivado na Constituição brasileira juntamente com o princípio do contraditório, sendo, ambos, consectários do devido processo legal.

Sem prejuízo à sua tutela constitucional, merece registro a consagração do princípio da ampla defesa no Direito Internacional[67], sobretudo na Declaração Universal de Direitos Humanos

65. STJ, EResp. 617.428, Rel. Min. Nancy Andrighi.

66. CARNELUTTI, Francesco. **Como se faz um Processo.** 2. ed. Belo Horizonte: Líder, 2002, p. 67.

67. No Brasil, desde o advento da Emenda Constitucional nº. 45 de 2004, segundo o STF, por força do § 2º. do art. 5º. da Constituição Federal, os Tratados e Convenções Internacionais dos quais o Brasil é signatário

e na Convenção Interamericana de Direitos Humanos (Pacto de San José da Costa Rica).

O artigo XI da Declaração Universal dos Direitos Humanos dispõe que "*toda pessoa*" possui o direito de "*ser presumida inocente*" até que se prove o contrário "*de acordo com a lei*" em um "*julgamento público*" no qual lhe devem ser asseguradas "*todas as garantias necessárias à sua defesa*".

Já a Convenção Interamericana de Direitos Humanos, em seu artigo 8º, afirma que são garantias judiciais da pessoa humana, dentre outras, a "*concessão ao acusado do tempo e dos meios necessários à preparação de sua defesa*"; o "*direito do acusado de defender-se pessoalmente ou de ser assistido por um defensor de sua escolha e de comunicar-se, livremente e em particular, com seu defensor*"; o "*direito irrenunciável de ser assistido por um defensor proporcionado pelo Estado*" nos casos em que o acusado não se defenda sozinho, nem nomeie defensor dentro do prazo legal; o "*direito da defesa de inquirir as testemunhas presentes no Tribunal e de obter o comparecimento, como testemunhas ou peritos, de outras pessoas que possam lançar luz sobre os fatos*"; e o "*direito de não ser obrigada a depor contra si mesma, nem a confessar-se culpada*".

A ampla defesa, como se vê, ***consiste em um princípio complexo que estabelece um estado ideal de defesa a ser garantido àquele que esteja sendo acusado, que inclui o direito de ser cientificado e de argumentar contra tudo aquilo que corre contra ele, o direito de argumentar e produzir provas em seu favor, o direito de permanecer em silêncio, o direito de ser informado de todos os seus direitos, o direito de não ser compelido a dizer a verdade, o direito de se autodefender, o direito de ser defendido por um profissional técnico habilitado, o direito de falar por último no***

complementam a legislação federal. Já aqueles que versem sobre direitos humanos e que forem aprovados no Congresso Nacional por um processo similar ao da Emenda à Constituição, serão equivalentes a ela, conforme o § 3º, do art. 5º, da nossa Carta Maior.

processo, bem como todo e qualquer direito e/ ou garantia que lhe possibilite uma defesa efetiva e adequada.

Nesse sentido, segundo Gil Ferreira de Mesquita, "por ampla defesa devemos entender o conjunto de garantias que asseguram ao réu o direito de impugnar a pretensão do autor em todos os seus termos, quer dizer, deve-lhe ser assegurado o direito de contrapor-se ao pedido do autor e seus fundamentos, alegando fatos e produzindo provas, sendo vedado ao órgão jurisdicional, e ao próprio autor, qualquer atitude que venha a tolher o exercício de tal direito do réu [...] o direito constitucional à defesa não se restringe à fase inicial do processo, ou seja, não se exaure a partir do momento em que o réu oferece sua resposta ou permaneça inerte. Na verdade, o direito de defesa garante o exercício de uma série de atividades e poderes, aqui incluindo os de iniciativa processual e de produção probatória idôneos à demonstração da existência do material fático que dá suporte à arguição de defesa, de modo a influir na convicção do magistrado. Pode-se afirmar, assim, que a ampla defesa garante a possibilidade efetiva de reação em juízo, como todos os meios processuais colocados à disposição pelo ordenamento, para que o réu faça valer suas razões. [...] Como o mandamento constitucional refere-se à ampla defesa fazendo menção aos *meios e recursos a ela inerentes*, o substrato da garantia para o autor pode ser assim apresentado: direito de receber citação, direito de sustentar sem restrições as suas razões em contestação por meio de profissional habilitado, infirmar as razões do adversário, produzir provas e contraprovas amplamente, participar da colheita de provas em audiência (até aqui *os meios*) e o direito de usar dos recursos para fazer valer suas razões perante as instâncias superiores (aqui *os recursos*)"[68]

Em sentido semelhante, Agustín Gordillo afirma que *"la defensa en juicio es inviolable, dicen p. ej. la Constituición y normas*

68. MESQUITA, Gil Ferreira de. **Princípios do contraditório e da ampla defesa no processo civil brasileiro.** São Paulo: Juarez de Oliveira, 2003, p. 169-171.

superiores. Ese es un principio que establece un límite de la acción estatal en el caso de una controversia judicial, pero que además tiene un contenido de defensa de la personalidad humana, de derecho a ser oído. El principio se aplica tanto para anular una sentencia que impide a una parte defenderse, como para una sentencia que le permite expresarse, pero ignora arbitrariamente su exposicíon; como para un procedimiento administrativo del que no se da vista al interesado ni oportunidad de hacer oír sus razones y producir la prueba de descargo de que quiera valerse".[69-70]

No que se refere à ***produção probatória***, há de se registrar que o magistrado não pode obstá-la despropositadamente, sobretudo quando se tratar de prova fundamental à defesa do réu. Nestes termos, caso o juiz vede a produção de alguma prova que seja essencial para a apuração da ocorrência de um determinado fato que seja objetivamente relevante para o processo, configura-se o cerceamento ao exercício do direito à ampla defesa, o que gera nulidade.[71]

No que tange à ***autodefesa*** no Direito processual brasileiro, isto é, àquela exercida diretamente pelo acusado, Bonfim explica que se constitui pelo direito de audiência e pelo direito do réu de se fazer presente nos atos processuais, entretanto, via de regra, não

69. GORDILLO, Agustín. **Tratado de Derecho Administrativo:** Parte General. 7.ed. Belo Horizonte: Del Rey e Fundación de Derecho Administrativo, 2003. v.1, p. VI-27.

70. Em português: A defesa em juízo é inviolável, dizem, por exemplo, a Constituição e normas superiores. Esse é um princípio que estabelece um limite da ação estatal em caso de uma controvérsia judicial, mas que ademais tem um conteúdo de defesa da personalidade humana, de direito a ser considerado. O princípio se aplica tanto para anular uma sentença que impede uma parte de se defender, como para uma sentença que lhe permite expressar-se, mas que ignora arbitrariamente sua exposição; como para um procedimento administrativo em que não se dá vista ao interessado, nem oportunidade de fazer ouvir suas razões e produzir provas de defesa de que queira se valer (tradução livre).

71. BONFIM, Edílson Mougenot. **Curso de Processo Penal.** 5. ed. São Paulo: Saraiva, 2010, p. 76.

compreende, como em outros países, o direito do réu se defender sozinho, sem um profissional técnico habilitado.[72]

Nesse sentido, o direito pátrio se encontra evolucionado, já tendo incorporado a inafastável ***garantia de um defensor tecnicamente capacitado*** para defender de maneira adequada o réu, guardando pelos seus direitos e possibilitando-lhe uma resposta mais justa, sendo, em regra, obrigatória, em que pese algumas poucas exceções legais. Esta defesa técnica consubstancia-se nas figuras do advogado privado ou do defensor público, sendo suas profissões funções essenciais à justiça, como assevera a Constituição de 1988.

Para além disso, faz-se de suma importância ressaltar que para o bom cumprimento do princípio fundamental da ampla defesa, deve ***o réu falar por último no processo***, o que não exclui a fala do autor sempre que o réu trouxer fatos, provas, ou qualquer elemento novo ao processo.

Nada obstante, apesar de desdobrar-se em diversas garantias, ***a ampla defesa não consiste em um princípio absoluto, tendo, assim como toda e qualquer norma jurídica, suas limitações.***

Em consonância com este pensamento, Bonfim explica que o princípio da ampla defesa consiste no direito do réu, dentro dos limites legais, oferecer argumentos em seu favor, bem como constituir prova para demonstrá-los, ponderando que tal princípio não supõe "uma infinitude de produção defensiva a qualquer tempo", pois essa produção deve realizar-se "pelos meios e elementos totais de alegações e provas *no tempo processual oportunizado pela lei*".[73] No mesmo sentido, Vicente Greco Filho afirma que "a lei estabelece os termos, os prazos e os recursos suficientes, de forma que a eficácia, ou não, da defesa dependa da atividade do réu, e não das limitações legais", ou seja, a lei estabelece os parâmetros

72. Ibidem, idem.

73. Ibidem, p. 75.

para a defesa, devendo o réu, dentro desses parâmetros, produzir sua defesa, bem como as provas inerentes a ela.[74]

Por fim, é de suma importância destacarmos os seguintes ***posicionamentos*** de nossos ***tribunais superiores*** em relação à interpretação e à aplicabilidade do ***princípio da ampla defesa:***

- ✓ STF, Súmula Vinculante 28: É inconstitucional a exigência de depósito prévio como requisito de admissibilidade de ação judicial na qual se pretenda discutir a exigibilidade de crédito tributário.
- ✓ STF, Súmula Vinculante 21: É inconstitucional a exigência de depósito ou arrolamento prévios de dinheiro ou bens para admissibilidade de recurso administrativo.
- ✓ STF, Súmula Vinculante 14: É direito do defensor, no interesse do representado, ter acesso amplo aos elementos de prova que, já documentados em procedimento investigatório realizado por órgão com competência de polícia judiciária, digam respeito ao exercício do direito de defesa.
- ✓ STF, Súmula Vinculante 5: A falta de defesa técnica por advogado no processo administrativo disciplinar não ofende a Constituição.
- ✓ STF, Súmula Vinculante 3: Nos processos perante o Tribunal de Contas da União asseguram-se o contraditório e a ampla defesa quando da decisão puder resultar anulação ou revogação de ato administrativo que beneficie o interessado, excetuada a apreciação da legalidade do ato de concessão inicial de aposentadoria, reforma e pensão.
- ✓ STF, Súmula 708: É nulo o julgamento da apelação se, após a manifestação nos autos da renúncia do único

74. GRECO FILHO, Vicente. **Direito Processual Civil Brasileiro.** 17. ed. São Paulo: Saraiva, 2003. v. 1, p. 56.

defensor, o réu não foi previamente intimado para constituir outro.

- ✓ STF, Súmula 701: No mandado de segurança impetrado pelo Ministério Público contra decisão proferida em processo penal, é obrigatória a citação do réu como litisconsorte passivo.
- ✓ STF, Súmula 523: No processo penal, a falta da defesa constitui nulidade absoluta, mas a sua deficiência só o anulará se houver prova de prejuízo para o réu.
- ✓ STF, Súmula 20: É necessário processo administrativo com ampla defesa, para demissão de funcionário admitido por concurso.
- ✓ Segundo o STF, nenhuma penalidade poderá ser imposta, mesmo no campo do direito administrativo, sem que se ofereça ao imputado a possibilidade de se defender previamente. A preterição do direito de defesa torna írrito e nulo o ato punitivo. *Nemo inauditus damnari debet.* O direito constitucional à ampla (e prévia) defesa, sob o domínio da Constituição de 1988 (art. 5º, LV), tem como precípuo destinatário o acusado, qualquer acusado, ainda que em sede meramente administrativa. O STF, ao proclamar a imprescindibilidade da observância desse postulado, essencial e inerente ao *due process of law*, tem advertido que o exercício do direito de defesa há de ser assegurado, previamente, em todos aqueles procedimentos – notadamente os de caráter administrativo-disciplinar – em que seja possível a imposição de medida de índole punitiva. Mesmo a imposição de sanções disciplinares pelo denominado critério da verdade sabida, ainda que concernentes a ilícitos funcionais desvestidos de maior gravidade, não dispensa a prévia audiência do servidor público interessado, sob pena de vulneração da cláusula constitucional garantidora do direito de defesa. A ordem normativa consubstanciada na Constituição

brasileira é hostil a punições administrativas, imponíveis em caráter sumário ou não, que não tenham sido precedidas da possibilidade de o servidor público exercer, em plenitude, o direito de defesa. A exigência de observância do devido processo legal destina-se a garantir a pessoa contra a ação arbitrária do Estado, colocando-a sob a imediata proteção da Constituição e das leis da República. Assim, revela-se incompatível com o sistema de garantias processuais instituído pela Constituição da República o diploma normativo que, mediante inversão da fórmula ritual e com apoio no critério da verdade sabida, culmina por autorizar, fora do contexto das medidas meramente cautelares, a própria punição antecipada do servidor público, ainda que a este venha a ser assegurado, em momento ulterior, o exercício do direito de defesa.[75]

✓ Segundo o STF, a defesa técnica é aquela exercida por profissional legalmente habilitado, com capacidade postulatória, constituindo direito indisponível e irrenunciável. A pretensão do paciente de realizar sua própria defesa mostra-se inadmissível, pois se trata de faculdade excepcional, exercida nas hipóteses estritamente previstas na Constituição e nas leis processuais. Ao réu é assegurado o exercício da autodefesa consistente em ser interrogado pelo juízo ou em invocar direito ao silêncio, bem como de poder acompanhar os atos da instrução criminal, além de apresentar ao respectivo advogado a sua versão dos fatos para que este elabore as teses defensivas. Ao acusado, contudo, não é dado apresentar sua própria defesa, quando não possuir capacidade postulatória.[76]

---

75. STF, ADI 2.120, Rel. Min. Celso de Mello.

76. STF, HC 102.019, Rel. Min. Ricardo Lewandowski.

- ✓ Segundo o STF, a suspensão preventiva de servidores públicos, consequência automática do recebimento de denúncia pelo Poder Judiciário, viola as garantias constitucionais do devido processo legal, do contraditório e da ampla defesa.[77]
- ✓ Segundo o STF, o indeferimento motivado de pedido de prova testemunhal formulado após o término da instrução do processo administrativo não caracteriza cerceamento de defesa.[78]
- ✓ Segundo o STF, é dispensável a intimação de acusado em processo administrativo disciplinar para interrogatório dos demais envolvidos, não se configurando, na espécie, cerceamento de defesa. Por outro lado, a ausência de intimação do acusado para interrogatório de testemunhas em processo administrativo disciplinar configura cerceamento de defesa.[79]
- ✓ Segundo o STF, a negativa de adiamento de sessão de julgamento para a prática de ato processual de caráter facultativo (como a apresentação de memoriais) não importa em cerceamento de defesa.[80]
- ✓ Segundo o STF, o Prefeito municipal (ou ex-Prefeito) tem direito de defesa quando da deliberação da câmara municipal sobre suas contas.[81]
- ✓ Segundo o STF, em procedimento administrativo-disciplinar, instaurado para apurar o cometimento de falta grave por réu condenado, tendo em vista estar em jogo a liberdade de ir e vir, deve ser observado amplamente o princípio do contraditório, com a presença de advogado

77. STF, ADI 3.288, Rel. Min. Ayres Britto.
78. STF, RMS 30.881, Rel. Min. Cármen Lúcia.
79. STF, RMS 24.716, Rel. Min. Gilmar Mendes.
80. STF, RMS 30.234, Rel. Min. Cármen Lúcia.
81. STF, RE 414.908-AgR, Rel. Min. Ayres Britto

constituído ou defensor público nomeado, devendo ser-lhe apresentada defesa, em observância às regras específicas contidas na LEP.[82]

Em arremate, pode-se afirmar que o princípio constitucional da ampla defesa apresenta-se como um princípio garantidor de direitos, aplicável a todos os ramos do processo (jurisdicional ou administrativo), que tem como essência evitar que ocorram condenações sem direito de defesa plausível, coerente e justa, o que implicaria necessariamente em um ato autoritário e ditatorial, desrespeitando o Estado Democrático de Direito e solapando a Constituição Federal e os direitos fundamentais construídos por longos séculos de lutas.

4. ACESSO À JUSTIÇA

O princípio jurídico-processual do acesso à justiça, positivado em nossa atual ***Constituição no inciso XXXV, de seu art. 5º***, o qual, literalmente, garante que ***"a lei não excluirá da apreciação do Poder Judiciário lesão ou ameaça a direito"***, podendo ainda ser identificado da leitura sistemática das garantias processuais estabelecidas pela Constituição, não se restringe ao direito de peticionar ou reivindicar um direito frente ao Estado-juiz. Isto é, não se trata de mero direito de ação, como muitas vezes é tratado.

O ***Código de Processo Civil de 2015*** consagrou o acesso à justiça, em seu art. 3º, com redação semelhante àquela do texto constitucional, afirmando que ***"não se excluirá da apreciação jurisdicional ameaça ou lesão a direito"***.

Partindo-se de uma perspectiva democrática e constitucional do direito processual, pode-se afirmar que a garantia do "acesso à justiça" abarca um conteúdo amplo e complexo de direitos e garantias fundamentais individuais e coletivas, estando diretamente ligada à noção de democracia e igualdade, bem como de

82. STF, RHC 104.584, Rel. Min. Gilmar Mendes.

justiça, que visa efetivar os direitos dos cidadãos através da ação jurisdicional, ou melhor, do processo (constitucionalmente estabelecido). Nas palavras de Kazuo Watanabe, "Acesso à Justiça" consiste no "acesso à ordem jurídica justa".[83] Em sentido semelhante José Cichocki Neto ensina que o acesso à justiça constitui "um direito fundamental do homem e, ao mesmo tempo, uma garantia à realização efetiva dos demais direitos".[84]

Nessa perspectiva, ao comentar o citado artigo 3º, do Código de Processo Civil de 2015, Daniel Amorim afirma que, ***numa visão moderna, o acesso à justiça, na ambiência processual civil, está fundado em quatro vigas mestras: "(a) amplo acesso ao processo, em especial para os hipossuficientes econômicos e para os direitos transindividuais; (b) ampla participação e efetiva influência no convencimento do juiz, eu serão obtidas com a adoção do contraditório real e do princípio da cooperação; (c) decisão com justiça, com aplicação da lei sempre levando-se em consideração os princípios constitucionais de justiça e os direitos fundamentais; e (d) eficácia da decisão, o eu se obtém com um processo mais célebre, com a tutela de urgência, com sanções pelo descumprimento e com a adoção de formas executivas indiretas e de sub-rogação, inclusive atípicas".***[85]

Ademais, como demonstram Mauro Cappelletti e Bryant Garth, a garantia do acesso à justiça constitui requisito fundamental de um ordenamento jurídico que pretenda garantir, e não somente enunciar direitos, vez que determina duas finalidades básicas do sistema jurídico: "primeiro, o sistema deve ser igualmente acessível a todos; segundo, ele deve produzir resultados que

83. WATANABE, Kazuo. Acesso à justiça e sociedade moderna. In: GRINOVER, Ada Pellegrini; DINAMARCO, Cândido Rangel; WATANABE, Kazuo (coord.). **Participação e Processo.** São Paulo: Revista dos Tribunais, 1988, p. 128.

84. CICHOCKI NETO, José. **Limitações ao Acesso à Justiça.** Curitiba: Juruá, 1999, p. 65.

85. NEVES, Daniel Amorim Assumpção. **Novo Código de Processo Civil Comentado.** Salvador: Juspodivm, 2016.

sejam individual e socialmente justos". Isto é, o sistema jurídico precisa pautar-se na igualdade e na equidade.[86]

Neste ponto insurge um dos pontos principais da garantia do acesso à justiça: a ***igualdade de condições entre as partes litigantes em processo***. A história da sociedade humana demonstra que os homens estão sujeitos às desigualdades inerentes à própria luta de classes de todo e qualquer sistema social. Deste modo, para que condições iguais sejam garantidas a todos os seus membros, o Estado deve criar meios que possibilitem uma equiparação entre eles, tais como a inversão do ônus da prova nos casos de hipossuficiência de uma das partes em relação à outra, o acesso gratuito dos mais pobres às defensorias públicas, a instituição de órgãos de defesa do consumidor, dos idosos, das crianças e adolescentes (e demais minorias), a isenção de taxas e tarifas daqueles que não possuem condições financeiras de arcar com tal ônus etc., de modo a ***quebrantar as "barreiras ao acesso"***[87] impostas, sobretudo, pela condição social e econômica dos indivíduos sociais. Assim, é dever do Estado promover soluções a essas "barreiras ao acesso", tanto antes como durante o processo (com assistência jurídica gratuita, bem como com a gratuidade dos atos processuais e com leis que viabilizem uma igualdade de condições processuais entre os litigantes).[88]

Conforme demonstrado, o acesso à justiça consiste em garantia constitucional que visa proteger e resguardar a efetividade dos direitos dos cidadãos, através de sua forma instrumental, isto é, o processo, que por sua vez, deve ser desenvolvido em conformidade com o modelo constitucionalmente estabelecido,

86. CAPPELLETTI, Mauro; GARTH, Bryant. **Acesso à Justiça.** Porto Alegre: Serio Antonio Fabris Editor, 1988, p. 8.

87. Expressão utilizada por Mauro Cappelletti e Bryant Garth para referirem-se aos empecilhos sociais, econômicos, políticos, culturais e educacionais ao acesso à justiça que se dá, sobretudo, em relação às classes mais pobres das sociedades.

88. PORTANOVA, Rui. **Princípios do processo civil.** 4. ed. Porto Alegre: Livraria do Advogado, 2001.

respeitando os direitos e garantias fundamentais. Daí falar-se em garantia fundamental ao processo (ou direito fundamental ao processo, segundo alguns autores), pois o acesso à justiça garante ao cidadão o "direito de agir em juízo, para obter proteção da própria situação jurídica em que se encontra", através do processo, ou seja, nessa perspectiva o processo emerge como o instrumento garantidor do acesso à justiça, que visa resguardar, proteger e efetivar os direitos.[89]

Em razão disto é que se afirma que ***o acesso à justiça, deve ser desenvolvido de acordo com o modelo constitucionalmente estabelecido, respeitando-se todos os direitos e garantias dos cidadãos e buscando-se, ao máximo, a igualdade de condições entre as partes, através de um modelo democrático de processo, fundado na comparticipação e no policentrismo, possibilitando então uma decisão, verdadeiramente, pautada na equidade, entendida como a justiça do caso concreto, fundada nos padrões de justiça estabelecidos pela Constituição*** e não pela imaginação ou concepção pessoal dos magistrados.[90]

Nesse sentido, Ronaldo Brêtas de Carvalho Dias afirma que, sob uma perspectiva constitucional do processo, "o ato decisório estatal será o resultado lógico de uma atividade jurídica realizada com a obrigatória participação em contraditório daqueles interessados que suportarão seus efeitos", pois a função jurisdicional do Estado deve obedecer ao modelo constitucional de processo, "não se podendo conceber o processo como se fosse um meio de obediência servil a jurisdição". Ademais, "a manifestação de poder

89. BARACHO, José Alfredo de Oliveira. **Direito Processual Constitucional:** aspectos contemporâneos. Belo Horizonte: Del Rey, 2008, p. 17.

90. Quando se fala em justo processo ou processo justo, fala-se em processo decidido com base nos parâmetros de justiça estabelecidos na Constituição e não em parâmetros pessoais ou da consciência dos juízes, até mesmo porque, eles não têm legitimidade democrática (não foram democraticamente eleitos) para dizer quais devem ser os padrões sociais, morais ou de justiça adequados para a sociedade, sob pena de se criar uma ditadura do Judiciário, verdadeira aristocracia olímpica de deuses togados.

do Estado, exercido em nome do povo, que se projeta no pronunciamento jurisdicional (e, também, no pronunciamento legislativo) tem de ser realizada sob rigorosa disciplina constitucional principiológica, qualificada como devido processo constitucional [...] o Estado só pode agir, se e quando chamado a exercer a função jurisdicional [...] afasta-se qualquer subjetivismo ou ideologia do agente público decisor (juiz), investido pelo Estado do poder de julgar, sem espaço para a discricionariedade ou a utilização de hermenêutica canhestra fundada no prudente ou livre arbítrio do julgador ou prudente critério do juiz, incompatível com os postulados do Estado Democrático e Direito [...] a declaração final do Estado (ato decisório), decorrente de cumprir o dever de prestar a jurisdição, (...) jamais será um ato isolado ou onipotente do órgão jurisdicional, ditando ou criando direitos a seu talente, máxime se fundados nas fórmulas ilógicas, inconstitucionais e antidemocráticas do livre (ou prudente) arbítrio ou prudente critério do juiz ou sentimento de justiça do julgador".[91]

No mesmo sentido, Dierle Nunes, sob uma ótica constitucional e democrática da função jurisdicional do Estado, afirma que "não existe entre os sujeitos processuais (técnicos processuais) submissão, mas, sim, interdependência, fazendo-se inaceitável o esquema da relação jurídico-processual que impõe submissão das partes ao juiz, como já disseram dezenas de processualistas, entres estes, mais recentemente, Fazzalari, na Itália, e Gonçalves, no Brasil, e outros seguindo seus ensinamentos, mesmo sem confessa-lo. O juiz não pode mais constranger, subjugar e submeter as partes, advogados e órgãos de execução do Ministério Público no âmbito da discussão e do debate endoprocessual, com base em suas pré-compreensões, uma vez que não há submissão destes a sua figura. Ao magistrado cumpre, na alta modernidade, o papel democrático de garantidor dos direitos fundamentais, não podendo ser omisso em relação à realidade social e devendo

91. DIAS, Ronaldo Brêtas de Carvalho. **Processo Constitucional e Estado Democrático de Direito.** Belo Horizonte: Del Rey, 2010, p. 35-38.

assumir sua função institucional decisória num sistema de regras e princípios, embasado no debate endoprocessual e no espaço público processual, no qual todos os sujeitos processuais e seus argumentos são considerados e influenciam a formação dos provimentos. Tal perspectiva não importa num esvaziamento do papel do magistrado, mas, sim, em sua redefinição. Não há mais possibilidade de o juiz democrático se portar como *expert* iluminado de uma concepção privilegiada de bem viver (engenheiro social), que lhe garantiria uma postura ativista (muitas vezes subjetivista ou autoritária) incontrolável e desgarrada do marco procedimental do Estado Constitucional vigente. A submissão e o constrangimento ao cumprimento são determinados pelos provimentos e pelas normas, nunca pelo exercício totalitário da função jurisdicional, e tal não se trata de mero jogo de palavras. Ademais, o juiz democrático não pode pautar sua atuação com objetivos estratégicos, mas sim performativos, buscando o entendimento e não uma eficácia numérica (produtividade) no exercício de sua função".[92]

Por fim, é de suma importância destacarmos os seguintes ***posicionamentos*** de nossos ***tribunais superiores*** em relação à interpretação e à aplicabilidade do ***princípio do acesso à justiça:***

- ✓ STF, Súmula 667: Viola a garantia constitucional de acesso à jurisdição a taxa judiciária calculada sem limite sobre o valor da causa.
- ✓ A Constituição da República estabeleceu que o acesso à justiça é direito fundamental (art. 5º, XXXV), porém este não garante a quem não tenha capacidade postulatória litigar em juízo, ou seja, é vedado o exercício do direito de ação sem a presença de um advogado, considerado "indispensável à administração da Justiça" (art. 133 da CF/88), com as ressalvas legais.[93]

---

92. NUNES, Dierle José Coelho. **Processo Jurisdicional Democrático:** uma análise crítica das reformas processuais. Curitiba: Juruá, 2008, p. 256.
93. STF, AO 1.531 AgR, voto da relatora Min. Cármen Lúcia.

- ✓ Segundo o STF, o rito dos juizados especiais é talhado para ampliar o acesso à Justiça (art. 5º, XXXV, da CRFB) mediante redução das formalidades e aceleração da marcha processual, não sendo outra a exegese do art. 98, I, da Carta Magna, que determina sejam adotados nos aludidos juizados "os procedimentos oral e sumariíssimo", devendo, portanto, ser apreciadas cum grano salis as interpretações que pugnem pela aplicação "subsidiária" de normas alheias ao microssistema dos juizados especiais que importem delongas ou incremento de solenidades.[94]
- ✓ Segundo o STF, não viola o acesso à justiça, a exigência de depósito prévio para o ajuizamento de ação rescisória, vez que se trata de mecanismo legítimo de desincentivo ao ajuizamento de demandas ou de pedidos rescisórios aventureiros, atendendo aos direitos fundamentais à tutela judicial efetiva, célere e de qualidade.[95]
- ✓ Segundo o STF, lei estadual que Nega ao Município a possibilidade de executar seus créditos de pequeno valor sob o fundamento da falta de interesse econômico viola o direito de acesso à justiça.[96]
- ✓ Segundo o STF, a manifestação de vontade da parte na cláusula compromissória quando da celebração do contrato e a permissão legal dada ao juiz para que substitua a vontade da parte recalcitrante em firmar o compromisso, previstas na Lei de Arbitragem (Lei 9.307/1996), não ofendem o art. 5º, XXXV, da CF/88.[97]
- ✓ Segundo o STF, a aplicação retroativa de novo e reduzido prazo para a repetição ou compensação de indébito

---

94. STF, ARE 648.629, Rel. Min. Luiz Fux.
95. STF, ADI 3.995, Rel. Min. Roberto Barroso.
96. STF, RE 591.033, Rel. Min. Ellen Gracie.
97. STF, SE 5.206 AgR, Rel. Min. Sepúlveda Pertence.

tributário estipulado por lei nova, fulminando, de imediato, pretensões deduzidas tempestivamente à luz do prazo então aplicável, bem como a aplicação imediata às pretensões pendentes de ajuizamento quando da publicação da lei, sem resguardo de nenhuma regra de transição, implicam ofensa ao princípio da segurança jurídica em seus conteúdos de proteção da confiança e de garantia do acesso à Justiça.[98]

✓ Segundo o STF, a concessão de benefícios previdenciários depende de requerimento do interessado, não se caracterizando ameaça ou lesão a direito antes de sua apreciação e indeferimento pelo INSS, ou se excedido o prazo legal para sua análise. É bem de ver, no entanto, que a exigência de prévio requerimento não se confunde com o exaurimento das vias administrativas. A exigência de prévio requerimento administrativo não deve prevalecer quando o entendimento da administração for notória e reiteradamente contrário à postulação do segurado.[99]

✓ Segundo o STF, em obediência ao inc. XXXV do art. 5º da Constituição da República, a Corte tem reconhecido a desnecessidade de prévio cumprimento de requisitos desproporcionais ou inviabilizadores da submissão de pleito ao Poder Judiciário. Contraria a Constituição interpretação do previsto no art. 625-D e §§ da CLT pelo qual se reconhecesse a submissão da pretensão à Comissão de Conciliação Prévia como requisito para ajuizamento de reclamação trabalhista. Assim, a Comissão de Conciliação Prévia constitui meio legítimo, mas não obrigatório de solução de conflitos, permanecendo o acesso à Justiça resguardado para todos os

98. STF, RE 566.621, Rel. Min. Ellen Gracie.

99. STF, RE 631.240, Rel. Min. Roberto Barroso.

que venham a ajuizar demanda diretamente ao órgão judiciário competente.[100]

✓ Segundo o STF, o juízo incompetente pode, salvante os casos de erro grosseiro e manifesta má-fé, em hipóteses de urgência e desde que haja dúvida razoável a respeito do órgão que deve processar a causa, determinar o relaxamento de prisão ilegal, remetendo o caso, em seguida, ao juiz natural, configurando hipótese de *translatio iudicii* inferida do art. 5º, LXV, da Carta Magna, o qual não exige a competência da autoridade judiciária responsável pelo relaxamento, sendo certo que a complexidade dos critérios de divisão da competência jurisdicional não podem obstaculizar o acesso à justiça (art. 5º, XXXV, da CRFB).[101]

Em arremate, pode-se afirmar que ***o acesso à justiça implica na garantia fundamental ao processo constitucionalmente estabelecido (englobando-se aqui todas as garantias fundamentais do modelo constitucional de processo, bem como os meios e mecanismos que garantem o acesso isonômico de todos os cidadãos à Justiça, tais como a gratuidade do processo para os pobres, a assistência jurídica gratuita, a inversão do ônus da prova em casos de hipossuficiência etc.) que vise dar uma solução adequada e justa (de acordo com o ordenamento jurídico constitucional) aos casos concretos levados à apreciação do Poder Judiciário que, por sua vez, deve agir em conformidade com os preceitos processuais constitucionais e não conforme o arbítrio ou a discricionariedade de seus magistrados, respeitando as partes e seus representantes, sobretudo os Advogados e membros do Ministério Público, em um sistema que constitucionalmente está fundado na comparticipação e no policentrismo, fruto de uma democracia real.***

100. STF, ADI 2.139 e ADI 2.160, Rel. Min. Cármen Lúcia.

101. STF, ADI 4.414, Rel. Min. Luiz Fux.

5. DUPLO GRAU DE JURISDIÇÃO

Até o advento da Lei dos Juizados Especiais (Lei 9.099, de 26 de setembro de 1995) poder-se-ia definir o duplo grau como sendo o princípio que garante à parte interessada a possibilidade de reanálise da sentença proferida por órgão jurisdicional de grau inferior, ou melhor, a possibilidade de reexame da questão por um juízo hierarquicamente superior. Entretanto, com o advento da referida legislação ficou claro que tal reapreciação poderia ser feita por órgão de grau semelhante ao da sentença que se reforma, como nos juizados especiais em que o reexame é feito por um colegiado de juízes em face de uma sentença proferida, também, por um juiz.

Nesse sentido, a professora Djanira Maria Radamés de Sá conceitua o princípio do duplo grau de jurisdição como sendo a ***"possibilidade de reexame, de reapreciação de sentença definitiva proferida em determinada causa por outro órgão de jurisdição que não o prolator da decisão, normalmente de hierarquia superior, vindo dessa circunstância a utilização do termo grau, na denominação do princípio, a indicar os níveis hierárquicos de organização judiciária"***.[102]

Há que se registrar que sua hierarquia constitucional e, consequentemente, sua jusfundamentalidade material não são unanimes. Contudo, a doutrina majoritária[103] e o Supremo Tribunal

102. SÁ, Djanira Radamés de. **Duplo grau de jurisdição:** conteúdo e alcance. São Paulo: Saraiva, 1999, p. 88.

103. Nesse sentido, realizando uma leitura constitucional do duplo grau de jurisdição, dentre outros: Sérgio Luíz kukina afirma que o duplo grau "possui matiz constitucional". KUKINA, Sérgio Luíz. O princípio do duplo grau de jurisdição. **Revista de Processo.** São Paulo, n. 109, p. 97-112, jan/mar, 2003, p. 105. Carolina Alves de Souza Lima explica que "a Constituição de 1988, ao tratar do Poder Judiciário, organiza-o de forma que demonstre a adoção do Princípio do Duplo Grau de Jurisdição". LIMA, Carolina Alves de Souza. **O princípio constitucional do duplo grau de jurisdição.** Barueri, SP: Manole, 2004, p. 83. Eduardo Arruda Alvim demonstra que o

Federal,[104] atualmente, se posicionam pelo *status constitucional* da garantia fundamental ao duplo grau de jurisdição.

Isto posto, pode-se dizer que ***se trata de garantia jusfundamental atípica implícita às garantias fundamentais típicas do devido processo legal, do contraditório, da ampla defesa e do acesso à justiça, que em seu conjunto exigem, em face do princípio democrático e do princípio da segurança jurídica, no mínimo, uma dupla análise, sendo que a análise de revisão, em regra, deve ser feita por um órgão colegiado.***[105] Aqui, não se quer dizer que o juízo de um colegiado seja melhor ou mais correto que um juízo monocrático, mas apenas que esse juízo atende aos princípios democráticos e da segurança jurídica, dando ao cidadão jurisdicionado a segurança de que seu caso foi analisado por uma pluralidade de magistrados que, em conjunto, chegaram à decisão, afastando, ou pelo menos diminuindo, a sensação de

duplo grau está inserido no rol dos princípios processuais constitucionais implícitos. ARRUDA ALVIM, Eduardo. **Curso de Direito processual civil.** São Paulo: Revista dos Tribunais, 2000. v.2. Rui Portanova afirma que o duplo grau de jurisdição possui "dignidade constitucional". PORTANOVA, Rui. **Princípios do processo civil.** 4. ed. Porto Alegre: Livraria do Advogado, 2001, p. 265. Luiz Rodrigues Wambier e Teresa Arruda Alvim Wambier asseveram "ser o princípio do duplo grau de jurisdição um princípio constitucional por estar incidivelmente ligado à noção que hoje temos de Estado de direito". WAMBIER, Luiz Rodrigues; WAMBIER, Teresa Arruda Alvim. **Breves comentários à 2ª fase da reforma do Código de Processo Civil:** Lei 10.352, de 26.12.2001 - Lei 10.358, de 27.12.2001. São Paulo: Revista dos Tribunais, 2002, p. 95. Araújo Cintra, Ada Pellegrini e Candido Dinamarco afiançam ser o duplo grau de jurisdição um princípio processual constitucional implícito. CINTRA, Antonio Carlos de Araújo; GRINOVER, Ada Pellegrini; DINAMARCO, Candido Rangel. **Teoria Geral do Processo.** 26.ed. São Paulo: Malheiros, 2010. E, por fim, José Afonso da Silva afirma que o duplo grau "é um postulado de base constitucional". SILVA, José Afonso. **Comentário Contextual à Constituição.** 6.ed. São Paulo: Malheiros, 2009, p. 536.

104. STF, RE 794.149 AgR, Rel. Min. Dias Toffoli.

105. DOS SANTOS, Eduardo R. **Direitos Fundamentais Atípicos.** Salvador: Juspodivm, 2017.

injustiça que uma decisão monocrática muitas vezes carrega, como se uma única pessoa (o decisor) tivesse um olhar privilegiado do mundo que pudesse resolver todos os casos da vida.[106]

Ademais, como afirma Elio Fazzalari, tal princípio funda-se, sobretudo, "no luto da perda", sobre o qual "se assenta" o sucumbente, de modo que este, "pede e obtém uma nova fase de conhecimento do mérito".[107] Em sentido semelhante, Araújo Cintra, Ada Pellegrini e Candido Rangel demonstram que o duplo grau de jurisdição fundamenta-se em diversos fatores, dentre eles, "na possibilidade de a decisão de primeiro grau ser injusta ou errada"; na inconformidade do vencido; no fato dos tribunais de segundo grau se constituírem em órgãos colegiados, o que oferece mais segurança e está mais conforme ao princípio democrático; no fator psicológico, cientificamente demonstrado, de que "o juiz de primeiro grau se cerca de maiores cuidados no julgamento quando sabe que sua decisão poderá ser revista pelos tribunais da jurisdição superior"; e, sobretudo, na natureza política do princípio, vez que "nenhum ato estatal pode ficar imune aos necessários *controles*".[108]

Ainda nesse sentido, conforme aduz J.M. Othon Sidou, "o recurso é uma forma de clamor e rebeldia; o grito dos que, no foro íntimo julgando-se injustiçados, acenam para um juízo superior, na expressão de Couture. Defender a dupla jurisdição é exercitar defesa de um instinto humano, porque o recurso satisfaz tanto os sentimentos do que vence quanto os do vencido, ao passo que oferece mais autoridade à sentença de primeiro grau, pelo ensejo de melhor estudo, mais clareza e maior possibilidade de

106. DOS SANTOS, Eduardo R. **Processo e Constituição.** Leme: J.H. Mizuno, 2014, p. 129 e ss.

107. FAZZALARI, Elio. **Instituições de Direito Processual.** Campinas: Bookseller, 2006, p. 197.

108. CINTRA, Antonio Carlos de Araújo; GRINOVER, Ada Pellegrini; DINAMARCO, Candido Rangel. **Teoria Geral do Processo.** 26.ed. São Paulo: Malheiros, 2010, p. 80-81.

resolver melhor, como sublinha Augustin Costa, citando Dassen. E adotá-la é obter vantagens de natureza social, política, jurídica, judicial propriamente dita, ou seja, vantagens para o próprio desenvolvimento interno do processo".[109]

Para além das fundamentações anteriormente expostas, enquanto direito fundamental atípico, a garantia implícita do duplo grau de jurisdição tem sua jusfundamentalidade no "regime" constitucional (*lato* e *stricto sensu*), pois trata-se de direito fundamental que, além de estar implícito a dispositivos expressos da Constituição Formal, funda-se no sistema recursal constitucional e no sistema processual constitucional (*lato sensu*), bem como no sistema de direitos e garantias jusfundamentais constitucionais (*stricto sensu*), estando implícito, especialmente às garantias fundamentais típicas do devido processo legal, do contraditório, da ampla defesa e do acesso à justiça. Ademais, fundamenta-se nos princípios constitucionais, pois tem por base os princípios fundamentais do Estado Democrático de Direito (que exige uma maior segurança das decisões judiciais e que, por dar-se o segundo grau, em regra, na forma colegiada de jurisdição, contempla, em certa medida, o princípio democrático) e da dignidade da pessoa humana, que exige, no mínimo, uma segunda análise para que a pessoa humana possa ser privada de algum direito ou bem fundamental, sob pena de lhe violar os direitos fundamentais inerentes à própria dignidade da pessoa humana,[110] através de um simples juízo monocrático, de um único magistrado, como se fosse um ser onisciente que pudesse determinar o passado,

109. SIDOU, J. M. Othon. **Os recursos processuais na história do direito.** 2.ed. Rio de Janeiro: Forense, 1978, p. 8.

110. DOS SANTOS, Eduardo. R.; MELO, Luiz Carlos Figueira de. Os direitos fundamentais atípicos e os tratados internacionais de direitos humanos: a incorporação dos direitos humanos aos direitos fundamentais através do § 2º, do art. 5º, da CF/88. In: OLMO, Florisbal de Souza Del; GUIMARÃES, Antonio Marcio da Cunha; CARDIN, Valéria Silva Galdino (Org.). **XXII Encontro Nacional do CONPEDI:** Direito Internacional dos Direitos Humanos. Florianópolis: FUNJAB, 2014.

o presente e o futuro das pessoas, de um lugar privilegiado no universo, quando na verdade é um observador finito, tão finito quanto qualquer pessoa.[111]

Registre-se, por fim, que a garantia do duplo grau de jurisdição, além de direito fundamental implícito, é, também, ***direito humano fundamental consagrado em Tratados Internacionais de Direitos Humanos*** dos quais o Brasil é signatário, tais como o Pacto dos Direitos Civis e Políticos, da Organização das Nações Unidas (ONU), de 1966, que em seu art. 14.5 assegura que "*toda pessoa declarada culpada por um delito terá o direito de recorrer da sentença condenatória e da pena a uma instância superior, em conformidade com a lei*"; e o Pacto de San José da Costa Rica, da Organização dos Estados Americanos (OEA), de 1969, que em seu art. 8º, 2, *h*, assegura, processualmente, que toda pessoa tem "*direito de recorrer da sentença a juiz ou tribunal superior*".

No que tange à tutela do duplo grau na legislação processual infraconstitucional brasileira, o referido princípio apresenta-se no processo civil e no processo penal sob a forma de revisão de sentença definitiva de órgão jurisdicional e consiste em um dos principais fundamentos dos recursos. Já no processo administrativo, o duplo grau de jurisdição está estabelecido pelo princípio da revisibilidade, que implica no direito de o administrado recorrer de decisão administrativa que lhe seja desfavorável.[112]

Apesar de implicitamente estatuído pela Constituição, ***o duplo grau de jurisdição, assim como qualquer princípio jurídico, não é absoluto, em outras palavras, está submetido a restrições.*** Exemplificativamente, pode-se citar ao menos três importantes restrições ao duplo grau de jurisdição: *i)* a soberania dos veredictos do tribunal do júri, conforme o art. 5º, XXXVIII, c, da Constituição de 1988; *ii)* a inexistência de recurso contra as decisões do Supremo Tribunal Federal nas ações de sua

111. DOS SANTOS, Eduardo R. **Processo e Constituição.** Leme: J.H. Mizuno, 2014.

112. Ibidem, idem.

competência originária, em razão de se tratar da última instância judiciária do ordenamento jurídico brasileiro; e *iii)* o modelo dos juizados especiais estabelecido pela já mencionada Lei 9.099 de 1995, cujos respectivos recursos são submetidos à apreciação do mesmo juizado e não à um tribunal superior (de grau maior).[113]

No que se refere ao ***modelo dos juizados especiais***, a nosso ver, não há restrição ao princípio do duplo grau de jurisdição. Nesse sentido, Araújo Cintra, Ada Pellegrini e Candido Rangel afirmam que na referida lei o duplo grau se queda resguardado, vez que "não deve necessariamente ser desempenhado por órgãos da denominada 'jurisdição superior'", ou seja, por uma jurisdição "de grau maior", conforme já demonstrado.[114]

Deste modo, pode-se concluir que ***o princípio do duplo grau de jurisdição e, por conseguinte, os recursos, buscam dar segurança e legitimidade à prestação jurisdicional, sobretudo, quando a reapreciação é realizada por órgão colegiado, vez que este torna o debate mais amplo e instiga o amadurecimento das ideias relativas à questão objeto do caso, em respeito à justiça e à democracia.***

6. PUBLICIDADE

A publicidade consiste em um dos mais democráticos princípios processuais. Consagrada nos pactos e tratados internacionais de direitos dos homens e nas Constituições democráticas da modernidade, garante a todos o acesso aos atos processuais do Estado, sejam eles administrativos, legislativos ou judiciários.

Como demonstra Ada Pellegrini Grinover, a publicidade é fruto da luta dos homens contra os processos inquisitivos e

113. DALLARI, Dalmo de Abreu. **O poder dos juízes.** São Paulo: Saraiva, 1996.

114. CINTRA, Antonio Carlos de Araújo; GRINOVER, Ada Pellegrini; DINAMARCO, Candido Rangel. **Teoria Geral do Processo.** 26.ed. São Paulo: Malheiros, 2010, p. 83.

autoritários dos juízos secretos oriundos da Idade Média, ganhando força, sobretudo, com a Revolução Francesa e os ideais iluministas.[115] Foi positivada dentre os direitos da pessoa humana, estando garantida pelo artigo X, da Declaração Universal dos Direitos Humanos.

No Brasil, com o fim da ditadura militar e com o advento da ***Constituição cidadã de 1988***, ficou consagrada expressamente em diversos dispositivos do texto constitucional, como no *caput* do art. 37 (como princípio basilar da Administração Pública) e no ***inciso IX do art. 93***, no qual está positivada juntamente com o princípio da motivação das decisões judiciais,[116] que dispõe: ***"todos os julgamentos dos órgãos do Poder Judiciário serão públicos, e fundamentadas todas as decisões, sob pena de nulidade, podendo a lei limitar a presença, em determinados atos, às próprias partes e a seus advogados, ou somente a estes, em casos nos quais a preservação do direito à intimidade do interessado no sigilo não prejudique o interesse público à informação".***

Já no âmbito do ***Código de Processo Civil de 2015***, a publicidade encontra-se consagrada no ***art. 8º***, que afirma que ***o juiz, ao aplicar o ordenamento jurídico, deverá observar o princípio da publicidade***, bem como no ***art. 11***, segundo o qual, ***"todos os julgamentos dos órgãos do Poder Judiciário serão públicos, e fundamentadas todas as decisões, sob pena de nulidade"***, complementando seu ***parágrafo único*** que ***"nos casos de segredo de justiça, pode ser autorizada a presença somente das partes, de seus advogados, de defensores públicos ou do Ministério Público".***

115. GRINOVER, Ada Pellegrini. **Os princípios constitucionais e o Código de processo civil.** São Paulo: José Bushatsky Editor, 1975.

116. Conforme ensina Roberto José Ferreira de Almeida, "a ligação da publicidade com a motivação é íntima, de instrumentalidade recíproca, pois ambas têm o objetivo comum de possibilitar que a atividade processual se comunique com o ambiente social". ALMEIDA, Roberto José Ferreira de. **A garantia processual da publicidade.** São Paulo: Revista dos Tribunais, 2005, p. 87.

Segundo as lições de José Alfredo de Oliveira Baracho, o princípio processual da publicidade está diretamente ligado ao sistema de governo democrático, consistindo em "uma garantia imprescindível, para possibilitar a participação da cidadania, pelo que todos têm direito a um processo público". Ademais, o princípio da publicidade "contribui para assegurar a confiança da opinião pública na administração da Justiça", pois em face dele, o ato jurisdicional passa por uma avaliação social, "expondo-se às críticas das partes e de seus representantes, evitando o juízo arbitrário".[117] No mesmo sentido, Ada Pellegrini afirma que a publicidade consiste no "mais seguro instrumento de fiscalização popular sobre a obra dos magistrados, do Ministério Público e dos defensores", pois, "em última análise, o povo é o juiz dos juízes".[118] Ainda nesta perspectiva, Julio Fabbrini Mirabete assevera que "a publicidade é uma garantia para o indivíduo e para a sociedade decorrente do próprio princípio democrático [...] A regra geral da publicidade dos atos processuais está em correspondência com os interesses da comunidade, sendo considerada um freio contra a fraude, a corrupção, a compaixão e as indulgências fáceis. O procedimento secreto revela o temor da justiça à crítica do povo, não garante ao acusado o direito de defesa e cria um regime de censura e irresponsabilidade".[119] Não obstante a ampla publicidade garantida pela atual Carta da República, também chamada de *publicidade popular*, ***a própria Carta Magna Constituição de 1988, em seu art. 5º, LX, garante a ocorrência de uma publicidade restrita***, chamada ainda de ***publicidade para as partes***, que se configura quando a lei reconhece a preferência de outros princípios

117. BARACHO, José Alfredo de Oliveira. Teoria Geral do Processo Constitucional. **Revista Forense.** Rio de Janeiro, v. 383, p. 131-180, jan/fev, 2006, p. 137-138.

118. GRINOVER, Ada Pellegrini. **Os princípios constitucionais e o Código de processo civil.** São Paulo: José Bushatsky Editor, 1975, p. 131.

119. MIRABETE, Julio Fabbrini. **Processo Penal.** 15.ed. São Paulo: Atlas, 2003, p. 46.

constitucionais sobre a publicidade para determinados casos, como, por exemplo, aqueles em que a ampla publicidade poderia provocar danos à intimidade conjugal das partes. Deste modo, na publicidade restrita, os atos processuais somente são públicos em relação às partes e aos seus representantes, ou a um grupo restrito de pessoas.

A publicidade restrita dos atos processuais está prevista em alguns textos da legislação infraconstitucional brasileira, como por exemplo, no art. 2º, V, da Lei 9.784 de 1999 (Lei do Processo Administrativo no âmbito da Administração Pública Federal); no art. 189, do Código de Processo Civil de 2015; no art. 792, § 1º, do vigente Código de Processo Penal; no art. 143 da Lei 8.069 de 1990 (Estatuto da Criança e do Adolescente), dentre outros.

Especificamente em relação ao processo jurisdicional de natureza cível, a ***publicidade restrita***, conforme mencionada acima, é ***regulamentada pelo art. 189, do Código de Processo Civil de 2015***, que assim dispõe:

> Art. 189. Os atos processuais são públicos, todavia tramitam em segredo de justiça os processos:
>
> I – em que o exija o interesse público ou social;
>
> II – que versem sobre casamento, separação de corpos, divórcio, separação, união estável, filiação, alimentos e guarda de crianças e adolescentes;
>
> III – em que constem dados protegidos pelo direito constitucional à intimidade;
>
> IV – que versem sobre arbitragem, inclusive sobre cumprimento de carta arbitral, desde que a confidencialidade estipulada na arbitragem seja comprovada perante o juízo.
>
> § 1º O direito de consultar os autos de processo que tramite em segredo de justiça e de pedir certidões de seus atos é restrito às partes e aos seus procuradores.
>
> § 2º O terceiro que demonstrar interesse jurídico pode requerer ao juiz certidão do dispositivo da sentença, bem como de inventário e de partilha resultantes de divórcio ou separação.

O diploma processual civil de 2015, no inciso I, do art. 189, reservou ao juiz (a pedido das partes) o dever de declarar o sigilo nos casos em que ficarem configurados o interesse público ou social, lidando-se na referida hipótese com conceitos abertos, indeterminados, verificáveis somente em casos específicos e concretos. Já nas hipóteses dos incisos II, III e IV, do art. 189, tem-se matérias cuja publicidade, como regra, será restrita. Por força do § 1º, do respectivo artigo, a publicidade ficará restrita às partes e aos seus procuradores, contudo, conforme dispõe o § 2º, sem prejuízo a terceiros juridicamente interessados, que poderão requerer ao magistrado certidão do dispositivo da sentença.

Nada obstante à ocorrência da publicidade restrita, há de se destacar, conforme dispõe o art. 93, IX da Constituição e o art. 11, do CPC/2015, que nos casos em que o processo tenha tramitado em segredo de justiça (publicidade restrita), quando não configurada a hipótese de restrição, nula é a relação processual.[120] Nesse sentido, Roberto José Ferreira de Almeida afirma que "descumprida a exigência plena da publicidade dos autos e dos julgamentos judiciários, fora das balizas dos preceitos que consagram a sua legítima restrição, quer no plano interno, quer no plano externo, impõe-se a sanção de nulidade do processo".[121]

Isto posto, é mister, agora, debatermos, ainda que de forma sucinta, sobre a cada vez mais significante e conturbada ***relação entre o princípio processual da publicidade e as mídias de comunicação de massa***, que, conforme Araújo Cintra, Ada Pellegrini e Candido Rangel, "podem representar um perigo tão grande como o próprio segredo", vez que, muitas das vezes, distorcem o teor das causas, sensacionalizam demasiadamente os casos com a finalidade absurda de atingir mais audiência e, consequentemente, ganhar mais dinheiro com a propaganda de seus intervalos comerciais,

120. Nesse sentido, por todos: CAPUTO, Paulo Rubens Salomão. **Teoria Processual Civil:** parte geral do NCPC. Leme: JH Mizuno, 2016.

121. ALMEIDA, Roberto José Ferreira de. **A garantia processual da publicidade.** São Paulo: Revista dos Tribunais, 2005, p. 156.

comprometendo o bom andamento da justiça, o equilíbrio das relações processuais e desrespeitando a dignidade e a intimidade dos envolvidos no processo. Nessa perspectiva, "as *audiências* televisionadas têm provocado em vários países profundas manifestações de protesto. Não só os juízes são perturbados por uma curiosidade malsã, como as próprias partes e testemunhas veem-se submetidas a excessos de publicidade que infringem seu direito à intimidade, além de conduzirem à distorção do próprio funcionamento da Justiça através de pressões impostas por todos os figurantes do drama judicial".[122]

Em alguns casos, principalmente nos júris populares, pode-se afirmar que o réu já está condenado mesmo antes do julgamento ocorrer, visto que o sensacionalismo gerado pela mídia é tão grande que as pessoas eleitas para julgá-lo, mesmo antes de terem acesso aos autos, já têm a intenção de condená-lo. Por outro lado, a condenação social provocada pela mídia é tão forte e voraz que mesmo que ele seja absolvido, jamais conseguirá recuperar sua privacidade e, menos ainda, sua imagem. No Brasil, como exemplo, pode-se citar o famoso "Caso Nardoni", que estampou as capas dos jornais e revistas por mais de anos e ocupou as telas dos canais de televisão por tantas horas, que mais parecia uma dessas telenovelas que não acabam nunca.[123]

Em arremate, pode-se afirmar que ***o princípio da publicidade busca assegurar o exercício da cidadania e da democracia na ambiência processual. Entretanto, assim como qualquer outro princípio, existem hipóteses em que ele deve ceder a outros de mesmo grau hierárquico. Contudo, não estando frente a uma destas hipóteses, a inobservância de sua forma ampla gera nulidade da relação processual. Por fim, é de grande valia***

122. CINTRA, Antonio Carlos de Araújo; GRINOVER, Ada Pellegrini; DINAMARCO, Candido Rangel. **Teoria Geral do Processo.** 26.ed. São Paulo: Malheiros, 2010, p. 76-77.

123. DOS SANTOS, Eduardo R. **Processo e Constituição.** Leme: J.H. Mizuno, 2014.

lembrar que a ampla publicidade não pode ser confundida com a banalização da publicidade promovida pelas grandes mídias sob a ótica de mercado, neste caso, um verdadeiro "mercado de sangue, vida, liberdade e intimidade".

7. MOTIVAÇÃO

O princípio da motivação, positivado no já citado art. 93, IX, da Constituição de 1988, consiste em ***garantia essencial à noção de decisão justa, vez que é tal princípio que exige que o decisor demonstre racionalmente os fundamentos de fato e de direito que o levaram a decidir certa demanda de determinada maneira.*** Disto deriva uma maior confiabilidade nas decisões prolatadas, bem como evita parcialidades e autoritarismos, pois, somado ao princípio da publicidade, o princípio da motivação ***possibilita um maior controle dos julgamentos proferidos pelo Estado-juiz.***

Nessa perspectiva, Araújo Cintra, Ada Pellegrini e Candido Rangel afirmam que, modernamente, o princípio da motivação das decisões é visto como garantia às partes, ao julgador e à *quisquis de populo*, "com a finalidade de aferir-se em concreto a imparcialidade do juiz e a legalidade e justiça das decisões".[124] No mesmo sentido, José Alfredo de Oliveira Baracho explica que a motivação das decisões consiste em uma exigência instransponível estabelecida pela Constituição, que se liga não só à noção de justiça e confiabilidade, mas também à concepção de cidadania e democracia.[125]

A exigência constitucional da motivação das decisões reflete-se em todos os ramos do processo, isto é, jurisdicional,

124. CINTRA, Antonio Carlos de Araújo; GRINOVER, Ada Pellegrini; DINAMARCO, Candido Rangel. **Teoria Geral do Processo.** 26.ed. São Paulo: Malheiros, 2010, p. 74.

125. BARACHO, José Alfredo de Oliveira. **Direito Processual Constitucional:** aspectos contemporâneos. Belo Horizonte: Del Rey, 2008.

administrativo e até mesmo arbitral.[126] Advirta-se, no entanto, no que se refere ao processo administrativo, que existe certa discordância doutrinária quanto à sua ampla aplicação, entretanto, como explicam Irene Nohara e Thiago Marrara, a maior parte da doutrina entende que a motivação deva ser obrigatória em todos os atos decisionais da Administração, inclusive naqueles vinculados.[127]

Na perspectiva do modelo constitucional de processo, pode-se afirmar, com apoio na doutrina de Lenio Streck, que ***a motivação possui íntima relação com o princípio do contraditório***, assumindo papel fundamental no âmbito do Estado Democrático de Direito, vez que se desdobram na ***"garantia que cada cidadão tem de que a decisão estará devidamente fundamentada" e respeitará à dialética processual desenvolvida pelas partes***. Em outras palavras, numa democracia, não basta que o decisor fundamente sua decisão, é ainda necessário que ele explique o que foi fundamentado, isto é, justifique sua fundamentação, ou nas palavras do professor Streck, é indispensável "fundamentar a fundamentação".[128]

Nesse mesmo sentido, há muito já anotara Miguel Reale, para quem "é claro, porém, que *motivar* não significa um ato superior de opção, de per si válido, entre o que foi alegado pelo autor e contestado pelo réu, como simples *adesão* a este e não àquele, num soberano ato de vontade que é ao mesmo tempo *regula sui*. Motivar significa antes a *enunciaçao dos fundamentos* em que se

126. MONTENEGRO FILHO, Misael. **Curso de Direito Processual Civil:** Teoria Geral do Processo e Processo de Conhecimento. 6. ed. São Paulo: Atlas, 2010. v. 1.

127. NOHARA, Irene Patrícia; MARRARA, Thiago. **Processo Administrativo:** Lei nº 9.784/99 Comentada. São Paulo: Atlas, 2009.

128. STRECK, Lenio Luiz. Hermenêutica, Constituição e Processo, ou de "como discricionariedade não combina com democracia": o contraponto da resposta correta. In: MACHADO, Felipe Daniel Amorim; OLIVEIRA, Marcelo Andrade Cattoni de (coord.). **Constituição e Processo:** A contribuição do processo ao constitucionalismo democrático brasileiro. Belo Horizonte: Del Rey, 2009, p. 17-18.

baseia a decisão, constituindo, desse modo, um *ato transpessoal* que emerge do vivo cotejo das questões de fato e de direito".[129]

O dever de fundamentação das decisões fundamenta-se, dentre outras coisas, na devida deferência à dialética processual e na ampla participação dos sujeitos processuais no processo decisório (direito de influência), inerentes ao devido processo legal de Estados Democráticos de Direito e de Constituições que têm por base axiológica os princípios fundamentais de cidadania e soberania popular, sendo, portanto, a motivação das decisões judiciais uma exigência lógica e racional do próprio Estado Democrático de Direito.[130]

Nesse sentido, a doutrina há muito vem criticando decisões "fundamentadas" com base em argumentos de política, tais como os de fins coletivos, fins sociais etc., que remetem quase sempre a termos imprecisos e indeterminados, sob pena de "se criar um grau zero de sentido a partir de argumentos de política (*policy*), que justificariam atitudes/decisões meramente baseadas em estratégias econômicas, sociais ou morais",[131] de modo que, com base em tais argumentos, poder-se-ia justificar tudo, banalizando e descaracterizando os institutos, os direitos e as garantias. Bom exemplo é pensar no juiz que profere uma decisão motivando-se meramente na moralidade pública, ou na finalidade social, ou no bem-estar da coletividade, etc., sem apresentar os motivos (de fato e de direito) específicos do caso *in concreto* que o levaram

129. REALE, Miguel. **Questões de Direito Público.** São Paulo: Saraiva, 1997, p. 158.

130. DOS SANTOS, Eduardo R. **Processo e Constituição.** Leme: J.H. Mizuno, 2014.

131. STRECK, Lenio Luiz. Hermenêutica, Constituição e Processo, ou de "como discricionariedade não combina com democracia": o contraponto da resposta correta. In: MACHADO, Felipe Daniel Amorim; OLIVEIRA, Marcelo Andrade Cattoni de (coord.). **Constituição e Processo:** A contribuição do processo ao constitucionalismo democrático brasileiro. Belo Horizonte: Del Rey, 2009, p. 21.

a decidir de determinada maneira e a reconhecer a presença de tais motivos no caso.

Neste ponto, faz-se necessário lembrar que ***a ausência de motivação enseja nulidade da decisão, conforme dispõe expressamente a Constituição (art. 93, IX) e o Código de Processo Civil de 2015 (art. 11, caput)***, pois se trata de vício dos mais graves, constituindo afronta direta ao *due process of law*. Deste modo, ***se a decisão não estiver motivada, ou se sua motivação for insuficiente, ou imprecisa, ou padecer de qualquer vício, ela será nula*** e ensejará recurso em todos os âmbitos processuais possíveis, obedecido o devido processo legal e as competências constitucionalmente estabelecidas.[132]

Nesse sentido, parte da doutrina defende que as decisões proferidas pelas turmas recursais dos juizados especiais que, conforme previsto na lei 9.099/95, dispensam motivação quando confirmam a sentença proferida pelo juízo *a quo* são inconstitucionais, pois não respeitam a exigência do art. 93, IX, da Carta da República.[133]

Seguindo justamente a linha de raciocínio de processo democrático constitucionalizado, ***o Código de Processo Civil de 2015, para além de repetir a Constituição e assegurar que a ausência de motivação enseja nulidade (art. 11), regulamentou e estabeleceu as bases mínimas para uma motivação das decisões conforme as exigências constitucionais de um devido processo legal democrático, nos §§ 1º e 2º, de seu art. 489.***

> § 1º Não se considera fundamentada qualquer decisão judicial, seja ela interlocutória, sentença ou acórdão, que:

132. DOS SANTOS, Eduardo R. **Processo e Constituição.** Leme: J.H. Mizuno, 2014.

133. FELISBERTO, Adriano Cesar; IOCOHAMA, Celso Hiroshi. O princípio da motivação nas decisões de segunda instância dos juizados Especiais Cíveis. **Revista de Processo.** São Paulo, n. 190, p. 127-154, dez, 2010.

> I – se limitar à indicação, à reprodução ou à paráfrase de ato normativo, sem explicar sua relação com a causa ou a questão decidida;
>
> II – empregar conceitos jurídicos indeterminados, sem explicar o motivo concreto de sua incidência no caso;
>
> III – invocar motivos que se prestariam a justificar qualquer outra decisão;
>
> IV – não enfrentar todos os argumentos deduzidos no processo capazes de, em tese, infirmar a conclusão adotada pelo julgador;
>
> V – se limitar a invocar precedente ou enunciado de súmula, sem identificar seus fundamentos determinantes nem demonstrar que o caso sob julgamento se ajusta àqueles fundamentos;
>
> VI – deixar de seguir enunciado de súmula, jurisprudência ou precedente invocado pela parte, sem demonstrar a existência de distinção no caso em julgamento ou a superação do entendimento.
>
> § 2º No caso de colisão entre normas, o juiz deve justificar o objeto e os critérios gerais da ponderação efetuada, enunciando as razões que autorizam a interferência na norma afastada e as premissas fáticas que fundamentam a conclusão.

O inciso I, do § 1º, do art. 489, afirma que não se considera fundamentada qualquer decisão judicial que se limitar à indicação, à reprodução ou à paráfrase de ato normativo, sem explicar sua relação com a causa ou a questão decidida. Isto é, o decisor não pode meramente deferir ou indeferir determinado pedido "em conformidade com o art. X, da Lei Y", sem demonstrar como o dispositivo normativo se adequa ao caso que ele está decidindo. ***Exige-se que o magistrado demonstre racionalmente como os fatos de determinado caso concreto adequam-se à previsão normativa geral e abstrata, levando-o a decidir em certo sentido. Assim, não pode o juiz apenas indicar, reproduzir ou mesmo parafrasear o dispositivo normativo em que se pauta para decidir, sob pena de ser nula sua decisão.***

O inciso II, do § 1º, do art. 489, assevera que não se considera fundamentada qualquer decisão judicial que empregar conceitos jurídicos indeterminados, sem explicar o motivo concreto de sua incidência no caso. Por conceitos jurídicos indeterminados entende-se aqueles termos jurídicos vagos, imprecisos, como, por exemplo: função social, dignidade, boa-fé, medidas necessárias etc.[134] Aqui, ***não é que o magistrado não possa fundamentar suas decisões em normas jurídicas instituídas por termos jurídicos indeterminados, mas ao fazê-lo, deve o magistrado demonstrar sua incidência no caso concreto, isto é, ao decidir com base num termo jurídico indeterminado, deve demonstrar como o caso específico se adequa ao conteúdo normativo do termo jurídico indeterminado*** (dever de dar contornos mais precisos ao termo jurídico indeterminado em face do caso concreto) e, portanto, como aquele termo direciona sua decisão, numa perspectiva de integridade, àquele sentido decisório.

O inciso III, do § 1º, do art. 489, afiança que não se considera fundamentada qualquer decisão judicial que invocar motivos que se prestariam a justificar qualquer outra decisão. Isto é, ***não se considera fundamentada "decisão padrão", aquela "copia -cola", que poderia ser usada numa infinidade de casos semelhantes, isto é, são nulas aquelas decisões que não se dedicam a enfrentar o caso de modo específico ("já que cada caso é um caso"), apenas o fundamentando de modo abstrato, de modo que sua fundamentação possa ser usada em outros casos que tratem de matéria semelhante.*** Como bem demonstram Marinoni, Arenhart e Mitidiero, "é que a fundamentação constitui, antes de qualquer coisa, a resposta judicial à argumentação formulada pelas partes em torno das razões existentes para julgar nesse ou naquele sentido determinado caso concreto. Se a decisão se presta para justificar qualquer decisão, é porque normalmente não se atém aos fatos concretos que singularizam a causa que a

134. THEODORO JÚNIOR, Humberto et al. **Novo CPC:** fundamentos e sistematização. 2.ed. Rio de Janeiro: Forense, 2015.

fundamentação tem justamente por endereço resolver. Vale dizer: não serve para solucionar o caso concreto para o qual a sentença se encontra pré-ordenada".[135]

O inciso IV, do § 1º, do art. 489, afirma que não se considera fundamentada qualquer decisão judicial que não enfrentar todos os argumentos deduzidos no processo capazes de, em tese, infirmar a conclusão adotada pelo julgador. Bem, ***segundo este dispositivo, o juiz deve enfrentar todos os argumentos relevantes (argumentos capazes de infirmar a conclusão adotada pelo julgador, isto é, argumentos capazes de formar e/ou modificar a decisão do magistrado) aduzidos pelas partes sob pena de nulidade da decisão. Frise-se: o magistrado deve enfrentar sob pena de nulidade da decisão, todos os argumentos relevantes (capazes de infirmar a conclusão adotada pelo julgador) e não todos os argumentos apresentados pelas partes.*** Este dispositivo vem atender às exigências do princípio contraditório no âmbito do modelo constitucional de processo brasileiro e que, muitas vezes, vinha sendo desrespeitado por certos magistrados pouco afeitos aos direcionamentos democrático e republicano e que acreditam que o direito seja aquilo que eles pensam que é (ou que deveria ser, conforme suas concepções pessoais) e que as normas jurídicas são fruto de uma interpretação privilegiada, isolada e autocrática dos juízes, quando na verdade as normas são o produto de uma interpretação do magistrado, que, por sua vez, deve partir do contraditório das partes em um processo hermenêutico policêntrico e comparticipativo que se funda numa corresponsabilidade democrática de todos os sujeitos processuais.

O inciso V, do § 1º, do art. 489, assevera que não se considera fundamentada qualquer decisão judicial que se limitar a invocar precedente ou enunciado de súmula, sem identificar seus fundamentos determinantes nem demonstrar que o caso

---

135. MARINONI, Luiz Guilherme. ARENHART, Sérgio Cruz. MITIDIERO, Daniel. **Novo Código de Processo Civil Comentado.** 2.ed. São Paulo: RT, 2016, p. 577.

sob julgamento se ajusta àqueles fundamentos. Ora, o inciso em análise consagra aquilo que a doutrina processualista mineira já vinha há anos defendendo em vanguarda, isto é, que ***quando o magistrado se utiliza de precedentes ou súmula para fundamentar sua decisão, ele deve necessariamente identificar os fundamentos do precedente/súmula que justificam sua aplicação no caso em análise, bem como demonstrar como o caso a ser julgado se adequa aos fundamentos identificados, não bastando a mera alusão, citação ou remissão ao precedente ou súmula. É obrigatório demonstrar racionalmente a conexão dos fundamentos do precedente/súmula com o caso a ser julgado, sob pena de nulidade da decisão.*** Em outras palavras, é necessário que o magistrado desempenhe seu papel de hermeneuta, que não se traduz num papel mecanicista de reprodução de precedentes em decisões como se isso pudesse fundamentar o caso a ser decidido. Nas palavras de Marinoni, Arenhart e Mitidiero, "os precedentes são vertidos em textos que dizem respeito a determinados casos. Isso quer dizer que, como todo e qualquer texto, não dispensam interpretação (nada obstante tenham por função reduzir a equivocidade inerente ao discurso das fontes legislativas) a respeito do significado da linguagem empregada e a propósito do respectivo âmbito de aplicação. Daí que trabalhar com precedentes significa individualizar razões e conectá-las às hipóteses fático-jurídicas que nela recaem. Por essa razão, trabalhar com precedentes não significa de modo nenhum simplesmente alinhar julgados – condensados ou não em súmulas – sem individualizar as suas origens, os seus significados e a pertinência que guardam com o caso concreto. Não se considera fundamentada a decisão, portanto, que apenas finge aplicar precedentes, mas que na verdade não patrocina efetivo processo de identificação de razões e de demonstração da pertinência da *ratio decidendi* com o caso concreto".[136]

136. MARINONI, Luiz Guilherme. ARENHART, Sérgio Cruz. MITIDIERO, Daniel. **Novo Código de Processo Civil Comentado.** 2.ed. São Paulo: RT, 2016, p. 578.

O inciso VI, do § 1º, do art. 489, afiança que não se considera fundamentada qualquer decisão judicial que deixar de seguir enunciado de súmula, jurisprudência ou precedente invocado pela parte, sem demonstrar a existência de distinção no caso em julgamento ou a superação do entendimento. Fica evidente que o CPC/2015 quis com este dispositivo reafirmar a força dos precedentes e dos direcionamentos hermenêuticos dos tribunais superiores para as demais instâncias do Poder Judiciário com *animus* de conferir maior coerência e uniformidade às suas decisões reforçando a segurança jurídica, especialmente no que diz respeito à sua ambiência jurisprudencial. Assim, ***será nula decisão judicial que deixar de seguir enunciado de súmula, jurisprudência ou precedente invocado pela parte: i) sem demonstrar a existência de distinção no caso em julgamento, isto é, que o caso que está sendo julgado é distinto daqueles à que se destina a súmula, o precedente ou a jurisprudência; ou ii) sem demonstrar a superação do entendimento, isto é, sem demonstrar que a súmula, jurisprudência ou precedente invocado pela parte já se encontra superado pela própria corte superior do qual emanou*** (especialmente, STF em matérias constitucionais e STJ em matérias de legislação federal), já que só as cortes superiores podem superar seus próprios entendimentos.[137]

Já ***o § 2º, do art. 489, do atual diploma normativo processual civil, dedica-se à resolução de conflitos normativos, aderindo expressamente à teoria da ponderação, de autoria de Robert Alexy.*** Bem, em que pese discordemos da opção legislativa que é extremamente criticável,[138] vale registrar que ao menos foi feita uma opção, o que ***afasta a insegurança das múltiplas (e muitas vezes esdrúxulas) opções metodológicas que vinham sendo utilizadas***

137. MARINONI, Luiz Guilherme. **Precedentes Obrigatórios.** 4.ed. São Paulo: RT, 2015.

138. STRECK, Lenio Luiz. **Ponderação de normas no novo CPC? É o caos.** Presidente Dilma, por favor, veta! 08 jan. 2015. Disponível em: <http://www.conjur.com.br/2015-jan-08/senso-incomum-ponderacao-normas--cpc-caos-dilma-favor-veta >. Acesso em 22 de abril de 2016.

pelos magistrados na práxis jurídica. Ademais, considerando o enunciado do CPC/2015, exige-se que o magistrado demonstre o objeto e os critérios gerais da ponderação efetuada, enunciando as razões que autorizam a interferência na norma afastada e as premissas fáticas que fundamentam a conclusão, isto é, ***exige que o magistrado demonstre o iter de da ponderação realizada, fundamentando-a, o que assegura o controle da legitimidade de sua decisão, bem como possibilita seu controle pela via recursal.***

Advirta-se que ***o que o Código de Processo Civil de 2015 almeja com a comentada regulamentação não são decisões longas e prolixas, mas sim decisões devidamente fundamentadas.*** Isto é, não se quer que os magistrados gastem 15 laudas para decidirem processo simples, mas que não gastem apenas uma linha fingindo que estão fundamentando aquele caso, por exemplo, dizendo: "defiro o pedido, com base no art. X, da Lei Y". Até porque, decisão fundamentada não se confunde com decisão longa, sendo possível ter-se uma sem a outra.[139]

Nada obstante, há de se reconhecer que não é o fato de a legislação infraconstitucional (art. 489, CPC/2015) passar a dispor expressamente aquilo que a Constituição já previa (por uma questão lógica, de coerência e de integridade) ao reconhecer a garantia fundamental à motivação das decisões judiciais (art. 93, IX, CF/88), que fará com que seja cumprido pelos magistrados. ***Não há dúvidas de que os §§ 1º e 2º, do art. 489, NPC/2015 já enfrentam e ainda enfrentarão muita resistência, notadamente de juízes pouco afeitos ao trabalho árduo que é inerente à magistratura, ou de juízes que não querem aderir ao sistema democrático e republicano instituído em 1988,*** o que fez dos magistrados cidadãos comuns e sujeitos processuais em pé de igualdade com os demais (rompendo com uma tradicional superioridade olímpica pré-existente).

139. THEODORO JÚNIOR, Humberto et al. **Novo CPC:** fundamentos e sistematização. 2.ed. Rio de Janeiro: Forense, 2015.

Nesse sentido, mesmo antes do término de sua *vacatio legis*, os referidos dispositivos já haviam sido objetos de uma gama de enunciados de escolas da magistratura[140] e de jornadas jurídicas de tribunais, quase sempre no sentido de restringir e diminuir a garantia fundamental à motivação das decisões judiciais e ampliar a discricionariedade e o poder dos magistrados, desvinculando-os de seus deveres constitucionais.

A exemplo, o Enunciado nº 13, da Primeira Jornada sobre o Código de Processo Civil de 2015 realizada pela Escola Judicial do TRT da 18ª Região, que ocorreu entre os dias 25 e 26 de junho, de 2015, *in verbis:*

> ENUNCIADO Nº 13: AINDA QUE SE REPUTE POR CONSTITUCIONAL, REVELA-SE MANIFESTAMENTE INAPLICÁVEL AO PROCESSO DO TRABALHO O DISPOSITIVO DO NOVO CPC QUE EXIGE FUNDAMENTAÇÃO SENTENCIAL EXAURIENTE, COM O ENFRENTAMENTO DE TODOS OS ARGUMENTOS DEDUZIDOS NO PROCESSO PELAS PARTES. O inciso IV, do § 1º, do artigo 489, do Novo CPC, ao exigir fundamentação exauriente, é inaplicável ao processo trabalhista, seja pela inexistência de omissão normativa, diante do caput do artigo 832, da CLT, seja pela flagrante incompatibilidade com os princípios da simplicidade e da celeridade, norteadores do processo laboral, sendo-lhe bastante, portanto, a clássica fundamentação sentencial suficiente.

Note-se que o transcrito enunciado demonstra bem o medo que os magistrados do trabalho do TRT goiano têm da democracia e da república, ou ainda, como deuses não desejam

---

140. A exemplo dos 62 enunciados da ENFAM (Escola Nacional de Formação e Aperfeiçoamento de Magistrados) que, segundo a própria escola "servirão para orientar a magistratura nacional na aplicação do novo Código de Processo Civil (CPC)". Os textos foram aprovados por cerca de 500 magistrados durante o seminário "O Poder Judiciário e o novo CPC" realizado de 26 a 28 de agosto, de 2015. Disponível em: <http://www.enfam.jus.br/2015/09/enfam-divulga-62-enunciados-sobre-a-aplicacao-do-novo-cpc/>.

tornar-se homens. Segundo os magistrados goianos entendem, a Constituição da República Federativa do Brasil de 1988 só lhes é aplicável naquilo que, segundo eles mesmos, os beneficiam, já quanto aos ônus inerentes ao exercício da magistratura numa ambiência democrática e republicana, esses devem ser afastados de suas excelências, que estão num outro patamar, muito acima dos reles mortais. Ademais, ainda que o CPC/2015, por força expressa seja aplicável à justiça do trabalho (art. 15), segundo o TRT goiano, a fundamentação exauriente que ele exige não se aplica aos processos trabalhistas. A exposição dos motivos apresentada para sua inaplicabilidade nos lembra uma bela "birra de criança mimada", esperneando ininterruptamente para tentar se esquivar de seus deveres. Veja bem: o CPC/2015 só regulamentou aquilo que a própria Constituição ordenou! A justiça do trabalho, em suas decisões, deve realizar a fundamentação exauriente desde, no mínimo, 05 de outubro de 1988, porque a Constituição determina que assim seja feito. O art. 489, IV, do CPC/2015 vem apenas deixar claro aos que estavam desobedecendo a Constituição que eles devem cumprir com seus deveres constitucionais.

Por fim, é de suma importância destacarmos os seguintes ***posicionamentos*** de nossos ***tribunais superiores*** em relação à interpretação e à aplicabilidade do ***princípio da motivação das decisões:***

- ✓ Segundo o STF, é inquestionável que a exigência de fundamentação das decisões judiciais, mais do que expressiva imposição consagrada e positivada pela nova ordem constitucional (art. 93, IX), reflete uma poderosa garantia contra eventuais excessos do Estado-juiz, pois, ao torná-la elemento imprescindível e essencial dos atos sentenciais, quis o ordenamento jurídico erigi-la como fator de limitação dos poderes deferidos aos magistrados e tribunais.[141]

141. STF, HC 68.202, Rel. Min. Celso de Mello.

- ✓ Segundo o STF, a fundamentação constitui pressuposto de legitimidade das decisões judiciais. A fundamentação dos atos decisórios qualifica-se como pressuposto constitucional de validade e eficácia das decisões emanadas do Poder Judiciário. A inobservância do dever imposto pelo art. 93, IX, da Carta Política, precisamente por traduzir grave transgressão de natureza constitucional, afeta a legitimidade jurídica da decisão e gera, de maneira irremissível, a consequente nulidade do pronunciamento judicial.[142]
- ✓ Segundo o STF, a decisão, como ato de inteligência, há de ser a mais completa e convincente possível. Incumbe ao Estado-juiz observar a estrutura imposta por lei, formalizando o relatório, a fundamentação e o dispositivo. Transgride comezinha noção do devido processo legal, desafiando recursos pronunciamento que, inexistente incompatibilidade com o já assentado, implique recusa em apreciar causa de pedir veiculada por autor ou réu. O juiz é um perito na arte de proceder e julgar, devendo enfrentar as matérias suscitadas pelas partes, sob pena de, em vez de examinar no todo o conflito de interesses, simplesmente decidi-lo, em verdadeiro ato de força, olvidando o ditame constitucional da fundamentação, o princípio básico do aperfeiçoamento da prestação jurisdicional.[143]
- ✓ Segundo o STF, a falta de fundamentação não se confunde com fundamentação sucinta. Enquanto a falta de fundamentação é inconstitucional, gerando a nulidade do processo, a fundamentação sucinta é constitucional, desde que enfrentados todos os argumentos deduzidos no processo capazes de infirmar a conclusão adotada pelo julgador.[144]

---

142. STF, HC 80.892, Rel. Min. Celso de Mello.

143. STF, RE 435.256, Rel. Min. Marco Aurélio.

144. STF, HC 105.349 AgR, Rel. Min. Ayres Britto.

- ✓ Segundo o STF, a decisão judicial deve analisar todas as questões suscitadas pela defesa do réu. Reveste-se de nulidade o ato decisório, que, descumprindo o mandamento constitucional que impõe a qualquer juiz ou tribunal o dever de motivar a sentença ou o acórdão, deixa de examinar, com sensível prejuízo para o réu, fundamento relevante em que se apoia a defesa técnica do acusado.[145]
- ✓ Segundo o STF, não satisfaz a exigência constitucional de que sejam fundamentadas todas as decisões do Poder Judiciário (CF, art. 93, IX) a afirmação de que a alegação deduzida pela parte é "inviável juridicamente, uma vez que não retrata a verdade dos compêndios legais": não servem à motivação de uma decisão judicial afirmações que, a rigor, se prestariam a justificar qualquer outra.[146]
- ✓ Segundo o STF, revela-se legítima e plenamente compatível com a exigência imposta pelo art. 93, IX, da Constituição da República, a utilização, por magistrados, da técnica da motivação *per relationem*, que se caracteriza pela remissão que o ato judicial expressamente faz a outras manifestações ou peças processuais existentes nos autos, mesmo as produzidas pelas partes, pelo Ministério Público ou por autoridades públicas, cujo teor indique os fundamentos de fato e/ou de direito que justifiquem a decisão emanada do Poder Judiciário.[147]
- ✓ Entretanto, a fundamentação *per relationem* encontra limites. Nesse sentido, segundo o STJ, é nulo o acórdão que se limita a ratificar a sentença ou adotar parecer ministerial, sem sequer transcrevê-los, deixando de afastar as teses defensivas ou de apresentar fundamento

145. STF, HC 74.073, Rel. Min. Celso de Mello.
146. STF, RE 217.631, Rel. Min. Sepúlveda Pertence.
147. STF, MS 25.936 ED, Rel. Min. Celso de Mello.

próprio, caracterizando falta de fundamentação, gerando sua nulidade absoluta.[148]

- ✓ Segundo o STF, não afronta a exigência constitucional de motivação dos atos decisórios a decisão de turma recursal de juizados especiais que, em consonância com a Lei 9.099/1995, adota como razões de decidir os fundamentos contidos na sentença recorrida.[149]
- ✓ Segundo o STF, não viola o art. 93, IX, da CF o acórdão que adota os fundamentos da sentença de primeiro grau como razão de decidir.[150]
- ✓ Segundo o STF, a mera alusão ao "requerimento" do Parquet e/ou da autoridade policial não se mostra suficiente para legitimar a quebra dos sigilos telefônico e bancário dos pacientes. A referência - argumento de autoridade - não passa pelo crivo da proporcionalidade, na medida em que não apresenta motivação idônea para fazer ceder a essa situação excepcional de ruptura da esfera da intimidade de quem se encontra sob investigação.[151]
- ✓ Segundo o STF, constitui direito fundamental do cidadão, em especial na qualidade de jurisdicionado, o de conhecer a motivação das decisões judiciais, sob pena de retornar-se ao voluntarismo dos agentes estatais, expresso na conhecida frase dos monarcas absolutistas franceses, que justificavam seus atos assentando: "*ler oi le veut*." Assim, a expedição de mera certidão em que se contém apenas o resultado do julgamento não permite que se conheça as razões que emprestam suporte às

148. STJ, HC 214.049, Rel. p/ o acórdão Min. Maria Thereza de Assis Moura.
149. STF, RE 635.729 RG, voto do relator Min. Dias Toffoli.
150. STF, HC 98.814, Rel. Min. Ellen Gracie; STF, HC 94.384, Rel. Min. Dias Toffoli.
151. STF, HC 96.056, voto do relator Min. Gilmar Mendes.

decisões dos ministros do STM, revelando-se tal proceder incompatível com o ordenamento constitucional vigente.[152]

- ✓ Segundo o STF, é nula a decisão que decreta prisão preventiva com base em razões abstratas.[153]
- ✓ Segundo o STF, é nula a decisão que recebe denúncia sem fundamentação suficiente sobre a admissibilidade da ação penal.[154]
- ✓ Segundo o STF, a exigência de motivação da individualização da pena - hoje, garantia constitucional do condenado (CF, arts. 5º, XLVI, e 93, IX) - não se satisfaz com a existência na sentença de frases ou palavras quaisquer, a pretexto de cumpri-la: a fundamentação há de explicitar a sua base empírica e essa, de sua vez, há de guardar relação de pertinência, legalmente adequada, com a exasperação da sanção penal, que visou a justificar. É nula, no ponto, a sentença na qual o juiz, explicitando os dados de fato em que assentou a exacerbação da pena - no caso, ao ponto de quadruplicar o mínimo da cominação legal -, desvela o subjetivismo dos critérios utilizados, de todo distanciados dos parâmetros legais.[155]
- ✓ Segundo o STF, no âmbito do processo penal por crimes dolosos contra a vida, na pronúncia, o dever de fundamentação imposto ao magistrado é de ser cumprido dentro de limites estreitos. Fundamentação que é de se restringir à comprovação da materialidade do fato criminoso e à indicação dos indícios da autoria delitiva. Tudo o mais, todas as teses defensivas, todos

152. STF, RE 575.144, voto do relator Min. Ricardo Lewandowski.

153. STF, HC 84.311, Rel. Min. Cezar Peluso.

154. STF, RE 456.673, Rel. Min. Cezar Peluso.

155. STF, HC 69.419, Rel. Min. Sepúlveda Pertence; STF, HC 93.857, Rel. Min. Cezar Peluso.

os elementos de prova já coligidos hão de ser sopesados pelo próprio conselho de sentença, que é soberano em tema de crimes dolosos contra a vida. É vedado ao juízo de pronúncia o exame conclusivo dos elementos probatórios constantes dos autos. Além de se esperar que esse juízo pronunciante seja externado em linguagem sóbria, comedida, para que os jurados não sofram nenhuma influência na formação do seu convencimento. É dizer: o conselho de sentença deve mesmo desfrutar de total independência no exercício de seu múnus constitucional.[156]

- ✓ Segundo o STF, a dosimetria da pena exige do julgador uma cuidadosa ponderação dos efeitos ético-sociais da sanção e das garantias constitucionais, especialmente a garantia da individualização do castigo. Em matéria penal, a necessidade de fundamentação das decisões judiciais tem na fixação da pena um dos seus momentos culminantes. Não há ilegalidade ou abuso de poder se, no trajeto da aplicação da pena, o julgador explicita os motivos de sua decisão.[157]
- ✓ Segundo o STF, se é certo, de um lado, que nenhum condenado tem direito público subjetivo à estipulação da pena-base em seu grau mínimo, não é menos exato, de outro, que não se mostra lícito, ao magistrado sentenciante, proceder a uma especial exacerbação da pena-base, exceto se o fizer em ato decisório adequadamente motivado, que satisfaça, de modo pleno, a exigência de fundamentação substancial evidenciadora da necessária relação de proporcionalidade e de equilíbrio entre a pretensão estatal de máxima punição e o interesse individual de mínima expiação, tudo em ordem a inibir soluções arbitrárias ditadas pela só e exclusiva

156. STF, HC 94.274, Rel. Min. Ayres Britto.

157. STF, RHC 95.778, Rel. Min. Ayres Britto.

vontade do juiz. A concretização da sanção penal, pelo Estado-juiz, impõe que este, sempre, respeite o itinerário lógico-racional, necessariamente fundado em base empírica idônea, indicado pelos arts. 59 e 68 do CP, sob pena de o magistrado – que não observar os parâmetros estipulados em tais preceitos legais – incidir em comportamento manifestamente arbitrário, e, por se colocar à margem da lei, apresentar-se totalmente desautorizado pelo modelo jurídico que rege, em nosso sistema de direito positivo, a aplicação legítima da resposta penal do Estado. A condenação penal há de refletir a absoluta coerência lógico-jurídica que deve existir entre a motivação e a parte dispositiva da decisão, eis que a análise desses elementos – que necessariamente compõem a estrutura formal da sentença – permitirá concluir, em cada caso ocorrente, se a sua fundamentação ajusta-se, ou não, de maneira harmoniosa, à base empírica que lhe deu suporte. A aplicação da pena, em face do sistema normativo brasileiro, não pode converter-se em instrumento de opressão judicial nem traduzir exercício arbitrário de poder, eis que o magistrado sentenciante, em seu processo decisório, está necessariamente vinculado aos fatores e aos critérios, que, em matéria de dosimetria penal, limitam-lhe a prerrogativa de definir a pena aplicável ao condenado. Não se revela legítima, por isso mesmo, a operação judicial de dosimetria penal, quando o magistrado, na sentença, sem nela revelar a necessária base empírica eventualmente justificadora de suas conclusões, vem a definir, mediante fixação puramente arbitrária, a pena-base, exasperando-a de modo evidentemente excessivo, sem quaisquer outras considerações.[158]

158. STF, HC 96.590, Rel. Min. Celso de Mello.

✓ Segundo o STF, o exame criminológico, embora facultativo, deve ser feito por decisão devidamente fundamentada, com a indicação dos motivos e considerando-se as circunstâncias do caso concreto.[159]

Em arremate, é mister compreendermos que a motivação efetiva e concreta das decisões é indispensável ao devido processo constitucional, tratando-se de garantia jusfundamental que, caso não observada, enseja nulidade do processo. Ademais, em democracias não se admite autoritarismos, decisionismos, nem fundamentações insuficientes, meramente pautadas em elementos políticos, ou indeterminados ou indefinidos, pois o juiz tem o dever de formar sua decisão sob o crivo do contraditório das partes, fundamentando-se nos elementos de fato e nas razões de direito trazidos pelas mesmas ao processo, demonstrando de forma clara e concreta os motivos que o levaram a decisão.

8. JUIZ NATURAL, INDEPENDENTE E IMPARCIAL

O princípio do juiz natural, também chamado pela doutrina de juiz legal ou juiz constitucional (ou ainda juízo natural ou juízo constitucional), consiste historicamente em um mandamento jurídico de densidade axiológica que consagra diversas garantias em seu profundo conteúdo. Ainda sob uma perspectiva histórica, Rui Portanova explica que a expressão *juiz natural* foi positivada pela primeira vez no art. 17 do título II da Lei Francesa de 24 de agosto de 1790. Já sua primeira referência constitucional consta da Constituição francesa de 1971.[160]

Atualmente, o princípio do juiz natural encontra-se consagrado em diversas legislações internacionais e em constituições democráticas, tais como a brasileira. Como exemplo, pode-se citar o artigo X da Declaração Universal dos Direitos Humanos

159. STF, HC 92.378, Rel. p/ o acórdão Min. Cármen Lúcia.

160. PORTANOVA, Rui. **Princípios do processo civil.** 4. ed. Porto Alegre: Livraria do Advogado, 2001.

de 1948 que dispõe que "*toda pessoa tem direito, em plena igualdade, a uma audiência justa e pública por parte de um tribunal independente e imparcial, para decidir de seus direitos e deveres ou do fundamento de qualquer acusação criminal contra ele*"; o ***inciso XXXVII, do artigo 5º, da Constituição brasileira de 1988*** que assegura que ***"não haverá juízo ou tribunal de exceção";***[161] bem como o ***inciso LIII do mesmo artigo de nossa Carta da República*** que afirma que ***"ninguém será processado nem sentenciado senão pela autoridade competente".***

Em razão de ter-se consagrado em documentos de profundo conteúdo axiológico, o princípio do juiz natural encontra-se dominado por um complexo sentido ético que se liga diretamente a noção de justiça, pois, como explicam Araújo Cintra, Ada Pellegrini e Candido Rangel, apenas "a jurisdição subtraída a influências estranhas pode configurar uma justiça que dê a cada um o que é seu e somente através da garantia de um juiz imparcial o processo pode representar um instrumento não apenas técnico, mas ético".[162]

Nessa perspectiva, o princípio do juiz natural não pode ser compreendido como mera proibição de existência de tribunais de exceção, mas sim como uma complexa garantia que engloba várias outras garantias e diversos subprincípios que estabelecem um verdadeiro juiz natural constitucionalmente estabelecido, ou um juiz constitucional.[163] Em face disto, e com base na doutrina

161. Conforme ensina José Afonso da Silva, Tribunal de Exceção consiste naquele "que não integra o sistema judiciário preestabelecido, o que é criado *ad hoc*, isto é, apenas para o caso, e *post facto*, ou seja, depois da ocorrência do fato objeto do processo e do julgamento". SILVA. José Afonso da. **Comentário Contextual à Constituição.** 6.ed. São Paulo: Malheiros, 2009, p. 136.

162. CINTRA, Antonio Carlos de Araújo; GRINOVER, Ada Pellegrini; DINAMARCO, Candido Rangel. **Teoria Geral do Processo.** 26.ed. São Paulo: Malheiros, 2010, p. 59.

163. DOS SANTOS, Eduardo R. **Processo e Constituição.** Leme: J.H. Mizuno, 2014.

de Héctor Fix-Zamudio,[164] é possível afirmar que o juiz natural compreende uma jurisdição complexa constitucionalmente preestabelecida que seja imparcial e independente.[165]

Ronaldo Brêtas de Carvalho Dias ensina, ainda, que ***o juízo natural é em um princípio diretivo da função jurisdicional que está diretamente ligado à noção de Estado Democrático de Direito, de modo que podemos afirmar que o desrespeito a tal princípio consiste em afronta direta ao próprio Estado Democrático de Direito, vez que tal princípio se estabelece como garantia dos direitos fundamentais de liberdade, dignidade e ampla defesa, impossibilitando que sejam criados órgãos jurisdicionais com competências pós-definidas, isto é, definidas após os fatos a serem julgados.***[166] No mesmo sentido, Ernane Fidélis dos Santos ensina que a instituição destes órgãos jurisdicionais com competências pós-definidas, isto é, de Tribunais de Exceção "peca contra os princípios democráticos", em face do juiz natural e do Estado Democrático de Direito.[167]

Em suma, pode-se dizer que ***o princípio do juiz natural compreende, dentre outras, as seguintes garantias: proibição de julgamento por órgão constituído após a ocorrência do fato; instituição dos órgãos jurisdicionais e fixação da competência***

164. FIX-ZAMUDIO, Héctor. **Constituición y proceso civil en Latinoamérica:** Estudios Comparativos. Derecho Latinoamericano. Serie D. Numero 5. México: UNAM. 1974.

165. Conforme esclarecem os professores Javier García Roca e José Miguel Vidal Zapatero, "independência e imparcialidade são conceitos próximos e inter-relacionados". ROCA, Javier García Roca; ZAPATERO, José Miguel Vidal. El derecho a un tribunal independiente e imparcial (art. 6.1 del Convenio Europeo de Derechos Humanos). **Revista de Direito Constitucional e Internacional.** São Paulo, n. 57, p. 267-309, out/dez, 2006, p. 307. (tradução livre).

166. DIAS, Ronaldo Brêtas de Carvalho. **Processo Constitucional e Estado Democrático de Direito.** Belo Horizonte: Del Rey, 2010.

167. SANTOS, Ernane Fidélis dos. **Manual de Direito Processual Civil:** processo de conhecimento. 15.ed. São Paulo: Saraiva, 2011. v.1, p. 88.

pela Carta Maior; cumprimento rigoroso das determinações procedimentais referentes à divisão funcional interna; inércia da jurisdição; independência, imparcialidade, inafastabilidade e gratuidade judiciária, investidura, aderência ao território, indelegabilidade, indeclinabilidade, inevitabilidade e independência da jurisdição civil da criminal, perpetuatio jurisdictiones e recursividade.[168]

Todas essas garantias, asseguram (no campo do *dever-ser*), em face de seu amplo teor democrático, que o julgador (normalmente identificado pelo Poder Judiciário) não se quede subserviente a autoritarismos, nem se deixe influenciar por lideranças políticas, econômicas etc., isto é, visam impossibilitar que o julgador se torne um "fantoche" ou "servidor" de determinada classe, ainda que inconscientemente.[169]

Nada obstante, vale destacar, na esteira das lições de Nelson Nery Junior, que ***não se pode confundir determinadas prerrogativas de foro com tribunal de exceção, tais como os foros por prerrogativa em função do cargo/função ou interesse público,*** isto porque, a Constituição estabelece tais prerrogativas de foro em razão do interesse público geral, visando o melhor funcionamento da justiça e das instituições públicas do país. Deste modo, não há de se falar em tribunal de exceção nas ações de divórcio e anulação de casamento que devem ser processadas no foro em que reside a mulher, assim como nas ações de alimentos que se processam no foro em que reside o alimentado, nem mesmo nas ações em que há foro por prerrogativa de função, tais como as ações penais em que é réu o presidente da república, por exemplo.[170]

Ademais, é mister registrarmos que o princípio do juiz natural se aplica, inclusive, ao processo administrativo, sendo

168. DOS SANTOS, Eduardo R. **Processo e Constituição.** Leme: J.H. Mizuno, 2014.

169. Ibidem, idem.

170. NERY JUNIOR, Nelson. **Princípios do processo na Constituição Federal.** 10.ed. São Paulo: Revista dos Tribunais, 2010.

chamado pelos administrativistas de princípio do julgador natural. É valido, também, dizer que o juízo arbitral não constitui ofensa ao princípio do juiz natural, sobretudo porque se origina de uma convenção livre entre as partes que não versa sobre direitos indisponíveis.[171]

Por fim, é de suma importância destacarmos os seguintes ***posicionamentos*** de nossos ***tribunais superiores*** em relação à interpretação e à aplicabilidade do ***princípio do juiz natural:***

- ✓ Segundo o STF, o postulado do juiz natural, por encerrar uma expressiva garantia de ordem constitucional, limita, de modo subordinante, os poderes do Estado - que fica, assim, impossibilitado de instituir juízos *ad hoc* ou de criar tribunais de exceção -, ao mesmo tempo em que assegura ao acusado o direito ao processo perante autoridade competente abstratamente designada na forma da lei anterior, vedados, em consequência, os juízos *ex post facto.*[172]
- ✓ Segundo o STF, o postulado do juiz natural deriva de cláusula constitucional tipicamente bifronte, pois, dirigindo-se a dois destinatários distintos, ora representa um direito do réu ou do indiciado/sindicado (eficácia positiva da garantia constitucional), ora traduz uma imposição ao Estado (eficácia negativa dessa mesma garantia constitucional). O princípio da naturalidade do juízo, portanto, encerrando uma garantia constitucional, limita, de um lado, os poderes do Estado (impossibilitado, assim, de instituir juízos ad hoc ou de criar tribunais de exceção) e assegura, ao acusado (ou ao sindicado/indiciado), de outro, o direito ao processo (judicial ou administrativo) perante autoridade competente, abstratamente designada na forma de lei anterior

171. Ibidem, idem.

172. STF, AI 177.313 AgR, Rel. Min. Celso de Mello.

(vedados, em consequência, os juízos *ex post facto*). (...) Vê-se (...) que a cláusula do juiz natural, projetando-se para além de sua dimensão estritamente judicial, também compõe a garantia do *due process*, no âmbito da administração pública, de tal modo que a observância do princípio da naturalidade do juízo representa, no plano da atividade disciplinar do Estado, condição inafastável para a legítima imposição, a qualquer agente público, notadamente aos magistrados, de sanções de caráter administrativo.[173]

✓ Segundo o STF, a neutralidade impõe que o juiz se mantenha em situação exterior ao conflito objeto da lide a ser solucionada. O juiz há de ser estranho ao conflito. A independência é expressão da atitude do juiz em face de influências provenientes do sistema e do governo. Permite-lhe tomar não apenas decisões contrárias a interesses do governo - quando o exijam a Constituição e a lei - mas também impopulares, que a imprensa e a opinião pública não gostariam que fossem adotadas. A imparcialidade é expressão da atitude do juiz em face de influências provenientes das partes nos processos judiciais a ele submetidos. Significa julgar com ausência absoluta de prevenção a favor ou contra alguma das partes. Aqui nos colocamos sob a abrangência do princípio da impessoalidade, que a impõe.[174]

✓ A jurisprudência do STF fixou entendimento no sentido de que a concentração de vários processos que versem sobre a mesma matéria em um mesmo órgão julgador não ofende o princípio do juiz natural.[175]

173. STF, MS 28.712 MC, Rel. Min. Celso de Mello.

174. STF, HC 95.009, Rel. Min. Eros Grau.

175. STF, AI 753.445 AgR, Rel. Min. Eros Grau.

- ✓ Súmula 704, do STF: Não viola as garantias do juiz natural, da ampla defesa e do devido processo legal a atração por continência ou conexão do processo do corréu ao foro por prerrogativa de função de um dos denunciados.
- ✓ Segundo o STF, não viola o postulado constitucional do juiz natural o julgamento de apelação por órgão composto majoritariamente por juízes convocados.[176]
- ✓ Segundo o STF, o princípio do juiz natural não resta violado na hipótese em que lei estadual atribui a vara especializada competência territorial abrangente de todo o território da unidade federada, com fundamento no art. 125 da Constituição, porquanto o tema gravita em torno da organização judiciária, inexistindo afronta aos princípios da territorialidade e do juiz natural. A *perpetuatio jurisdictionis* é excepcionada nas hipóteses de modificação da competência ratione materiae do órgão, motivo pelo qual é lícita a redistribuição dos inquéritos policiais para a nova vara criminal.[177]
- ✓ Segundo o STF, a garantia do juiz natural, prevista nos incisos LIII e XXXVII do art. 5º da CF, é plenamente atendida quando se delegam o interrogatório dos réus e outros atos da instrução processual a juízes federais das respectivas seções judiciárias, escolhidos mediante sorteio.[178]
- ✓ Segundo o STF, não é necessária, ao desaforamento, a afirmação da certeza da imparcialidade dos jurados, bastando o fundado receio de que reste comprometida.[179]

176. STF, RE 597.133, Rel. Min. Ricardo Lewandowski.
177. STF, ADI 4.414, Rel. Min. Luiz Fux.
178. STF, AP 470 QO, Rel. Min. Joaquim Barbosa.
179. STF, HC 96.785, Rel. Min. Eros Grau.

Em arremate, ressalte-se que ***o princípio do juiz natural consiste na garantia de que os homens só serão submetidos a julgamentos justos, imparciais, e idôneos, nos quais eles terão a possibilidade de demonstrar seus argumentos sem juízos prévios ou intervenções políticas, econômicas etc. que intentem moldar o resultado do julgamento.*** Neste sentido, a clássica lição de ***Rudolf Von Ihering***, que há muito afirmara que ***"o homem vítima de uma justiça venal ou parcial encontra-se violentamente arrojado para fora das vias do direito".***[180]

9. INADMISSIBILIDADE DAS PROVAS ILÍCITAS

O princípio da inadmissibilidade das provas ilícitas encontra-se positivado no ***art. 5º, LVI, da Carta Republicana, segundo o qual "são inadmissíveis, no processo, as provas obtidas por meios ilícitos".***

Já no ***Código de Processo Civil de 2015***, é extraído do ***art. 369***, que afirma que ***"as partes têm o direito de empregar todos os meios legais, bem como os moralmente legítimos, ainda que não especificados neste Código, para provar a verdade dos fatos em que se funda o pedido ou a defesa e influir eficazmente na convicção do juiz".*** Assim, **se as partes têm direito de empregar todos os meios legais e legítimos, por uma questão lógica, teleológica e sistêmica, a *contrario sensu*, é vedado pelo sistema jurídico processual o uso de provas ilegais e de provas ilegítimas.**

Ora, o processo tem a busca da verdade como um princípio inerente a sua própria existência, enfim, não há porque instaurar-se um processo sem o objetivo de se encontrar a verdade e, por conseguinte, aplicar o direito da forma mais justa e equitativa possível.

Entretanto, ***não se pode buscar a verdade a qualquer custo***, isto é, se a busca da verdade é uma garantia fundamental

180. IHERING, Rudolf Von. **A luta pelo Direito.** São Paulo: Martin Claret, 2009, p. 74.

consagrada pela Constituição, por outro lado, existem outros direitos e garantias fundamentais (materiais e processuais) que, em determinados casos, colidem com ela e que, também, devem ser respeitados, *como os* o direitos à intimidade, à integridade física e moral, à inviolabilidade do domicílio e das correspondências etc.

Definitivamente, os fins não justificam os meios! Assim, a busca da verdade não pode passar por cima dos demais direitos e garantias fundamentais das pessoas. É preciso que o processo seja legítimo e lícito. O Estado-juiz para fazer cumprir as leis, não pode desrespeitá-las, sob pena de macular o processo e até mesmo manipular os rumos da verdade, distanciando-se dela. Em exemplo, poderíamos lembrar dos processos conduzidos pela "Santa Inquisição", cujas "provas" eram obtidas pelos meios mais cruéis possíveis, como torturas, prisões imotivadas e sem observância do devido processo legal, confisco de bens etc., levando muitas vezes a falsas confissões, a falsas delações, a falsos testemunhos, como forma de aliviar-se das aflições físicas, psicológicas, morais, econômicas, dentre outras, impostas pelo processo.[181]

Em face desta tensão normativa entre o princípio da busca da verdade e outros princípios consagradores de direitos e garantias fundamentais, a Constituição estabeleceu que não são admitidas em processo as provas obtidas por meios ilícitos, ou seja, ***não se admite provas que advirem de violação de direitos e garantias fundamentais, bem como de violação das leis ou da moral jurídica.***[182]

Nada obstante, ***há situações em que haverá de se superar a inadmissibilidade das provas ilícitas, conforme as exigências do caso in concreto, em razão da tensão entre as normas***

181. DOS SANTOS, Eduardo R. **Processo e Constituição.** Leme: J.H. Mizuno, 2014.

182. Nesse sentido, dentre outros: ÁVILA, Thiago André Pierobom de. **Provas ilícitas e proporcionalidade.** Rio de Janeiro: Lumen Juris, 2007; e AVOLIO, Luiz Francisco Torquato. **Provas ilícitas:** interceptações telefônicas, ambientais e gravações clandestinas. 4.ed. São Paulo: Revista dos Tribunais, 2010.

fundamentais consagradoras de direitos e garantias da pessoa humana, devendo-se, conforme o art. 489, §2º, do CPC/2015, proceder-se à ponderação das referidas normas através da regra de proporcionalidade, como por exemplo, quando se utiliza de uma prova ilícita para absolver um réu inocente em processo penal.[183] Contudo, frise-se: estas situações são excepcionais, vez que a garantia da proibição das provas ilícitas já é fruto de uma pré-ponderação do Constituinte (entre o princípio da busca de verdade e os princípios constitucionais com ele colidentes), ficando consagrada como a regra em nossa Constituição.[184]

A doutrina tem distinguido conceitualmente as provas obtidas por meios ilegais e/ou inconstitucionais em provas ilícitas e provas ilegítimas, sendo as primeiras aquelas que contrariam dispositivos de direito material e as segundas aquelas que contrariam dispositivos de direito processual, contudo, essa distinção não tem qualquer utilidade quanto às consequências jurídicas, além de que muitas normas têm conteúdo material e processual simultaneamente, sem falar que essa dicotomização tem sido objeto de diversas críticas em razão, sobretudo, de não favorecer uma abordagem sistemática do direito.[185]

Parte da doutrina, ainda tem identificado que **a ilicitude da prova pode ter duas causas, duas origens: *i) obtenção por meios indevidos, ilícitos*** (ex.: uso de tortura, violência ou grave ameaça para se obter a confissão, delação ou testemunho) ***e ii) meio empregado para a demonstração do fato*** (ex.: violação de

183. Vale ressaltar que no processo penal, a inadmissibilidade das provas obtidas por meios ilícitos consubstancia-se quase que em um princípio absoluto, contudo, quando em favor do réu, as provas ilícitas têm sido admitidas pela jurisprudência e pela maioria da doutrina, ou seja, quando sopesada em face do princípio da liberdade, da ampla defesa e do *favor rei* ou *in dúbio pro reo*, a proibição das provas ilícitas tem cedido.

184. MARINONI, Luiz Guilherme; ARENHART, Sérgio Cruz. **Prova.** São Paulo: Revista dos Tribunais, 2009.

185. OLIVEIRA, Eugênio Pacelli de. **Curso de Processo Penal.** 15.ed. Rio de Janeiro: Lumen Juris, 2011.

sigilo bancário sem autorização judicial, interceptações telefônicas etc.).[186] Contudo, ao que nos parece, além de ser de pouca valia prática, essa é uma classificação confusa, cujas linhas de definição são demasiadamente tênues e imprecisas.

Ainda no que se refere à inadmissibilidade das provas obtidas por meios ilícitos, faz-se de suma importância destacar que o ordenamento jurídico brasileiro consagrou a ***teoria dos frutos da árvore envenenada, construída no âmbito da jurisprudência da Suprema Corte estadunidense (the fruit of the poisonous tree).***

Em síntese, ***a teoria dos frutos da árvore envenenada consiste em não admitir que se utilize no processo,*** não apenas as provas obtidas por meios ilícitos, mas, ***também, as provas que "se baseiam, derivam ou tiveram sua origem em informações ou dados conseguidos pela prova ilícita", guardando com ela uma relação de fato ou de direito.***[187]

Nesse sentido, Luiz Gálvez Munõz, reproduzindo pequeno trecho de julgado do Tribunal Supremo da Espanha, explica que "*la ineficácia de una diligencia determinada no impide la validez de outra prueba, salvo que ésta guarde una directa relacíon com aquélla, de tal modo que sin la primera no hubiera existido la segunda*".[188-189]

Nada obstante, conforme bem demonstram Luiz Guilherme Marinoni e Sérgio Cruz Arenhart, a *the fruit of the poisonous tree doctrine*, também, está submetida à já referida relação de sopesamento, quando a prova oriunda de um meio ilícito ou dele derivada é posta em conflito com algum outro direito ou garantia

---

186. GONÇALVES, Marcus Vinicius Rios. **Direito Processual Civil Esquematizado.** 3.ed. São Paulo: Saraiva, 2013, p. 381.

187. NERY JUNIOR, Nelson. **Princípios do processo na Constituição Federal.** 10.ed. São Paulo: Revista dos Tribunais, 2010, p. 274.

188. MUNÕZ, Luiz Gálvez. **La ineficacia de la prueba obtenida con violación de derechos fundamentales.** Navarra: Aranzadi, 2003, p. 171.

189. Em português: A ineficácia de uma determinada diligência não exclui a validade de outra prova, a menos que esta guarde uma relação direta com aquela, de modo que sem a primeira não teria surgido (existido) a segunda (tradução livre).

fundamental. Em razão disto, ao longo do tempo foram criadas algumas ***exceções*** à referida teoria, tais como a ***teoria do descobrimento inevitável (inevitable discovery exception)*** e a ***teoria do descobrimento provavelmente independente (hypothetical independent source rule)***. Assim, ***"na exceção de descobrimento inevitável, admite-se que a segunda prova deriva da ilícita, porém entende-se que não há razão para reputá-la nula ou ineficaz. Isso porque a descoberta advinda da prova ilícita ocorreria mais cedo ou mais tarde"***. Já ***"na exceção de descobrimento provavelmente independente, a segunda prova não é admitida como derivada, mas como uma prova provavelmente independente e, assim, despida de nexo causal com a prova ilícita"***.[190]

É valido, ainda, apresentar a ***teoria da descontaminação do julgado, que rechaça a possibilidade do juiz que proferiu o primeiro julgamento julgar novamente a causa nos casos em que o Tribunal reconhecer a ilicitude de uma prova e excluí-la do processo.*** Tal teoria baseia-se na manutenção da garantia do devido processo legal e na isenção e imparcialidade do julgador, que na hipótese levantada encontra-se evidentemente em suspeição.[191]

Por fim, é de suma importância destacarmos os seguintes ***posicionamentos*** de nossos ***tribunais superiores*** em relação à interpretação e à aplicabilidade do ***princípio da inadmissibilidade das provas ilícitas:***

✓ Segundo o STF, não se admite, sob nenhum pretexto ou fundamento, a juntada, em autos de inquérito policial ou de ação penal, de cópias ou originais de documentos confidenciais de empresa, obtidos, sem autorização nem conhecimento desta, por ex-empregado, ainda que autorizada aquela por sentença em mandado de segurança impetrado por integrante do Ministério Público.[192]

190. MARINONI, Luiz Guilherme; ARENHART, Sérgio Cruz. **Prova.** São Paulo: Revista dos Tribunais, 2009, p. 256-257.

191. Ibidem, p. 259.

192. STF, HC 82.862, Rel. Min. Cezar Peluso.

- ✓ Segundo o STJ, é licito o acesso às conversas de WhatsApp em celular apreendido com base em autorização judicial, sendo o conteúdo das conversas, nessas condições, prova lícita.[193] Por outro lado, a extração de dados e de conversas registradas no WhatsApp sem prévia autorização judicial torna a prova ilícita.[194]
- ✓ Segundo o STJ, ainda que sem autorização judicial, a polícia pode acessar as conversas de WhatsApp de vítima morta, caso o celular tenha sido entregue à polícia por sua esposa, sendo o conteúdo das conversas, nessas condições, prova lícita.[195]
- ✓ Segundo o STJ, é ilegal a decisão judicial que autoriza a apreensão do celular de suspeito e o espelhamento, para monitoramento, das conversas do WhatsApp via Whatsapp Web, sendo o conteúdo das conversas, nessas condições, prova ilícita.[196]
- ✓ Segundo o STJ, é ilícita a prova obtida através de revista íntima realizada com base apenas em denúncia anônima.[197]
- ✓ Segundo o STJ, é lícita a prova encontrada fortuitamente no cumprimento de busca e apreensão em escritório de advocacia contra pessoa diversa daquela cujas provas foram encontradas.[198]
- ✓ Segundo o STJ, ao menos *prima facie*, não se deve anular as provas obtidas em busca e apreensão pelo fato de não terem sido lacrados os materiais apreendidos.[199]
- ✓ Segundo o STF, eventual nulidade de uma determinada prova decorrente da inobservância de prerrogativa de

---

193. STJ, RHC 75.800, Rel. Min. Felix Fischer.
194. STJ, RHC 67.379, Rel. Min. Ribeiro Dantas.
195. STJ, RHC 86.076, Rel. Min. Sebastião Reis Júnior.
196. STJ, RHC 99.735, Rel. Min. Laurita Vaz.
197. STJ, REsp. 1.695.349, Rel. Min. Rogério Schietti Cruz.
198. STJ, RHC 39.412, Rel. Min. Felix Fischer.
199. STJ, RHC 59.414, Rel. Min. Reynaldo Soares da Fonseca.

foro não se estende aos agentes que não se enquadrem nessa condição.[200]

- ✓ Segundo o STF, ainda que haja usurpação da competência do Supremo, os elementos informativos colhidos e que não precisavam de autorização judicial são válidos e lícitos.[201]
- ✓ Segundo o STF, a busca e apreensão ordenada contra cônjuge de parlamentar federal em imóvel funcional do parlamentar onde ambos residem deve observar as regras de foro privativo, sob pena de ilicitude das provas coletadas na busca e apreensão.[202]
- ✓ Segundo o STF, são ilegais as provas obtidas por policial militar que, designado para coletar dados nas ruas como agente de inteligência, passa a atuar, sem autorização judicial, como agente infiltrado em grupo criminoso.[203]
- ✓ Segundo o STF, é possível o compartilhamento, sem autorização judicial, dos relatórios de inteligência financeira da UIF/COAF e do procedimento fiscalizatório da Receita Federal com a Polícia e o Ministério Público, sendo as provas obtidas por meio desse compartilhamento de dados lícitas.[204]
- ✓ Segundo o STJ, são provas lícitas e passíveis de serem utilizadas em processo penal, os dados bancários fornecidos pelo contribuinte para a Administração Tributária.[205]
- ✓ Segundo o STJ, é lícita a prova decorrente de entrega espontânea de documentos bancários por ex-companheira de investigado.[206]

200. STF, Rcl. 25.537, Rel. Min. Edson Fachin.
201. STF, Rcl. 25.537, Rel. Min. Edson Fechin.
202. STF, Rcl. 24.473, Rel. Min. Dias Toffoli.
203. STF, HC 147.837, Rel. Min. Gilmar Mendes.
204. STF, RE 1.055.941, Rel. Min. Dias Toffoli.
205. STJ, RHC 66.520, Rel. Min, Jorde Mussi.
206. STJ, RHC 34.799, Rel. Min. Reynald Soares da Fonseca.

- ✓ Segundo o STJ, a quebra de sigilo bancário e fiscal fundada em relatório do COAF é legal, sendo lícitas as provas obtidas em decorrência dessa quebra de sigilo.[207]
- ✓ Segundo o STJ, a descoberta fortuita de delitos que não são objeto de investigação, chamada de ***serendipidade***, em razão de provas descobertas ao longo de quebra de sigilos bancário e fiscal para apuração de outros crimes, é lícita.[208]
- ✓ Segundo o STF, é lícita a prova de crime achado, descoberta de forma fortuita, durante interceptação telefônica judicialmente autorizada para apuração de outros crimes.[209]
- ✓ Segundo o STJ, é lícita a utilização, em processo penal em curso no Brasil, de informações compartilhadas por força de acordo internacional de cooperação em matéria penal e oriundas de quebra de sigilo bancário determinada por autoridade estrangeira, com respaldo no ordenamento jurídico de seu país, para a apuração de outros crimes lá ocorridos, mesmo que não haja prévia decisão da justiça brasileira autorizando a quebra de sigilo.[210]
- ✓ Segundo o STF, é legitima a prova obtida por meio de cooperação jurídica internacional.[211]
- ✓ Segundo o STF, a perícia realizada por perito papiloscopista não é ilícita, não devendo ser excluída do processo.[212]
- ✓ A ***gravação clandestina*** caracteriza-se pela ***gravação de conversa feita por um dos interlocutores sem o conhecimento ou mesmo o consentimento do outro***, no

207. STJ, HC 349.945, Rel. p/ o Acórdão Min. Rogério Schietti Cruz.
208. STJ, HC 282.096, Rel. Min. Sebastião Reis Júnior.
209. STF, HC 129.678, Rel. p/ o Acórdão Min. Alexandre de Moraes.
210. STJ, HC 231.633, Rel. Min. Jorge Mussi.
211. STF, Inq. 4.146, Rel. Min. Teori Zavascki.
212. STF, HC 174.400, Rel. p/ o Acórdão Min. Alexandre de Moraes.

momento da realização do diálogo, podendo ser ***telefônica*** (conversa captada por telefone), ***pessoal*** (conversa gravada por aparelho de gravação oculto) ou ***ambiental*** (conversa gravada por câmera instalada em certo local). Segundo o STF, a gravação clandestina, via de regra, ***é prova lícita***, seja ela feita em ambiente público ou em ambiente privado, desde que não tenha sido feita com violação específica de razão jurídica de sigilo ou reserva, tais como os sigilos profissionais e ministeriais, por exemplo, ou de direitos fundamentais que se mostrem no caso concreto como prevalecentes, afastando a licitude da gravação clandestina.[213]

✓ Segundo o STJ, em processo que apure a prática de crime sexual contra menor absolutamente incapaz, é lícita a prova extraída de gravação telefônica efetivada a pedido dos pais da vítima, em seu terminal telefônico, ainda que solicitado auxílio técnico de detetive particular para a captação das conversas.[214]

✓ Segundo o STJ, é ilícita a prova obtida por policiais que obrigam o suspeito a colocar seu celular em viva voz durante uma ligação.[215]

✓ Segundo o STJ, é ilícita a prova obtida por policiais que atendem, sem autorização, o telefone de acusado e se passam por ele.[216]

✓ Segundo o STF, é lícita a prova obtida por meio de interceptação decretada por juiz da central de inquéritos criminais e que não será o competente para julgar a ação penal.[217]

✓ Segundo o STF, é ilegal a determinação de interceptação telefônica baseada exclusivamente em denúncia

213. STF, ArRg no RE 402.035, QO no RE 583.937 e HC 87.431.

214. STJ, Resp. 1.026.605, Rel. Min. Rogerio Schietti Cruz.

215. STJ, REsp. 1.630.097, Rel. Min. Joel Ilan Paciornik.

216. STJ, HC 511.484, Rel. Min. Sebastião Reis Júnior.

217. STF, HC 126.536, Rel. Min. Teori Zavascki.

anônima,[218] entretanto, se após a denúncia anônima houver investigação preliminar, o juiz poderá determinar a interceptação telefônica com base nessa investigação.[219]

- ✓ Segundo o STJ, é válida a gravação se autoridade com foro mantém contato telefônico com interceptado.[220] Entretanto, segundo o STF, a partir do momento em que surgirem indícios de participação de detentor de prerrogativa de foro nos fatos apurados pela interceptação, a autoridade judicial deve declinar da competência e remeter os autos ao tribunal competente, sem praticar atos visando se alongar ou aprofundar na investigação.[221]
- ✓ Segundo o STJ, as comunicações telefônicas de investigado legalmente interceptadas podem ser utilizadas como prova contra o outro interlocutor, mesmo que este seja advogado do investigado.[222]

Em arremate, vale destacar, que o princípio da inadmissibilidade das provas obtidas por meios ilícitos, assim como todos os princípios constitucionais processuais, compõe o modelo constitucional de processo brasileiro e se irradia por todos os ramos processuais (processo civil, processo penal, processo administrativo etc.), por ser uma garantia fundamental que busca assegurar um processo lícito e legítimo, cujas provas não estejam maculadas pela ilegalidade ou pela imoralidade jurídica.

10. CELERIDADE (DURAÇÃO RAZOÁVEL DO PROCESSO)

O princípio da razoável duração do processo, também chamado de princípio da celeridade processual, sempre possuiu status constitucional, podendo ser abstraído dos princípios do *due*

218. STF, HC 108.147, Rel. Min. Cármen Lúcia.
219. STF, HC 133.148, Rel. Min. Ricardo Lewandowski.
220. STJ HC 227.263, Rel. Min. Vasco Della Giustina.
221. STF, RHC 135.683, Rel. Min. Dias Toffoli.
222. STJ, RMS 33.677, Rel. Min. Laurita Vaz.

process of law e do acesso à justiça, entretanto ***só foi positivado em nossa Carta Maior com a Emenda Constitucional nº45 de 2004***, encontrando-se, desde então, em seu ***art. 5º, LXXVIII***, que dispõe que ***"a todos, no âmbito judicial e administrativo, são assegurados a razoável duração do processo e os meios que garantam a celeridade de sua tramitação"***.

Embora esse princípio já fosse reconhecido como norma constitucional material, implícita ao devido processo legal, fez bem o constituinte reformador em inseri-lo na Constituição, tendo em vista a lentidão exagerada de que padece o sistema judicial brasileiro. Apenas para ilustrarmos, em 2020, o STF (RE 1.250.467) pôs fim a ***ação judicial mais antiga do Brasil***, que havia sido impetrada em 1895 por Isabel de Orleans e Bragança (vulga princesa Isabel) com o intento de tomar para si o Palácio da Guanabara, no Rio de Janeiro, uma espécie de tentativa de assalto judicial ao patrimônio público, baseado no pensamento mesquinho e totalitarista de que o patrimônio do povo (patrimônio público) é, na verdade, patrimônio privado dos monarcas, o que, pelo menos, desde a fundação da República se mostrara impossível, mas que, ainda assim, levou ***125 anos*** para ser decidido de forma definitiva.

A Constituição deixa claro que o referido princípio se aplica tanto aos processos jurisdicionais, quanto aos processos administrativos, assim como todo e qualquer princípio que compõe o modelo constitucional de processo por ela estabelecido, respeitadas as especificidades de cada um deles.

No âmbito da legislação administrativa, a garantia à razoável duração do processo já se encontrava positivada desde a Lei 9.487 de 1999 (Lei do Processo Administrativo Federal). Por sua vez, na ambiência jurisdicional, o ***Código de Processo Civil de 2015*** a consagrou em seu ***artigo 4º***, afirmando que ***"as partes têm o direito de obter em prazo razoável a solução integral do mérito, incluída a atividade satisfativa"***, e em seu ***artigo 6º***, declarando que ***"todos os sujeitos do processo devem cooperar***

entre si para que se obtenha, em tempo razoável, decisão de mérito justa e efetiva".

Em primeira análise, pode-se dizer que o atual diploma processual civil foi extremamente feliz em sua redação, ao reconhecer que é um direito das partes (art. 4º), mas que, também, ***exige dessas partes um dever*** de cooperação para que esse direito se efetive. Isto é, para que o direito à razoável duração do processo se concretize, ***os sujeitos processuais precisam adimplir com suas obrigações processuais respeitando os prazos legais (o que é lógico e decorre do próprio devido processo legal) e, ademais, devem agir de forma cooperativa no iter processual.***

A duração razoável do processo, isto é, a exigência de que os processos sejam julgados em tempo hábil fora positivada em nosso ordenamento, sobretudo, em razão da excessiva demora de nossos julgadores em proferir suas decisões, ou seja, da incapacidade/incompetência do Estado-juiz pôr fim aos conflitos sociais e às demandas a ele levadas em tempo adequado. Enfim, como nos lembra Ricardo Rodrigues Gama, "justiça tardia não é outra coisa senão a maior das injustiças".[223]

A morosidade do Estado em julgar os processos se deve a um conjunto bastante amplo de fatores, dos quais se destacam: *i)* a péssima estrutura da Administração Pública, principalmente do Poder Judiciário; *ii)* a insuficiência de servidores e a péssima qualificação dos que existem; *iii)* a resistência à tecnologia (informatização do processo, que caminha a passos de tartaruga, por exemplo) e o apego ao papel; *iv)* a falta de punição para os magistrados, julgadores e servidores em geral pela desídia e falta de compromisso com seus deveres, de modo que, não é raro ver juízes que demoram mais de ano(s) para sentenciar um processo que já está com os autos conclusos, dando infinitos despachos procrastinatórios; *v)* o desrespeito dos juízes para com os precedentes e a jurisprudência dos Tribunais Superiores, bem como os

---

223. GAMA, Ricardo Rodrigues. **Efetividade do Processo Civil.** Campinas: Bookseller, 2002, p. 21.

decisionismos, pautados nas concepções pessoais dos magistrados e não nas leis democraticamente instituídas; *vi)* o péssimo comportamento das partes e de seus advogados, que muitas das vezes, esperando uma decisão contrária a seus interesses, agem com má-fé no sentido de procrastinar o máximo possível o processo, impetrando com petições descabidas e sem sentido, recursos inadmissíveis, tumultuando audiências, abandonando audiências etc.; *vii)* o demandismo que se alastrou pelo Brasil nas últimas décadas, pautado numa falsa esperança de que o Poder Judiciário poderia resolver todas as mazelas da sociedade, ou ainda, num *animus* beligerante ao invés de um *animus* de pacificação social, muitas vezes incentivado pela mídia, outras vezes incentivado por alguns péssimos advogados, sedentos por ganhar em qualquer causa, mesmo que não haja uma.[224]

Nesse sentido, Rui Portanova explica que "as pedras no caminho da celeridade são o acúmulo de serviço (originário dos muitos conflitos sociais que aportam ao judiciário) e o pequeno número de juízes".[225] Já Nelson Nery Junior demonstra que "sofremos de problemas estruturais e de mentalidade. Queremos nos referir à forma com que são aplicadas as leis e à maneira como se desenvolve o processo administrativo e judicial em nosso País. É necessário dotar-se o poder público de meios materiais e logísticos para que se possa melhorar sua infraestrutura e, ao mesmo tempo, capacitar melhor os juízes e servidores públicos em geral".[226] Por sua vez, Ricardo Rodrigues Gama afirma que a morosidade dos processos, muitas das vezes, é de responsabilidade dos juízes, sendo que "não são poucos os que não cumprem o prazo determinado pela lei. Sob

224. DOS SANTOS, Eduardo R. **Processo e Constituição.** Leme: J.H. Mizuno, 2014.

225. PORTANOVA, Rui. **Princípios do processo civil.** 4. ed. Porto Alegre: Livraria do Advogado, 2001, p. 71.

226. NERY JUNIOR, Nelson. **Princípios do processo na Constituição Federal.** 10.ed. São Paulo: Revista dos Tribunais, 2010, p. 323.

o manto do excesso de trabalho, parece valer tudo, acobertando aqueles que não têm intimidade com o trabalho árduo".[227]

Por outro lado, ***não se pode deixar de reconhecer que o processo exige um tempo considerável para sua resolução, vez que se necessita preservar os direitos e garantias processuais do modelo constitucional de processo, tais como o contraditório, a ampla defesa, a instrução probatória, o duplo grau de jurisdição etc., isto é, "o processo contencioso não pode prescindir da duração temporal, em razão mesmo da sua natureza dialética e contraditória",***[228] até mesmo porque, "nem sempre a melhor justiça corresponde à rapidez nos julgamentos".[229]

Em razão da natureza temporal do próprio processo, não se deve sair criando leis desenfreadamente como se isso fosse solucionar os problemas estruturais e culturais de que padece o Estado, até porque, as leis que foram criadas nesse sentido mostraram-se demasiadamente simbólicas. Menos ainda, deve-se criar leis que suprimam e obstem o exercício dos direitos e garantias processuais consagrados pelo modelo constitucional de processo, em nome de uma celeridade mitológica, isto é, em nome da "rapidez acima de tudo", sob pena de se abrir mão da qualidade em razão da quantidade. ***"Leis nós temos. Boas e muitas",***[230] especialmente agora que se tem um Código de Processo Civil adequado à Constituição.

Nesse sentido, José Carlos Barbosa Moreira, ao discorrer sobre a crença de que cabe aos defeitos da legislação processual a maior responsabilidade pela duração excessiva dos pleitos, afirma que "o chavão, repetido a cada momento – sobretudo em

---

227. GAMA, Ricardo Rodrigues. **Efetividade do Processo Civil.** Campinas: Bookseller, 2002, p. 22-23.

228. PORTANOVA, Rui. **Princípios do processo civil.** 4. ed. Porto Alegre: Livraria do Advogado, 2001, p. 173.

229. ARAÚJO, Justino Magno. Direito de defesa no processo civil e no processo penal. **Revista da Ajuris.** v. 26, p. 54-71, 1982, p. 65.

230. NERY JUNIOR, Nelson. **Princípios do processo na Constituição Federal.** 10.ed. São Paulo: Revista dos Tribunais, 2010, p. 323.

editoriais da imprensa, redigidos, ao que parece, por pessoas que nunca sequer passaram pela porta do Fórum –, acompanha-se de recomendações veementes de que se reduzam prazos e recursos, se cancelem oportunidades para as manifestações das partes, e outras do gênero [...] No entanto, a demora resulta da conjugação de múltiplos fatores, entre os quais não me parece que a lei, com todas as imperfeições que tem, ocupe o lugar de máximo relevo".[231]

Contudo, como demonstra Lenio Streck, no Brasil, nas últimas décadas o que se viu foi uma crescente produção legislativa, sobretudo processual, que visa "assegurar efetividades meramente 'quantitativas', em detrimento de uma efetividade qualitativa do sistema jurídico". Essas novas leis tiveram como tendência suprimir e ignorar alguns dos direitos e garantias fundamentais estabelecidos pelo modelo constitucional de processo (*due process of law*, contraditório, ampla defesa, duplo grau de jurisdição, motivação etc.) e desequilibrar a relação processual exacerbando de maneira autoritária e antidemocrática os poderes do juiz (aumento da discricionariedade irracional dos julgadores), propugnando uma cultura decisionista dos magistrados.[232]

Nesse sentido, Ronaldo Brêtas de Carvalho Dias demonstra que dentre as várias reformas feitas no antigo Código de Processo Civil brasileiro, muitas delas apresentavam "seus conteúdos normativos em afronta ou sem sintonia técnica com o processo constitucional".[233] Em sentido contrário, a nosso ver, o ***Código de Processo Civil de 2015*** rompeu, ao menos sistematicamente,

---

231. BARBOSA MOREIRA, José Carlos. O Futuro da Justiça: alguns mitos. **Temas de Direito Processual** – 8ª série. São Paulo: Saraiva, 2004, p. 4.

232. STRECK, Lenio Luiz. Hermenêutica, Constituição e Processo, ou de "como discricionariedade não combina com democracia": o contraponto da resposta correta. In: MACHADO, Felipe Daniel Amorim; OLIVEIRA, Marcelo Andrade Cattoni de (coord.). **Constituição e Processo:** A contribuição do processo ao constitucionalismo democrático brasileiro. Belo Horizonte: Del Rey, 2009, p. 16-17.

233. DIAS, Ronaldo Brêtas de Carvalho. As reformas do Código de Processo Civil e o Processo Constitucional. In: DIAS, Ronaldo Brêtas de Carvalho;

com essas incompatibilidades do antigo diploma processual civil com o modelo constitucional de processo, na tentativa de tornar o processo mais célere, contudo, respeitando os direitos e garantias fundamentais das partes que serão afetadas pela decisão, tal qual exige a Constituição.[234]

Contudo, ***frise-se: o problema da demora excessiva dos processos no Brasil não é um problema legal, isto é, não se deve às leis! É um problema muito mais complexo e que deve ser enfrentado pelas instituições jurídicas com seriedade, especialmente pelo Poder Judiciário, Ministério Público e Advocacia.***

Nada obstante, não se pode ignorar a relação da morosidade processual e o interesse secundário do Estado, ou interesse dos péssimos gestores da máquina pública. Como bem demonstra Nelson Nery Junior, o Estado figura como parte na maior parte das ações judiciais atualmente existentes, chagando a ser protagonista em mais de 60% das que tramitam no STF e STJ, de modo que, ***"tem interessado ao poder público valer-se da morosidade do Poder Judiciário para adiar o cumprimento de seus deveres constitucionais perante os administrados e cidadãos".***[235]

Em contrapartida, tem-se reconhecido o ***dever do Estado de indenizar a parte que sofreu danos morais ou patrimoniais***

NEPOMUCENO, Luciana Diniz (coord.). **Processo Civil Reformado.** Belo Horizonte: Del Rey, 2007, p. 224.

234. Uma leitura sistêmica do modelo processual estabelecido pela Constituição demonstra que "o prazo razoável é garantido para que o processo se inicie e termine, incluída, portanto, a fase recursal, já que se pode entender como terminado o processo no momento em que ocorre o transito em julgado", com o devido respeito aos direitos e garantias processuais, pois "o que se deve buscar não é uma justiça 'fulminante', mas apenas uma 'duração razoável do processo', respeitados os demais valores constitucionais" para que se possa atingir a justiça, ou pelo menos a melhor resposta para o caso *in concreto* de acordo com a Justiça e o Direito. NERY JUNIOR, Nelson. **Princípios do processo na Constituição Federal.** 10.ed. São Paulo: Revista dos Tribunais, 2010, p. 319-323.

235. Ibidem, p. 324.

decorrentes da duração exagerada do processo (administrativo ou jurisdicional). A referida indenização fundamenta-se no art. 37, § 6º da Constituição que impõe ao Estado a obrigação de indenizar, objetivamente, os danos morais e materiais que seus agentes, nessa qualidade, causarem a terceiros, por ação ou omissão, culposa ou dolosa.[236]

Por fim, é de suma importância destacarmos os seguintes ***posicionamentos*** de nossos ***tribunais superiores*** em relação à interpretação e à aplicabilidade do ***princípio da duração razoável do processo:***

- ✓ Segundo o STF, a prestação jurisdicional firmou-se como um verdadeiro direito público subjetivo do cidadão na Constituição da República. Assim, o Poder Judiciário não é fonte de justiça segundo suas próprias razões, como se fosse um fim e a sociedade um meio. O Judiciário foi criado pela sociedade para fazer justiça, para que os cidadãos tenham convivência harmoniosa. Portanto, é dever do Judiciário dar a resposta buscada pelo cidadão no prazo razoável. A justiça humana se presta aos vivos e em prol da vida que se julga.[237]
- ✓ Segundo o STF, o excesso de prazo não resulta de simples operação aritmética. Complexidade do processo, retardamento justificado, atos procrastinatórios da defesa e número de réus envolvidos são fatores que, analisados em conjunto ou separadamente, indicam ser, ou não, razoável o prazo para o encerramento da instrução criminal.[238]
- ✓ Segundo o STF, em tema de habeas corpus, o tamanho do direito à razoável duração do processo é ainda

236. Nesse sentido, por todos: MARINONI, Luiz Guilherme. ARENHART, Sérgio Cruz. MITIDIERO, Daniel. **Novo Código de Processo Civil Comentado.** 2.ed. São Paulo: RT, 2016, p. 151.

237. STF, AR 1.244 EI, Rel. Min. Cármen Lúcia.

238. STF, HC 97.461, Rel. Min. Eros Grau.

maior. Mais forte a sua compleição. Ele é a prioridade das prioridades ou o *primus inter pares* procedimental. A plenificar, por consequência, o correlato dever estatal da não negação de justiça.[239]

✓ Segundo o STF, como regra, desde que devidamente fundamentada e com base no parâmetro da razoabilidade, é possível a prorrogação dos prazos processuais para o término da instrução criminal de caráter complexo.[240]

✓ Conforme já decidiu o STF, a interpretação da Constituição não é para ser procedida à margem da realidade, sem que se a compreenda como elemento da norma resultante da interpretação. A práxis social é, nesse sentido, elemento da norma, de modo que interpretações corretas são incompatíveis com teorizações nutridas em idealismo que não a tome, a práxis, como seu fundamento. Ao interpretá-la, a Constituição, o intérprete há de tomar como objeto de compreensão também a realidade em cujo contexto dá-se a interpretação, no momento histórico em que ela se dá. Em recente pronunciamento, no julgamento do HC 94.916 (sessão de 30-9-2008), esta Corte afirmou que situações de exceção não ficam à margem do ordenamento, sendo por este capturadas, de modo que a preservação dos princípios impõe, seguidas vezes, a transgressão das regras. No presente caso, as regras de competência (art. 109, I, da Constituição do Brasil), cuja última razão se encontra na distribuição do exercício da jurisdição, segundo alguns critérios, aos órgãos do Poder Judiciário, não podem prevalecer 43 anos após a propositura da ação. Assim há de ser em virtude da efetiva entrega da prestação jurisdicional, que já se deu, e à luz da garantia constitucional à razoável duração do processo (art. 5º,

239. STF, HC 106.518, Rel. Min. Ayres Britto.

240. STF, HC 98.163, Rel. Min. Ellen Gracie.

LXXVIII, da Constituição do Brasil). Observe-se que a lide foi duas vezes – uma na Justiça estadual, outra na Justiça Federal – resolvida, em sentenças de mérito, pela procedência da ação. Recurso extraordinário a que se nega provimento.[241]

- ✓ Conforme já decidiu o STF, havendo comprovação nos autos de que a marcha processual ainda continua em razão de diligências requeridas pelo próprio paciente, que atua em defesa própria, não configura-se constrangimento ilegal flagrante decorrente de excesso de prazo para o encerramento da instrução criminal.[242]
- ✓ Conforme já decidiu o STF, extrapola o limite do razoável o não julgamento de recurso de apelação interposto há quase dois anos e meio. Impõe-se rever o entendimento de que o excesso de prazo deve ser computado somente até a prolação da sentença, quando há a formação da culpa. Há de se impor, também, tempo razoável para o julgamento dos recursos, notadamente porque o CPP contém previsão expressa nesse sentido.[243]
- ✓ Conforme já decidiu o STF, o excesso de prazo, mesmo tratando-se de delito hediondo (ou a este equiparado), não pode ser tolerado, impondo-se, ao Poder Judiciário, em obséquio aos princípios consagrados na Constituição da República, a imediata revogação da prisão cautelar do indiciado ou do réu.[244]
- ✓ O STF – reputando essencial impedir que a interposição sucessiva de recursos, destituídos de fundamento juridicamente idôneo, culmine por gerar inaceitável procrastinação do encerramento da causa – tem admitido, em caráter excepcional, notadamente quando se

241. STF, RE 433.512, Rel. Min. Eros Grau.
242. STF, HC 96.511, Rel. Min. Menezes Direito.
243. STF, HC 99.425, Rel. Min. Eros Grau.
244. STF, HC 100.574, Rel. Min. Celso de Mello.

> tratar de processos eleitorais, que se proceda ao imediato cumprimento da decisão recorrida, independentemente da publicação de acórdão e de eventual oposição ulterior de embargos de declaração.[245]

Em arremate, temos que, ***no âmbito do Estado Democrático de Direito devem ser respeitados todos os direitos e garantias estabelecidos pelo modelo constitucional de processo, o que inclui a razoável duração do processo, ou seja, a garantia de que o processo tenha uma solução em tempo hábil, entretanto esta solução deve, também, ser adequada, correta, justa e satisfativa.*** E, como resta demonstrado, ***a resposta correta e justa deve passar pelo crivo do contraditório e respeitar o devido processo legal estabelecido pela Constituição, não podendo suprimir os princípios processuais por ela estabelecidos em face de uma "super velocidade" incompatível com a própria dialética processual.***

11. EFICIÊNCIA

O princípio da eficiência ou efetividade processual[246]***, corolário do due process of law***[247]***, desdobra-se no meio e na resposta correta a ser perseguida no processo. De outra forma, significa dizer que o processo tem de respeitar o modelo processual estabelecido pela Constituição, sendo instruído dentro de um prazo razoável, com um mínimo de custo possível, devendo ao final atingir a resposta "correta", conforme o direito e a justiça, garantindo que a parte vencedora exerça efetivamente o seu direito.***

---

245. STF, RE 247.416 EDv-ED-AgR, rel. min. Celso de Mello.

246. A doutrina é divergente quanto à nomenclatura. O próprio NCPC, refere-se atividade satisfativa (art. 4º), decisão efetiva (art. 6º) e eficiência (art. 8º).

247. Para alguns doutrinadores a efetividade não é um princípio, mas um objetivo do processo. Entretanto, se entendemos princípio como um estado ideal de coisas a ser atingido, entendemos a efetividade como sendo o estado ideal de processo e, mais do que isso, da decisão final do processo.

Nessa perspectiva, Rui Portanova explica que o processo persegue o ideal de ser "barato, rápido e justo".[248] Por sua vez, Eduardo Cambi demonstra que o jurisdicionado possui um "direito fundamental à tutela jurisdicional célere, adequada e efetiva".[249] Já Humberto Dalla Bernardina de Pinho afirma que a prestação jurisdicional deve ser "adequada, justa e eficaz" respeitando, sempre, os princípios do devido processo legal, da dignidade da pessoa humana, da proporcionalidade e da razoabilidade.[250]

Assim, o processo deve ser justo e garantir o acesso da parte a uma justiça imparcial e independente de modo que "não somente possibilite a participação efetiva e adequada dos litigantes, mas que também permita a efetividade da tutela dos direitos, consideradas as diferentes posições sociais e as determinadas situações de direito substancial".[251] Ademais, a atividade jurisdicional deve ter um desempenho satisfatório, o que implica em uma qualidade técnica elevada e na tempestividade do pronunciamento judicial para que se possa chegar a resposta adequada. Contudo, mais que simplesmente chegar-se a resposta correta/adequada/justa o processo deve "dispor de mecanismos aptos a realizar a função institucional que lhe toca, qual seja a de assegurar ao jurisdicionado que tenha razão praticamente tudo aquilo e exatamente aquilo que, porventura, tenha direito de perceber".[252]

---

248. PORTANOVA, Rui. **Princípios do processo civil.** 4. ed. Porto Alegre: Livraria do Advogado, 2001, p. 171.

249. CAMBI, Eduardo. **Neoconstitucionalismo e Neoprocessualismo:** direitos fundamentais, políticas públicas e protagonismo judiciário. 2.ed. São Paulo: Revista dos Tribunais, 2011, p. 218.

250. PINHO, Humberto Dalla Bernardina. **Teoria Geral do Processo Civil Contemporâneo.** 2.ed. Rio de Janeiro: Lumen Juris, 2009, p. 50.

251. GAIO JÚNIOR, Antônio Pereira. **Direito Processual Civil:** teoria geral do processo, processo de conhecimento e recursos. 2.ed. Belo Horizonte: Del Rey, 2008. v.1, p. 86.

252. TUCCI, José Rogério Cruz e. Duração Razoável do Processo (art. 5º, LXXVIII, da Constituição Federal). In: JAYME, Fernando Gonzaga; FA-

Nesse sentido, José Carlos Barbosa Moreira ensina que ***a efetividade do processo consubstancia-se do seguinte modo:*** *i)* necessidade do processo dispor, essencialmente, de mecanismos de tutela adequados a todos os direitos ou a outras posições jurídicas de benefício; *ii)* que os referidos mecanismos possam ser faticamente utilizáveis pelos titulares dos direitos ou em favor deles *iii)* que os meios probantes reconhecidos sejam capazes de assegurar condições propícias à precisa e completa reconstituição dos fatos proeminentes, em correspondência com a realidade; *iv)* que o resultado do processo seja tal que assegure à parte vencedora o gozo pleno do bem jurídico a que faz jus; *v)* que o jurisdicionado possa atingir semelhante resultado dentro do menor tempo e com o menor gasto possível.[253]

Já para Paulo Roberto Gouvêa Medina, ***a efetividade do processo está ligada diretamente ao princípio da eficiência da Administração Pública - positivado em nossa Constituição no art. 37, caput, pela Emenda nº 19/1998 - "notadamente quando se cuida de alcançar, no plano processual, um resultado tal que assegure à parte vitoriosa o gozo pleno da específica utilidade a que faz jus".***[254]

Nesse sentido, o professor Ronaldo Brêtas de Carvalho Dias entende que o princípio da eficiência (art. 37, *caput*, da Constituição) é aplicável a todos os órgãos da Administração, inclusive aos do Poder Judiciário, não se restringindo apenas às suas prerrogativas administrativas internas (gerenciais). A referida interpretação é facilmente percebida da leitura do citado dispositivo que assegura que "a administração pública

RIA, Juliana Cordeiro de; LAUAR, Maira Terra (coord.). **Processo Civil:** Novas Tendências. Belo Horizonte: Del Rey, 2008, p. 434.

253. BARBOSA MOREIRA, José Carlos. Notas sobre o problema da efetividade. **Temas de Direito Processual** - 3ª série. São Paulo: Saraiva, 1984.

254. MEDINA, Paulo Roberto de Gouvêa. Processo Civil e Constituição. **Revista Latino-Americana de Estudos Constitucionais.** Belo Horizonte, n. 3, p. 237-246, jan/jun, 2004, p. 243.

direta e indireta de *qualquer dos Poderes* da União, dos Estados, do Distrito Federal e dos Municípios obedecerá aos princípios de legalidade, impessoalidade, moralidade, publicidade e *eficiência*". Nesse sentido, é complementar a este entendimento, a norma prevista no dispositivo do art. 175, parágrafo único, inciso IV da Constituição, que assevera ser obrigação do Estado prestar serviços públicos adequados, o que, conforme analisa Ronaldo Brêtas, abrange a ideia de serviços públicos jurisdicionais eficientes[255].

Assim, ao discorrer sobre o ***conteúdo do princípio da eficiência processual***, Ronaldo Brêtas de Carvalho Dias confere uma das definições mais fidedignas da aludida norma constitucional, afirmando: "A eficiência e a adequação do serviço público jurisdicional constituem dever jurídico do Estado por força de recomendação constitucional, e pressupõe, por parte dos órgãos jurisdicionais, *obediência ao ordenamento jurídico* e a utilização *de meios racionais e técnicas modernas* que produzam o efeito desejado, qual seja, serviço público jurisdicional prestado a tempo e modo, por meio da garantia constitucional do devido processo legal, preenchendo sua finalidade constitucional, a de realizar imperativa e imparcialmente o ordenamento jurídico, apto a proporcionar um resultado útil às partes [...] além de rigorosa obediência ao ordenamento jurídico, sobretudo em relação aos prazos ali prescritos, *a eficiência dos órgãos estatais*

255. Segundo o Professor Ronaldo Brêtas de Carvalho Dias, "não se pode compreender o princípio da eficiência somente recomendado aos órgãos administrativos, como estaria a indicar uma interpretação meramente literal do texto da Constituição, admitindo-se, a partir daí, de forma absurda, pudessem ser ineficientes os demais órgãos do Estado, ou seja, os órgãos legislativos e os órgãos jurisdicionais. Na realidade, se bem interpretado, o que o texto constitucional está preconizando - de forma abrangente - é a *eficiência do Estado*, princípio ao qual estão condicionados, em razão disso, além dos órgãos administrativos, também os órgãos legislativos e os órgãos jurisdicionais. DIAS, Ronaldo Brêtas de Carvalho. **Processo Constitucional e Estado Democrático de Direito.** Belo Horizonte: Del Rey, 2010, p. 141.

no exercício da função jurisdicional exige atividade precisa e normal, no sentido de *cumprimento dos prazos legais* e, sobretudo, do *dever de impulso oficial.* A eficiência da função jurisdicional afasta o descaso do Estado na boa estruturação técnica de seus órgãos jurisdicionais, a lentidão, a negligência e a omissão daqueles órgãos estatais nos processos instaurados, o que gera a inobservância pelo Estado dos prazos processuais estabelecidos em lei, disto resultando dilações indevidas do processo, frustrando o resultado eficaz e útil dessa atividade estatal à pessoa interessada do povo que a postulou".[256]

Na busca de amoldar-se ao sistema processual constitucional, o ***Código de Processo Civil de 2015*** dedicou-se, expressamente, no capítulo das normas fundamentais do processo civil, em pelo menos três dispositivos a tratar da eficiência, efetividade ou tutela satisfativa. Logo no ***art. 4º***, assegurou que ***"as partes têm o direito de obter em prazo razoável a solução integral do mérito, incluída a atividade satisfativa".*** Já no ***art. 6º***, afirmou que ***"todos os sujeitos do processo devem cooperar entre si para que se obtenha, em tempo razoável, decisão de mérito justa e efetiva".*** Ademais, no ***art. 8º***, asseverou que ***"ao aplicar o ordenamento jurídico, o juiz atenderá aos fins sociais e às exigências do bem comum, resguardando e promovendo a dignidade da pessoa humana e observando a proporcionalidade, a razoabilidade, a legalidade, a publicidade e a eficiência".***

Assim, dos argumentos lançados acima e das disposições constitucionais e processuais, restam evidentes ***quatro características das mais fundamentais à efetividade do processo***, às quais estão submetidos constitucionalmente os órgãos jurisdicionais, sendo elas: *i)* o dever de obediência ao ordenamento jurídico; *ii)* a utilização de meios racionais e técnicas modernas aptos a produzirem o resultado desejado (informatização do processo, por exemplo); *iii)* o cumprimento dos prazos legais (por todos

256. Ibidem, p. 143. (grifo nosso).

os sujeitos processuais: partes e juízes); e *iv)* o dever do impulso oficial (consagrado no art. 2º, do CPC/2015).[257]

No que se refere ao ***dever de obediência ao ordenamento jurídico***, a prática hodierna tem demonstrado a incapacidade de alguns magistrados, bem como de outros servidores do Poder Judiciário em entender que eles estão submetidos à legislação e, sobretudo, à Constituição no exercício de suas funções, sendo a justiça e o processo regulados por estes instrumentos democraticamente legislados e não pela concepção pessoal do julgador (discricionariedade e *decisionismo*), o que vulgarmente, mas com muita precisão, se dá o nome de "*juizite*". Do mesmo modo, esse dever de obediência ao ordenamento jurídico, muitas vezes, não tem sido observado pelas partes e pelos demais sujeitos processuais (sobretudo por advogados e membros do Ministério Público), que agem de má-fé, aduzem argumentos e fundamentos incabíveis no caso, sem sentido ou desprovidos de qualquer racionalidade (o famoso "*jusesperneandi*"), utilizam-se de meios e artifícios para se esquivarem da observância da lei e protelarem o cumprimento das decisões judiciais etc.

Quanto à ***utilização de meios racionais e técnicas modernas aptos a produzirem o resultado desejado***, em que pese o avanço dos últimos anos, nota-se uma demasiada demora das instâncias administrativas, sobretudo do Poder Judiciário, em aderir às tecnologias mais adiantadas que poderiam facilitar e agilizar o trabalho dos órgãos jurisdicionais, inclusive, corroborando para uma maximização da qualidade dos resultados, isso para não entrar na discussão da falta de recursos humanos e da péssima qualidade do existente.[258]

---

257. DOS SANTOS, Eduardo R. **Processo e Constituição.** Leme: J.H. Mizuno, 2014.

258. Quando se fala em péssima qualidade não se está a jogar a culpa nos ombros dos servidores. A verdade é que muitos realmente são desidiosos, preguiçosos e mal-educados. Contudo, isso não retrata a maioria, que é de bons servidores. Nada obstante, mesmo entre essa maioria de bons servidores, em regra há uma falta de conhecimento e de instrução que

No que tange ao ***cumprimento dos prazos legais*** pelos órgãos jurisdicionais é possível afirmar de antemão – sem fazer qualquer análise mais precisa, baseando-se somente na vivência forense e nos relatos dos mais variados profissionais (advogados, promotores, delegados etc.) – que a situação é um caos e está extremamente banalizada. Muitos magistrados perderam o respeito pelos jurisdicionados, perderam o amor pela justiça, se esqueceram de seu juramento e se distanciaram da dura função de trabalhar em prol da resolução dos conflitos sociais, como muito bem demonstra Ricardo Rodrigues Gama, em trecho já transcrito quando falamos da celeridade processual, mas que vale a pena repetir. Afirma o autor, em relação aos magistrados, que "*não são poucos os que não cumprem o prazo determinado pela lei. Sob o manto do excesso de trabalho, parece valer tudo, acobertando aqueles que não têm intimidade com o trabalho árduo*".[259] Muitos são os exemplos sobre os quais poderíamos discorrer aqui, mas vale lembrar, em especial, que são muitas as sentenças judiciais que com autos conclusos demoram mais de ano(s) para serem proferidas. Mas o que mais nos deixa indignados é saber que, na prática, não há punição para atos tão desidiosos e para manifestações de tamanho descaso com a Justiça, atos estes que constituem verdadeiros ilícitos[260], vez que contrariam disposições

deriva da ausência de mecanismos de formação continuada, que é culpa do próprio Judiciário (do Estado).

259. GAMA, Ricardo Rodrigues. **Efetividade do Processo Civil.** Campinas: Bookseller, 2002, p. 22-23.

260. Nesse sentido, conforme leciona o professor Ronaldo Brêtas de Carvalho Dias, "obviamente, quando os órgãos jurisdicionais descumprem essas normas do ordenamento jurídico, relativas aos prazos, o que é prática ilícita corriqueira no Estado brasileiro, a jurisdição se apresenta morosa, intempestiva e ineficiente, ao contrário do que comumente se fala – '*processo moroso*' – de forma tecnicamente inadequada. Na realidade, não é processo que se mostra moroso, mas morosa é a atividade essencial e monopolizada do Estado denominada jurisdição, até porque, normalmente, as partes cumprem os prazos que lhe são impostos, a fim de lhes afastar a inexorável preclusão temporal, que é a

expressas de lei. Sem prejuízo da devida indenização,[261] por parte do Estado, pela demora excessiva da resolução dos conflitos levados à apreciação do Judiciário. Já está na hora dos magistrados e demais servidores do Judiciário começarem a ser punidos pela sua desídia, pelos seus atos infracionais à justiça e a lei (tal como o ilícito descumprimento dos prazos legais, por exemplo) e pelo seu descaso com o jurisdicionado.

Em relação ao ***dever de impulso oficial*** pelos magistrados, conforme ensinam Araújo Cintra, Ada Pellegrini e Candido Rangel, é possível afirmar que consiste em um princípio jurídico processual que "visa a assegurar a continuidade dos atos procedimentais e seu avanço em direção aos resultados esperados do processo", através do qual é atribuído "ao órgão jurisdicional a ativação que move o procedimento de fase em fase, até a solução definitiva da causa",[262] isto é, após instaurado o processo, apesar da

---

perda do direito à prática do ato processual pelo decurso do prazo. Os órgãos jurisdicionais brasileiros é que, sistemática e ilicitamente, não cumprem os prazos que o ordenamento jurídico lhes determina para a prática dos atos jurisdicionais nos processos, sem que nada aconteça aos agentes públicos julgadores infratores". DIAS, Ronaldo Brêtas de Carvalho. **Processo Constitucional e Estado Democrático de Direito.** Belo Horizonte: Del Rey, 2010, p. 144.

261. Nessa perspectiva, de acordo com o professor Ronaldo Brêtas de Carvalho Dias, "à evidencia, a crônica e enervante ineficiência dos serviços públicos jurisdicionais em nosso país, revelando seu mau funcionamento, ora em virtude da obtusidade ou da indolência dos agentes públicos julgadores (juízes) ora causada pela negligência do próprio Estado em prover adequadamente de recursos materiais e pessoais os órgãos jurisdicionais, ora pela ocorrência simultânea dos mencionados fatores, situações afrontosas à recomendação que o ordenamento jurídico fez ao Estado, a de prestar serviços públicos adequados e eficientes, é passível de acarretar sua responsabilidade, se disso resultar prejuízos aos jurisdicionados, já que nenhum dano causado pelo Estado às pessoas do povo pode ficar sem reparação". Ibidem, p. 145.

262. CINTRA, Antonio Carlos de Araújo; GRINOVER, Ada Pellegrini; DINAMARCO, Candido Rangel. **Teoria Geral do Processo.** 26.ed. São Paulo: Malheiros, 2010, p. 356.

jurisdição ser inerte, o magistrado deve movimentar o processo (quando as partes não o fizerem, ou o fizerem incorretamente) visando a resolução do conflito, sempre em conformidade com o que dispõe a lei processual e a Constituição (dever de obediência ao ordenamento jurídico), respeitando sobretudo o devido processo legal, o contraditório, a ampla defesa, o juízo natural, independente e imparcial, assim como todas as garantias processuais estabelecidas pela Carta Maior.

Por fim, ***ressalte-se a amplitude e complexidade do princípio da efetividade do processo, que engloba diversas garantias, dentre as quais se destacam a razoável duração do processo, o direito a resposta correta/justa/adequada, a economia processual, a maximização da executoriedade daquilo a que a parte vencedora faz jus, o respeito ao due process e as garantias por ele englobadas, a obediência ao ordenamento jurídico, a incorporação e utilização das técnicas modernas em favor da resolução rápida e qualitativa do conflito, o cumprimento dos prazos legais pelos magistrados e demais servidores dos órgãos jurisdicionais, o dever de impulso oficial, dentre outras.***

12. ISONOMIA

O princípio da isonomia ou da igualdade, enquanto mandamento deontológico, encontra raízes desde a Antiguidade,[263] ***sendo que sua formulação mais famosa,*** consagrada na célebre lição de Aristóteles, e incorporada ao discurso do constitucionalismo moderno mediante uma releitura inclusivista dos filósofos iluministas,[264] implica reconhecer que igualdade consiste em ***"tratar os iguais de maneira igual e os desiguais de maneira desigual na medida de sua igualdade"***.

---

263. ARISTÓTELES. **Ética a Nicomaco**. São Paulo: Martin Claret, 2010.

264. ROUSSEAU, Jean-Jacques. **Discurso sobre a origem e os fundamentos da desigualdade entre os homens.** São Paulo: Martin Claret, 2009.

Essa formulação nos permite entender que a igualdade possui, no mínimo, duas dimensões: ***igualdade formal***, que impõe o mandamento deontológico de tratar todas as pessoas de formal igual perante a lei, isto é, o Estado, inclusive o Estado-juiz, deve dar tratamento igualitário a todos, inclusive a todas as partes e sujeitos processuais, não favorecendo, nem prejudicando ninguém; e ***igualdade material***, aquela que reconhece que, muitas vezes, existem situações reais de desigualdade entre as pessoas, o que impõe ao Estado, inclusive ao Estado-juiz, o dever de criar normas e mecanismos aptos a reduzir essas desigualdades e equilibrar as relações entre as pessoas, inclusive no ambiente processual, em prol de um equilíbrio entre as partes e os sujeitos processuais, assegurando igualdade de oportunidades, de habilidade e técnica, paridade de armas e igualdade de condições.

Isso significa dizer que a igualdade exige que a lei trate todos de forma igual, só podendo criar distinções quando as pessoas estiverem em situações sociais diferentes que possam prejudicar a igualdade real (material) entre elas, exigindo, então, ação diferenciadora do Estado para assegurar àqueles que estão em situações de inferioridade (numa perspectiva social de exercício de direito) uma igualdade real de exercício do direito.[265] Assim, por exemplo, pode-se criar leis que exijam a instalação de elevadores em prédios para garantir o acesso de pessoas com deficiência, ou leis que estabeleçam penas mais severas em caso de violência doméstica contra mulheres, ou leis que criem cotas no ensino público superior para pessoas de baixa renda que estudaram em escolas públicos. O motivo? Todas essas pessoas estavam em situações de inferioridade social no que tange ao exercício de seus direitos.

Do mesmo modo, pode-se criar normas processuais que invertam o ônus da prova em ações de natureza consumerista, normas que deem prioridade de andamento a processos judiciais de pessoas com deficiência ou de pessoas idosas, normas que

265. MELLO, Celso Antônio Bandeira de. **O Conteúdo Jurídico Do Princípio Da Igualdade**. 3.ed.São Paulo: Malheiros editores, 1993.

estabeleçam a contagem em dobro de prazos processuais para a defensoria pública, normas que estabeleçam a gratuidade de custas judiciais e honorários para aqueles que não possuem condições financeiras de arcar com tais ônus etc.[266]

Assim, percebe-se que a igualdade comporta uma certa medida de diferenciação, desde que positiva, isto é, desde que essa diferenciação de tratamento busque assegurar a igualdade real (material) entre as pessoas. Por outro lado, o que a igualdade não tolera é a diferenciação que inferioriza, que discrimina, que diminui, que não busque uma igualdade real, isto é, não tolera discriminação negativa. Isso inclusive encontra-se incorporado pelo texto da Constituição brasileira de 1988, que ao positivar a igualdade em seu art. 5º, assim dispôs: ***"todos são iguais perante a lei, sem distinção de qualquer natureza***, garantindo-se aos brasileiros e aos estrangeiros residentes no País a inviolabilidade do ***direito*** à vida, à liberdade, ***à igualdade***, à segurança e à propriedade [...]". Além de prevista no citado caput, do art. 5º, da CF/88, a igualdade encontra-se expressa e implícita em diversos dispositivos de nossa atual Constituição.

Especificamente em âmbito processual, o Código de Processo Civil de 2015 representou um avanço no reconhecimento da igualdade entre os sujeitos processuais e as partes, sendo que o princípio da isonomia aparece expressamente no código por diversas vezes (seja como igualdade, seja como isonomia), merecendo destaque os arts. 7º e 139, I. Nesse sentido, segundo o art. 7º, do CPC/2015, "é assegurada às partes paridade de tratamento em relação ao exercício de direitos e faculdades processuais, aos meios de defesa, aos ônus, aos deveres e à aplicação de sanções processuais, competindo ao juiz zelar pelo efetivo contraditório", já segundo o art. 139, I, do CPC/2015, "o juiz dirigirá o processo conforme as disposições deste Código, incumbindo-lhe assegurar às partes igualdade de tratamento".

---

266. NERY JUNIOR, Nelson. **Princípios do Processo na Constituição Federal.** 13. ed. São Paulo: RT, 2017, p. 132 e ss.

É importante destacar que o diploma processual civil, além de reconhecer a igualdade entre os sujeitos processuais e as partes, prevê ao juiz a responsabilidade de zelar por essa igualdade. Isto é, o Código reconhece que não basta reconhecer a igualdade normativamente para assegurar a igualdade real entre as partes e os sujeitos processuais, devendo o juiz zelar por essa igualdade durante o processo, pois há situações em que uma parte pode se sobrepor a outra, devendo o juiz intervir, nesses casos, para assegurar a igualdade entre elas, até porque o direito à igualdade é um direito fundamental (constitucional), consistindo qualquer ofensa a ele em uma inconstitucionalidade, o que é questão de ordem pública e, portanto, pode (deve) ser analisada de ofício pelo juiz.[267]

Por fim, é de suma importância destacarmos os seguintes ***posicionamentos*** de nossos ***tribunais superiores*** em relação à interpretação e à aplicabilidade do ***princípio da isonomia processual:***

- ✓ Segundo o STF, não ofende os princípios da isonomia, da ampla defesa e do contraditório a ausência de previsão, nas normas regimentais, de limitação de tempo para o Ministério Público realizar sustentação oral quando atuar na qualidade de custos legis, pois, nessa condição, não se equipara às partes e persegue o interesse público, pugnando pelo cumprimento do ordenamento jurídico de forma imparcial e independente.[268]
- ✓ Segundo o STF, é constitucional o tratamento diferenciado dado às intimações do defensor constituído, do advogado do querelante e do assistente, realizadas por meio de publicação oficial, em contraposição às do Ministério Público e do defensor nomeado, feitas pessoalmente (CPP, art. 370, §§ 1º e 4º).[269]

267. BONICIO, Marcelo José Magalhães. **Princípios no novo Código de Processo Civil.** São Paulo: Saraiva, 2016, p. 141.

268. STF, ADI 758, Rel. Min. Dias Toffoli.

269. STF, ADI 2.144, Rel. Min. Teori Zavascki.

- ✓ Segundo o STF, as exceções ao princípio da paridade de armas apenas têm lugar quando houver fundamento razoável baseado na necessidade de remediar um desequilíbrio entre as partes, e devem ser interpretadas de modo restritivo, conforme a parêmia *exceptiones sunt strictissimae interpretationis*.[270]
- ✓ Segundo o STF, a falta de recursos materiais a inviabilizar as garantias constitucionais dos acusados em processo penal é inadmissível, na medida em que implica disparidade dos meios de manifestação entre a acusação e a defesa, com graves reflexos em um dos bens mais valiosos da vida, a liberdade. A circunstância de que a paciente poderia contatar a Defensora Pública por telefone e cartas, aventada no ato impugnado, não tem a virtude de sanar a nulidade alegada, senão o intuito de contorná-la, resultando franco prejuízo à defesa, sabido que a comunicação entre presos e pessoas alheias ao sistema prisional é restrita ou proibida.[271]

Em arremate, é importante ter-se em mente que ***a igualdade é uma norma principiológica que atua desde a criação das normas processuais, até a sua interpretação e aplicação, seja pelo juiz, seja pelas partes e os demais sujeitos processuais.*** Assim, há um dever constitucional de se resguardar às partes os mesmos direitos, devendo o Estado-juiz assegurar esse tratamento igual, inclusive e especialmente, em situações de desigualdade real entre os sujeitos processuais, desde a simples possibilidade de se contestar um direito perante o poder judiciário, assegurando-se aos hipossuficientes e ao vulneráveis mecanismos e direitos que possibilitem o exercício do acesso à justiça, passando por todo o iter processual, assegurando-se a paridade de armas e condições probatórias, até à decisão terminativa de mérito.

270. STF, ARE 648.629, Rel. Min. Luiz Fux.

271. STF, HC 85.200, Rel. Min. Eros Grau.

REFERÊNCIAS

ALEXY, Robert. **Teoria dos Direitos Fundamentais.** São Paulo: Malheiros, 2008.

ALMEIDA, Roberto José Ferreira de. **A garantia processual da publicidade.** São Paulo: Revista dos Tribunais, 2005.

ANDOLINA, Ítalo; VIGNERA, Giuseppe. **Il modello costituzionale del processo civile italiano.** Torino: G. Giappichelli, 1990.

ARAÚJO, Justino Magno. Direito de defesa no processo civil e no processo penal. **Revista da Ajuris.** v. 26, p. 54-71, 1982.

ARISTÓTELES. **Ética a Nicomaco.** São Paulo: Martin Claret, 2010.

ARRUDA ALVIM. Processo e Constituição. **Revista Forense.** Rio de Janeiro, v. 408, p. 23-87, mar/abr, 2010.

ARRUDA ALVIM, Eduardo. **Curso de Direito processual civil.** São Paulo: Revista dos Tribunais, 2000. v.2.

ÁVILA, Humberto. **Teoria dos princípios:** da definição à aplicação dos princípios jurídicos. 11.ed. São Paulo: Malheiros, 2010.

ÁVILA, Thiago André Pierobom de. **Provas ilícitas e proporcionalidade.** Rio de Janeiro: Lumen Juris, 2007.

AVOLIO, Luiz Francisco Torquato. **Provas ilícitas:** interceptações telefônicas, ambientais e gravações clandestinas. 4.ed. São Paulo: Revista dos Tribunais, 2010.

BANDEIRA DE MELLO, Celso Antônio. **Curso de Direito Administrativo.** 27.ed. São Paulo: Malheiros, 2010.

BARACHO, José Alfredo de Oliveira. **Direito Processual Constitucional:** aspectos contemporâneos. Belo Horizonte: Del Rey, 2008.

________. Teoria Geral do Processo Constitucional. **Revista Forense.** Rio de Janeiro, v. 383, p. 131-180, jan/fev, 2006.

BARBALET, J.M. **A cidadania.** Lisboa: Estampa, 1989.

BARBOSA MOREIRA, José Carlos. O Futuro da Justiça: alguns mitos. **Temas de Direito Processual** - 8ª série. São Paulo: Saraiva, 2004.

________. **Temas de Direito Processual.** 3. série. São Paulo: Saraiva, 1984.

BARROS, Flaviane de Magalhães. O Modelo Constitucional de Processo e o Processo Penal: a necessidade de uma interpretação das reformas do processo penal a partir da Constituição. In: MACHADO, Felipe Daniel Amorim; OLIVEIRA, Marcelo Andrade Cattoni de (coord.). **Constituição e Processo:** A contribuição do processo ao constitucionalismo democrático brasileiro. Belo Horizonte: Del Rey, 2009.

BARROSO, Luís Roberto. **Constituição, democracia e supremacia judicial:** direito e política no Brasil contemporâneo. 2010. Disponível em: ‹http://www.lrbarroso.com.br/pt/noticias/constituicao_democracia_e_supremacia_judicial_11032010.pdf› Acesso em 02 de abril de 2011.

________. **Curso de Direito Constitucional Contemporâneo:** os conceitos fundamentais e a construção do novo modelo. 2.ed. São Paulo: Saraiva, 2010.

________. **Interpretação e aplicação da Constituição.** 7. ed. São Paulo: Saraiva, 2009.

________. Neo Constitucionalismo e constitucionalização do Direito: o triunfo tardio do direito constitucional no Brasil. **Revista Forense.** Rio de Janeiro, v. 384, p. 71-104, mar/abr, 2006.

________. **O controle de constitucionalidade no direito brasileiro.** São Paulo: Saraiva, 2012.

BELLO, Enzo. Cidadania e Direitos Sociais no Brasil: um enfoque político e social. In: SOUZA NETO, Cláudio Pereira de; SARMENTO, Daniel (coord.). **Direitos Sociais:** fundamentos, judicialização e direitos sociais em espécies. Rio de Janeiro: Lumen Juris, 2010.

BERARDI, Luciana Andrea Accorsi. Interpretação Constitucional e o princípio do devido processo legal. **Revista de Direito Constitucional e Internacional.** São Paulo, n. 54, p. 210-275, jan/mar, 2006.

BOBBIO, Norberto. **O positivismo jurídico:** lições de filosofia do direito. São Paulo: Ícone, 2006.

BONAVIDES, Paulo. **Do Estado Liberal ao Estado Social.** 10.ed. São Paulo: Malheiros, 2011.

BONFIM, Edílson Mougenot. **Curso de Processo Penal.** 5. ed. São Paulo: Saraiva, 2010.

BONICIO, Marcelo José Magalhães. **Princípios no novo Código de Processo Civil**. São Paulo: Saraiva, 2016.

BORBA, Mozart. **Diálogos sobre o CPC.** 6.ed. Salvador: Juspodivm, 2019.

BORGES, Alexandre Walmott; DOS SANTOS, Eduardo Rodrigues; MARINHO, Sergio Augusto. O Estatuto do Idoso: análise dos direitos fundamentais da lei em relação aos direitos fundamentais constitucionais. In: CORDEIRO, Carlos José; GOMES, Josiane Araújo (coord.). **Temas Contemporâneos de Direito das Famílias.** São Paulo: Pilares, 2013.

BORGES, José Souto Maior. **O Contraditório do processo judicial:** uma visão dialética. São Paulo: Malheiros, 1996.

BRACKER, Susanne. **Kohärenz und juristische Interpretation.** Baden-Baden: Nomos, 2000.

BUENO, Cassio Scarpinella. O "Modelo Constitucional do Direito Processual Civil": um paradigma necessário de estudo do direito processual civil e algumas de suas aplicações. In: JAYME, Fernando Gonzaga; FARIA, Juliana Cordeiro de; LAUAR, Maira Terra (coord.). **Processo Civil:** Novas Tendências. Belo Horizonte: Del Rey, 2008.

BULFINCH, Thomas. **O livro da mitologia.** São Paulo: Martin Claret, 2013.

CÂMARA, Alexandre Freitas. Dimensão processual do princípio do devido processo constitucional. In: DIDIER JR., Fredie (coord.). **Novo CPC Doutrina Selecionada:** parte geral. Salvador: Juspodivm, 2015. v.1.

________. **Lições de Direito Processual Civil.** 9. ed. Rio de Janeiro: Lumen Juris, 2004. v. 1.

CAMBI, Eduardo. **Neoconstitucionalismo e Neoprocessualismo:** direitos fundamentais, políticas públicas e protagonismo judiciário. 2.ed. São Paulo: Revista dos Tribunais, 2011.

CANOTILHO, José Joaquim Gomes. **Direito Constitucional e Teoria da Constituição.** 7.ed. Coimbra: Almedina, 2003.

CAPPELLETTI, Mauro; GARTH, Bryant. **Acesso à Justiça.** Porto Alegre: Serio Antonio Fabris Editor, 1988.

CAPUTO, Paulo Rubens Salomão. **Teoria Processual Civil:** parte geral do NCPC. Leme: JH Mizuno, 2016.

CARNELUTTI, Francesco. **Como se faz um Processo.** 2. ed. Belo Horizonte: Líder, 2002.

CARREIRA ALVIM, J.E. **Procedimento Sumário na Reforma Processual.** Belo Horizonte: Del Rey, 1996.

CASTRO, Carlos Roberto Siqueira. **O devido processo legal e os princípios da razoabilidade e da proporcionalidade.** 5.ed. Rio de Janeiro: Forense, 2010.

CATTONI DE OLIVEIRA, Marcelo Andrade. **Direito Processual Constitucional.** Belo Horizonte: Mandamentos, 2001.

CATTONI DE OLIVEIRA, Marcelo Andrade; QUINAUD PEDRON, Flávio. O que é uma decisão judicial fundamentada? Reflexões ára uma perspectiva democrática do exercício da jurisdição no contexto da reforma do processo civil. In: BARROS, Flaviane de Magalhães; BOLZAN DE MORAIS, José Luiz (orgs.). **Reforma do processo civil:** perspectivas constitucionais. Belo Horizonte: Fórum, 2010.

CICHOCKI NETO, José. **Limitações ao Acesso à Justiça.** Curitiba: Juruá, 1999.

CINTRA, Antonio Carlos de Araújo; GRINOVER, Ada Pellegrini; DINAMARCO, Candido Rangel. **Teoria Geral do Processo.** 26.ed. São Paulo: Malheiros, 2010,

COMPARATO, Fábio Konder. **A Afirmação Histórica dos Direitos Humanos.** 7. ed. São Paulo: Saraiva, 2010.

CRUZ, Álvaro Ricardo de Souza. **A Resposta Correta:** incursões jurídicas e filosóficas sobre as teorias da justiça. Belo Horizonte: Arraes, 2011.

DALLARI, Dalmo de Abreu. **A Constituição na vida dos povos:** da Idade Média ao século XXI. São Paulo: Saraiva, 2010.

________. **O poder dos juízes.** São Paulo: Saraiva, 1996.

DIAS, Ronaldo Brêtas de Carvalho. As reformas do Código de Processo Civil e o Processo Constitucional. In: DIAS, Ronaldo Brêtas de Carvalho; NEPOMUCENO, Luciana Diniz (coord.). **Processo Civil Reformado.** Belo Horizonte: Del Rey, 2007.

________. **Processo Constitucional e Estado Democrático de Direito.** Belo Horizonte: Del Rey, 2010.

DIDIER, Fredie. **Fundamentos do princípio da cooperação no direito processual civil português.** Coimbra: Coimbra, 2010.

DOS SANTOS, Eduardo R. **Direitos Fundamentais Atípicos.** Salvador: Juspodivm, 2017.

________. O contraditório e a ampla defesa no processo civil à luz do modelo constitucional do processo enquanto "instrumento garantidor de Justiça". **Boletim Conteúdo Jurídico.** Brasília, n. 140, 03 mai. 2011. Disponível em: <http://www.conteudojuridico.com.br/?artigos&ver=2.31967> Acesso em 23 de novembro de 2015.

________. **O pós-positivismo jurídico e a normatividade dos princípios.** Belo Horizonte: D'plácido, 2014.

________. **Processo e Constituição.** Leme: J.H. Mizuno, 2014.

________; MELO, Luiz Carlos Figueira de. O direito em novos paradigmas de cidadania: do jusnaturalismo ao pós-positivismo jurídico: delineamentos para a construção de um novo paradigma jurídico. In: KNOERR, Viviane Coêlho de Séllos; BORGES, Alexandre Walmott. (Org.). **Cidadania, Desenvolvimento Social e Globalização.** Curitiba: Clássica, 2013.

________. ________. Os direitos fundamentais atípicos e os tratados internacionais de direitos humanos: a incorporação dos direitos humanos aos direitos fundamentais através do § 2º, do art. 5º, da CF/88. In: OLMO, Florisbal de Souza Del; GUIMARÃES, Antonio Marcio da Cunha; CARDIN, Valéria Silva Galdino (Org.). **XXII Encontro Nacional do CONPEDI:** Direito Internacional dos Direitos Humanos. Florianópolis: FUNJAB, 2014.

DWORKIN, Ronald. **Levando os Direitos a Sério.** 3.ed. São Paulo: Martins Fontes, 2010.

FERNANDES, Bernardo Gonçalves. **Curso de Direito Constitucional.** 7.ed. Salvador: Juspodivm, 2015.

FAZZALARI, Elio. **Instituições de Direito Processual.** Campinas: Bookseller, 2006.

FELISBERTO, Adriano Cesar; IOCOHAMA, Celso Hiroshi. O princípio da motivação nas decisões de segunda instância dos juizados Especiais Cíveis. **Revista de Processo.** São Paulo, n. 190, p. 127-154, dez, 2010.

FERRAJOLI, Luigi. **Los fundamentos de los derechos fundamentales.** 4.ed. Madrid: Trotta, 2009.

FERRÃO, Brisa Lopez de Mello; RIBEIRO, Ivan César. Os juízes brasileiros favorecem a parte mais fraca? **Berkeley program in law & economics:** Latin American and Caribbean law and economics association. California: Berkeley Press, 2006.

FIX-ZAMUDIO, Héctor. **Constituición y proceso civil en Latinoamérica:** Estudios Comparativos. Derecho Latinoamericano. Serie D. Número 5. México: UNAM. 1974.

GAIO JÚNIOR, Antônio Pereira. **Direito Processual Civil:** teoria geral do processo, processo de conhecimento e recursos. 2.ed. Belo Horizonte: Del Rey, 2008. v.1.

GAMA, Ricardo Rodrigues. **Efetividade do Processo Civil.** Campinas: Bookseller, 2002.

GONÇALVES, Aroldo Plínio. **Técnica processual e teoria do processo.** Rio de Janeiro: Aide, 1992.

GONÇALVES, Marcus Vinicius Rios. **Direito Processual Civil Esquematizado.** 3.ed. São Paulo: Saraiva, 2013.

GORDILLO, Agustín. **Tratado de Derecho Administrativo:** Parte General. 7.ed. Belo Horizonte: Del Rey e Fundación de Derecho Administrativo, 2003. v.1

GRECO FILHO, Vicente. **Direito Processual Civil Brasileiro.** 17. ed. São Paulo: Saraiva, 2003. v. 1.

GRINOVER, Ada Pellegrini. **Os princípios constitucionais e o Código de processo civil.** São Paulo: José Bushatsky Editor, 1975.

GUERRA FILHO. Willis Santiago. **Teoria Processual da Constituição.** 3.ed. São Paulo: RCS, 2007.

HART, Herbert L. A. **O Conceito de Direito.** 3.ed. Lisboa: Fundação Calouste Gulbenkian, 2001.

IHERING, Rudolf Von. **A luta pelo Direito.** São Paulo: Martin Claret, 2009.

KELSEN, Hans. **Teoria Pura do Direito.** 6.ed. São Paulo: Martins Fontes, 2003.

KUKINA, Sérgio Luíz. O princípio do duplo grau de jurisdição. **Revista de Processo.** São Paulo, n. 109, p. 97-112, jan/mar, 2003.

LASSALLE, Ferdinand. **A essência da Constituição.** 6.ed. Rio de Janeiro: Lumen Juris, 2001.

LEAL, Rosemiro Pereira. **Teoria Geral do Processo:** primeiros estudos. 7.ed. Rio de Janeiro: Forense, 2008.

LIMA, Carolina Alves de Souza. **O princípio constitucional do duplo grau de jurisdição.** Barueri, SP: Manole, 2004.

LIMA, Maria Rosynete Oliveira. **Devido Processo Legal.** Porto alegre: Sérgio Antonio Fabris Editor, 1999.

HABERMAS, Jërgen. **Direito e democracia:** entre facticidade e validade. 2.ed. Rio de Janeiro: Tempo Brasileiro, 2012. v.1.

HESSE, Konrad. **A força normativa da Constituição.** Porto Alegre; Sergio Antonio Fabris Editor, 1991.

MADEIRA, Dhenis Cruz. A influência do processo constitucional sobre o novo CPC. In: DIDIER JR., Fredie (coord.). **Novo CPC Doutrina Selecionada:** parte geral. Salvador: Juspodivm, 2015. v.1.

MANGONE, Kátia Aparecida. A garantia constitucional do contraditório e a sua aplicação no direito processual civil. **Revista de Processo.** São Paulo, n. 182, p. 362-383, abr, 2010.

MARINONI, Luiz Guilherme. **Curso de Processo Civil:** Teoria Geral do Processo. São Paulo: Revista dos Tribunais, 2006. v.1.

MARINONI, Luiz Guilherme. **Precedentes Obrigatórios.** 4.ed. São Paulo: RT, 2015.

MARINONI, Luiz Guilherme; ARENHART, Sérgio Cruz. **Prova.** São Paulo: Revista dos Tribunais, 2009.

MARINONI, Luiz Guilherme. ARENHART, Sérgio Cruz. MITIDIERO, Daniel. **Novo Código de Processo Civil Comentado.** 2.ed. São Paulo: RT, 2016.

MARTINS, Leonardo. **Direito Processual Constitucional Alemão.** São Paulo: Atlas, 2011.

MEDINA, Paulo Roberto de Gouvêa. Processo Civil e Constituição. **Revista Latino-Americana de Estudos Constitucionais.** Belo Horizonte, n. 3, p. 237-246, jan/jun, 2004.

MELLO, Celso Antônio Bandeira de. **O Conteúdo Jurídico Do Princípio Da Igualdade.** 3.ed. São Paulo: Malheiros editores, 1993.

MESQUITA, Gil Ferreira de. **Princípios do contraditório e da ampla defesa no processo civil brasileiro.** São Paulo: Juarez de Oliveira, 2003.

MITIDIERO, Daniel. **Colaboração no Processo Civil: pressupostos sociais, lógicos e éticos.** 2.ed. São Paulo: RT, 2011.

MÖLLER, Max. **Teoria Geral do Neoconstitucionalismo:** bases teóricas do constitucionalismo contemporâneo. Porto Alegre: Livraria do Advogado, 2011.

MONTENEGRO FILHO, Misael. **Curso de Direito Processual Civil:** Teoria Geral do Processo e Processo de Conhecimento. 6. ed. São Paulo: Atlas, 2010. v. 1.

MOREIRA, Egon Bockmann. **Processo Administrativo:** princípios constitucionais e a Lei 9.784/1999. 4.ed. São Paulo: Malheiros, 2010.

MUNÕZ, Luiz Gálvez. **La ineficacia de la prueba obtenida con violación de derechos fundamentales.** Navarra: Aranzadi, 2003.

NERY JUNIOR, Nelson. **Princípios do processo na Constituição Federal.** 13.ed. São Paulo: Revista dos Tribunais, 2017.

NEVES, Daniel Amorim Assumpção. **Novo Código de Processo Civil Comentado.** Salvador: Juspodivm, 2016.

NIETZSCHE, Friedrich. **Ecce Homo.** São Paulo: Martin Claret, 2007.

NOGUEIRA, J. C. Ataliba. **O Estado é meio e não fim.** 2. ed. São Paulo: Saraiva, 1945.

NOHARA, Irene Patrícia; MARRARA, Thiago. **Processo Administrativo:** Lei nº 9.784/99 Comentada. São Paulo: Atlas, 2009.

NOVAIS, Jorge Reis. **Direitos Fundamentais:** trunfos contra a maioria. Coimbra: Coimbra, 2006.

NOVELINO, Marcelo. Curso de Direito Constitucional. 13.ed. Salvador: Juspodivm, 2018.

NUNES, Dierle José Coelho. **Processo Jurisdicional Democrático:** uma análise crítica das reformas processuais. Curitiba: Juruá, 2008.

NUNES, Dierle; BAHIA, Alexandre; PEDRON, Flávio Quinaud. **Teoria Geral do Processo.** Salvador: Juspodivm, 2020.

OLIVEIRA, Eugênio Pacelli de. **Curso de Processo Penal.** 15.ed. Rio de Janeiro: Lumen Juris, 2011.

OMMATI, José Emílio Medauar. A fundamentação das decisões jurisdicionais no projeto do novo código de processo civil. In: FREIRE, Alexandre et. al. (org.). **Novas tendências do processo civil:** estudos sobre o projeto do novo código de processo civil. Salvador: Juspodivm, 2014. v. III.

PAULA, Jônatas Luiz Moreira de. **História do Direito Processual Brasileiro:** das origens lusas à Escola Crítica do Processo. Barueri: Manole, 2002.

PINHO, Humberto Dalla Bernardina. **Teoria Geral do Processo Civil Contemporaneo.** 2.ed. Rio de Janeiro: Lumen Juris, 2009.

PORTANOVA, Rui. **Princípios do processo civil.** 4. ed. Porto Alegre: Livraria do Advogado, 2001.

REALE, Miguel. **O Estado democrático de direito e o conflito das ideologias.** 3.ed. São Paulo: Saraiva, 2005.

________. **Questões de Direito Público.** São Paulo: Saraiva, 1997.

ROCA, Javier García Roca; ZAPATERO, José Miguel Vidal. El derecho a un tribunal independiente e imparcial (art. 6.1 del Convenio Europeo de Derechos Humanos). **Revista de Direito Constitucional e Internacional.** São Paulo, n. 57, p. 267-309, out/dez, 2006.

ROSAS, Roberto. Devido processo legal e abuso de poder. **Revista Latino-Americana de Estudos Constitucionais.** Belo Horizonte, n. 7, p. 173-178, jan/jun, 2006.

ROUSSEAU, Jean-Jacques. **Discurso sobre a origem e os fundamentos da desigualdade entre os homens**. São Paulo: Martin Claret, 2009.

SÁ, Djanira Radamés de. **Duplo grau de jurisdição:** conteúdo e alcance. São Paulo: Saraiva, 1999.

SAMPAIO, José Adércio Leite. **Teoria da Constituição e dos Direitos Fundamentais.** Belo Horizonte: Del Rey, 2013.

SANCHÍS, Luís Prieto. El Constitucionalismo de los Derechos. **Revista de Direito do Estado.** Rio de Janeiro, n. 15, p. 3-25, jul/set, 2009.

SANTOS, Ernane Fidélis dos. **As reformas de 2006 do Código de Processo Civil.** São Paulo: Saraiva, 2007.

________. **Manual de Direito Processual Civil:** processo de conhecimento. 15.ed. São Paulo. Saraiva, 2011. v.1.

________. **Novos perfis do processo civil brasileiro.** Belo Horizonte: Del Rey, 1996.

SARLET, Ingo Wolfgang. **A eficácia dos direitos fundamentais:** uma teoria geral dos direitos fundamentais na perspectiva constitucional. 10. ed. Porto Alegre: Livraria do Advogado Editora, 2010.

SARMENTO, Daniel. O Neoconstitucionalismo no Brasil: Riscos e possibilidades. In: SARMENTO, Daniel (coord.). **Filosofia e Teoria Constitucional Contemporânea.** Rio de Janeiro: Lumen Juris, 2009.

SCHMITT, Carl. **Legalidade e Legitimidade.** Belo Horizonte: Del Rey, 2007.

SIDOU, J. M. Othon. **Os recursos processuais na história do direito.** 2.ed. Rio de Janeiro: Forense, 1978.

SILVA. José Afonso da. **Comentário Contextual à Constituição.** 6.ed. São Paulo: Malheiros, 2009.

________. **Curso de Direito Constitucional Positivo.** 33.ed. São Paulo: Malheiros, 2010.

SILVA, Virgílio Afonso da. Princípios e Regras: mitos e equívocos acerca de uma distinção. **Revista Latino-Americana de Estudos Constitucionais.** Belo Horizonte, n. 1, jan/jun, 2003.

SOUSA, Miguel Teixeira de. **Estudos sobre o novo processo civil.** 2.ed. Lisboa: Lex, 1997.

SOUZA NETO, Cláudio Pereira de. **Constitucionalismo democrático e governo das razões.** Rio de Janeiro: Lumen Juris, 2010.

STRECK, Lenio Luiz. **Compreender Direito:** desvelando as obviedades do discurso jurídico. São Paulo: RT, 2013.

________. **Crise de Paradigmas:** devemos nos importar, sim, com o que a doutrina diz. 05 jan. 2006. Disponível em: <http://www.conjur.com.br/2006-jan-05/devemos_importar_sim_doutrina>. Acesso em 02 de abril de 2011.

________. **Dicionário de hermenêutica.** Belo Horizonte: Casa do Direito, 2017.

________. Hermenêutica, Constituição e Processo, ou de "como discricionariedade não combina com democracia": o contraponto da resposta correta. In: MACHADO, Felipe Daniel Amorim; OLIVEIRA, Marcelo Andrade Cattoni de (coord.). **Constituição e Processo:** A contribuição do processo ao constitucionalismo democrático brasileiro. Belo Horizonte: Del Rey, 2009.

________. **O que é isto:** decido conforme minha consciência? Porto Alegre: Livraria do Advogado, 2010.

________. **Ponderação de normas no novo CPC?** É o caos. Presidente Dilma, por favor, veta! 08 jan. 2015. Disponível em: <http://www.conjur.com.br/2015-jan-08/senso-incomum-ponderacao-normas-cpc-caos-dilma-favor-veta >. Acesso em 22 de abril de 2016.

________. **Verdade e Consenso.** 4.ed. São Paulo: Saraiva, 2011.

THEODORO JÚNIOR, Humberto. Constituição e Processo: desafios constitucionais da reforma do processo civil no Brasil. In: MACHADO, Felipe Daniel Amorim; OLIVEIRA, Marcelo Andrade Cattoni de (coord.). **Constituição e Processo:** A contribuição do processo ao constitucionalismo democrático brasileiro. Belo Horizonte: Del Rey, 2009.

________. **Curso de Direito Processual Civil:** Teoria Geral do Direito Processual Civil e Processo de Conhecimento. 50. ed. Rio de Janeiro: Forense, 2009. v. 1.

THEODORO JÚNIOR, Humberto et al. **Novo CPC:** fundamentos e sistematização. 2.ed. Rio de Janeiro: Forense, 2015.

TUCCI, José Rogério Cruz e. Duração Razoável do Processo (art. 5°, LXXVIII, da Constituição Federal). In: JAYME, Fernando Gonzaga; FARIA, Juliana Cordeiro de; LAUAR, Maira Terra (coord.). **Processo Civil:** Novas Tendências. Belo Horizonte: Del Rey, 2008.

WAMBIER, Luiz Rodrigues; TALAMINI, Eduardo. **Curso Avançado de Processo Civil:** Teoria geral do processo e processo de conhecimento. 10. ed. São Paulo: Revista dos Tribunais, 2008. v. 1.

WAMBIER, Luiz Rodrigues; WAMBIER, Teresa Arruda Alvim. **Breves comentários à 2ª fase da reforma do Código de Processo Civil:** Lei 10.352, de 26.12.2001 - Lei 10.358, de 27.12.2001. São Paulo: Revista dos Tribunais, 2002.

WATANABE, Kazuo. Acesso à justiça e sociedade moderna. In: GRINOVER, Ada Pellegrini; DINAMARCO, Cândido Rangel; WATANABE, Kazuo (coord.). **Participação e Processo.** São Paulo: Revista dos Tribunais, 1988.

ZUFELATO, Camilo. **Coisa Julgada Coletiva.** São Paulo: Saraiva, 2011.

EDITORA
*Jus*PODIVM
www.editorajuspodivm.com.br

Impresso por:

Docuprint
Dek Comércio e Serviços LTDA.
CNPJ 01.036.332/0001-99